L'avenir

Peter Lang
Bruxelles · Bern · Berlin · New York · Oxford · Wien

Brigitte Cholvy, David Doat, Pascal Marin,
Tanguy-Marie Pouliquen, Nathanaël Wallenhorst (dir.)

L'avenir

Critique, résistance, utopie

Anthropocene / Anthropozän / Anthropocène
Vol. 1

Cette publication a fait l'objet d'une évaluation par les pairs.

Cet ouvrage bénéficie d'un soutien à l'édition de l'UDESCA, Union des Etablissements d'Enseignement Supérieur Catholique.

Illustration de couverture: Shutterstock

Éditions scientifiques internationales
Bruxelles, 2022
1 avenue Maurice, B-1050 Bruxelles, Belgique
www.peterlang.com ; brussels@peterlang.com

ISSN (print) 2795-9597
ISSN (eBook) 2795-9600
ISBN 978-2-8076-1637-0
ePDF 978-2-8076-1638-7
ePub 978-2-8076-1639-4
DOI 10.3726/b19242
D/2021/5678/85

Information bibliographique publiée par « Die Deutsche Bibliothek »

« Die Deutsche Bibliothek » répertorie cette publication dans la « Deutsche Nationalbibliografie » ; les données bibliographiques détaillées sont disponibles sur le site <http://dnb.ddb.de>.

Sommaire

Partie IV. Quelle éducation pour demain ?

Ouverture – Une mutation anthropologique pour donner ses chances à l'avenir

Brigitte Cholvy, David Doat, Pascal Marin, Tanguy-Marie Pouliquen, Nathanaël Wallenhorst

Envisager l'Avenir, tel fut le propos ambitieux du colloque, dont ce volume publie les Actes. Colloque fédérant les cinq Instituts catholiques en France, Angers, Lille, Lyon, Paris, Toulouse, il s'est tenu envers et contre tout au cœur de la troisième vague de la crise pandémique de la covid-19 en mars 2021, laquelle visibilise les limites du vivant, comme un signal-jugement énoncé par la réalité biologique. Mais c'est à l'effort de s'abstraire de cette crise, que les intervenants se sont attachés. Non pas du tout en insensibilité à l'événement, mais au contraire et justement en attention plus ouverte à tout ce que le présent annonce de crises à venir, et tout particulièrement la double mise en question d'une crise anthropologique et d'une crise écologique, *krisis* à deux faces s'installant aujourd'hui avec force dans la culture sous le nom d'Anthropocène. Thème d'époque où l'homme apparaît à titre d'accusé, mis au ban de la Nature, en tant que destructeur de ses grands équilibres de vie. De là à penser que la seule solution d'avenir serait d'en finir peu ou prou avec ce perturbateur, parce que prédateur, certains s'y engagent. Telle n'est pas la voie explorée dans les interventions que nous avons rassemblées en ce volume. Résistant aux sirènes de l'homme augmenté, du transhumain et du robot humanoïde, les contributions de ce colloque ont ceci de commun d'avoir planté en signe d'orientation à l'horizon du temps un drapeau d'espérance aux couleurs de l'humain. Manière ici envisagée de lui rendre un avenir.

Ce signe au loin est le seul commun sans doute à toutes ces contributions, car s'agissant des disciplines convoquées et des propositions thématiques, le recueil ne manifeste guère d'unité et ressemble plus dans la mise en série de ses titres et de leurs auteurs à une double liste à la Prévert. Pour les disciplines, cela va de la psychologie des âges de la vie aux arts du spectacle, des sciences de l'éducation à l'exégèse biblique, de la philosophie aux sciences de l'information… Et quant aux thèmes, le questionnement écologique côtoie des considérations liturgiques, le souci des temporalités se rencontre avec la protection civile, et l'angélologie y voisine le travail à l'ère numérique… Mais cet éclatement n'était-il pas justement requis par un tel projet ? S'essayer à penser, ne serait-ce que de manière inchoative, l'avenir de l'humain, concevoir quelques lignes de force de la société à venir, une telle visée, épistémologiquement bien utopique, ne peut qu'échapper pour le moins à une seule méthode. Si l'humain ne peut être appréhendé que de manière unitive, lui donner un avenir implique toutes les disciplines, comme ce dont elles ne peuvent pas se saisir par elles-mêmes et qui pourtant les concerne toutes intimement, en tant que le sens même, éthique, politique, spirituel, de leurs entreprises respectives.

C'est aussi à une telle "interdisciplinarité", prélude peut-être à une "transdisciplinarité" future, qu'en appelle le texte cadre sur la recherche dans les Instituts catholiques, écrit signé en 2017 par le Pape François, sous le titre de *Veritatis gaudium*… En symbole d'une telle ambition pour les savoirs, la présence forte dans ce recueil d'un ensemble de disciplines étrangères à l'Université publique en France, et dont la réalité vivante en leurs seins constitue l'un des atouts de la recherche des Instituts Catholiques, *les disciplines théologiques*. Ressources d'altérité pour le savoir, leur composition dans cet ensemble avec les disciplines profanes est aussi pour nous le gage qu'il est possible de penser l'humain sans briser la continuité d'une mémoire, en fidélité à ce qui a déjà été transmis et éprouvé comme porteur d'une promesse d'avenir, et qui, dès à présent, dans les difficultés de ce monde, nous permet de critiquer, résister et projeter, c'est-à-dire, en termes appropriés à notre condition, *vivre*.

Partie I. Quelles anthropologies pour l'époque de l'Anthropocène ?

1.
Faire chanter la Terre et le monde en Anthropocène

Nathanaël Wallenhorst

Introduction

Nous avons modifié de façon durable les conditions d'habitabilité de la planète Terre et sommes entrés dans une nouvelle époque géologique : l'Anthropocène. Le système Terre a quitté l'orbite d'autorégulation climatique des derniers millénaires pour un nouvel horizon pouvant venir compromettre la pérennité de l'aventure humaine. L'incertitude de l'avenir relatif à l'entrée dans cette nouvelle époque géologique amène un ensemble de questions vives. Il s'agit notamment d'apprendre à penser collectivement l'avenir en dépit et à partir de ce monstre qu'est l'Anthropocène en articulant les fonctions de critique, de résistance et d'utopie.[1] Cette contribution s'inscrit dans le prolongement du chapitre « Critique, résistance, utopie : trois fonctions d'une pédagogie de la résonance en Anthropocène » (Wallenhorst, 2019) en explorant plus particulièrement cette difficile et nécessaire fonction utopique en Anthropocène (en l'appréhendant ici d'une façon, parmi mille autres possibles), à partir d'une posture éducative.

Permettre de faire chanter la Terre et le monde[2] en Anthropocène pourrait être ainsi un des ambitieux objectifs de l'éducation dans cette postmodernité désenchantée. L'idée que l'éducateur est là pour permettre aux élèves d'entendre la musique du monde, et non pas uniquement pour le comprendre et le saisir, est une idée présente dans l'histoire de la pensée éducative, notamment chez Wilhelm von Humboldt, Johann Gottfried von Herder ou Friedrich von Schiller. Cela signifie

---

1 Je remercie Bertrand Bergier qui est à l'origine de cette articulation conceptuelle qu'il développe dans un chapitre de cet ouvrage.

2 La Terre fait ici référence à l'étendue terrestre et l'ensemble de sa biodiversité ; le monde renvoie à la pluralité des communautés politiques des humains ; et les autres renvoient aux sujets humains.

qu'à l'utopie techniciste source du salut de l'humanité nous opposons l'utopie d'un dialogue avec le monde non-humain, fondé sur son écoute. La Terre comme le monde pourrait avoir des choses à nous dire si tant est que nous soyons capables de quitter les paradigmes relatifs à la maîtrise technoscientifique du monde et de la préemption de la nature appréhendée comme ressource (Wallenhorst, 2019).

La Terre garde la mémoire des activités humaines. Nous retrouvons des traces, dans les sédiments, des importantes étapes de l'aventure humaine. La Terre parle de nous. Ce sont les géologues qui travaillent à cette lecture de la Terre, à partir de leur arsenal méthodologique et épistémologique. En effet, ils organisent l'histoire de la Terre en différentes catégories temporelles à partir des changements de l'état global de la Terre dont il est possible de percevoir des marques dans les sédiments. Les signaux stratigraphiques permettent de définir des unités chronostratigraphiques qui procurent aux géologues une forme de langage commun leur permettant d'avancer dans la connaissance de l'histoire de la Terre. Dans le débat sur la datation de l'entrée dans l'Anthropocène, ce qui conduit les chercheurs du système Terre est l'identification des éléments actuellement perceptibles dont nous savons (ou pouvons supposer avec une probabilité élevée) qu'ils le seront toujours dans plusieurs centaines de milliers d'années ou de millions d'années.

S'il est possible de lire la façon dont la Terre parle de nous, il importe d'aller plus loin et d'apprendre à écouter cette Terre qui ne cesse de s'adresser aux humains. Il s'agit de la première partie de ce chapitre : la Terre nous parle – pour-peu que nous l'écoutions. Les rationalités éducatives peuvent apparaître ici ébranlées, mais l'ampleur de la problématique de l'Anthropocène nous convoque à des modifications dans le champ même de la rationalité (et nous nous inscrivons pour cela dans cette double filiation de la phénoménologie de Maurice Merleau-Ponty et de la théorie critique de l'école de Francfort). Ce chapitre se poursuit ensuite avec une réflexion pédagogique sur l'importance de l'écoute en éducation et son primat sur la parole. Ce qu'il importe d'écouter ici ce n'est pas d'abord la parole savante du maître (cela en reviendrait à accorder un primat à la parole sur l'écoute), mais à écouter l'inouï (l'in-ouï), pour que cette parole « non encore entendue » puisse se dire aux apprenants. Ce qui est en jeu ici est que nous puissions nous recevoir de manière nouvelle comme humains, dans une relation avec l'ensemble du vivant non humain et de cette hospitalière étendue terrestre.

1. La Terre nous parle

Préparer l'avenir dans le contexte de l'Anthropocène suppose de penser les modalités d'émergence d'un monde hospitalier et responsif. Pour matérialiser la théorie de la résonance, Rosa va jusqu'à dire que le monde parle aux êtres humains. La composante utopiste d'une éducation en Anthropocène ne poursuit pas l'objectif de conquérir le monde mais de le rendre audible. Dans ce cadre il ne s'agit pas d'étendre notre accès au monde, de le mettre sous contrôle ou de le conquérir, mais, au contraire, de rendre le monde disponible : « Un monde meilleur est possible, un monde où il ne s'agit plus avant tout de disposer d'autrui mais de l'entendre et de lui répondre. » (Rosa, 2016, p. 527).

Hartmut Rosa avec le concept de résonance (2016), Andreas Weber et sa conception de l'être comme partage avec la biosphère (2017) ont pour point commun dans leur projet intellectuel de permettre à la Terre et au monde de parler à nouveau. Ils sont particulièrement proches du philosophe américain David Abram et de son analyse de l'écriture au fondement du mutisme du monde dans les sociétés occidentales, développée dans *Comment la Terre s'est tue* (1996). Dans ces trois pensées l'expérience sensible est centrale et la phénoménologie de Maurice Merleau-Ponty donne une assise intellectuelle à leur propos. Est-il possible de prendre au sérieux le fait que ces trois auteurs mentionnent que la Terre parle et qu'il est possible de se mettre à son écoute ?

Nous couper de la Terre nous fait progressivement sombrer dans la folie

Est-ce que la Terre et le monde parlent ? Qu'est-ce que cela pourrait vouloir dire que d'apprendre à écouter la Terre et le monde ? C'est en effet le retournement que propose Hartmut Rosa lors de l'interview que nous avons eue avec lui (Rosa & Wallenhorst, 2018). Lorsque nous lui posons la question des actions nécessaires à conduire dans le monde contemporain pour préparer l'avenir, il mentionne qu'il lui semble d'abord fondamental d'écouter le monde avant de vouloir agir sur lui. David Abram dans son livre *Comment la Terre s'est tue* montre que la Terre parle. Comment faire pour entrer dans un rapport au monde sensoriel, sensitif, expérientiel et non pas sous l'unique modalité d'une rationalité technoscientifique marquée par la distance. Que nous offre le sensible ? Que nous donnent la Terre et le monde ? Ne sommes-nous pas anesthésiés dans notre rapport au monde et à la Terre pour ne pas nous apercevoir qu'ils nous nourrissent, nous vêtissent, nous tissent ensemble ? Nos pensées ne viennent-elles vraiment que de nous-mêmes ? Notre activité cérébrale n'est-elle pas énergétiquement nourrie des aliments que nous donne la Terre ?

Plus fondamentalement encore, comment devenons-nous humains ? Pour David Abram cela ne se produit qu'en étant en relation et en « convivialité avec ce qui n'est pas humain » (1996, p. 16). Cela signifie pour lui que nous devons entrer en relation avec le monde sensuel, celui-là même à l'origine de la production de l'ensemble de nos artefacts techniques. En effet : « Sans l'oxygène et le souffle des forêts, sans l'étreinte de la pesanteur, sans la magie tumultueuse des rivières, nous n'avons aucune distance par rapport à nos technologies, aucune possibilité d'évaluer leurs limites, aucune manière d'éviter leur emprise. » (Abram, 1996, p. 16). Pour David Abram, les sociétés occidentales coupées de la Terre ont sombré dans une forme de folie.

L'ouvrage *Comment la Terre s'est tue* n'est pas qu'un strict ouvrage académique. Il arrive en effet à l'auteur de partager son expérience sensible, qui est, d'une certaine manière, une expérience d'ouverture à une transcendance à partir de la relation au vivant. Nous avons là affaire à la même caractéristique que les ouvrages d'Andreas Weber (particulièrement *Sein und Teilen*). Après son expérience en Asie où David Abram raconte "l'expression" de sa relation profonde avec la Terre et le vivant, il explique la façon dont s'est passé son retour aux États-Unis et la façon dont, progressivement cette expérience s'est estompée : « En fait, plus je parlais *des* animaux, moins il me devenait possible de *leur* parler. Progressivement, j'en suis venu à reconnaître qu'il n'y avait pas de terrain d'entente possible entre l'intellect illimité des humains et les facultés limitées des autres animaux, qu'il n'y avait pas de moyens d'expression grâce auxquels eux et nous pourrions communiquer et entretenir des relations réciproques. » (Abram, 1996, p. 49). Il développe plus loin : « Alors que les alentours expressifs et sentant disparaissaient lentement derrière mes préoccupations de plus en plus exclusivement humaines, menaçant de se réduire à une illusion ou à un rêve, j'ai eu la sensation – en particulier dans ma poitrine et dans mon ventre – d'avoir été coupé d'une source de nourriture vitale. En fait, j'étais en train de me réacclimater à ma propre culture, à ses styles de discours et d'interactions, mais mes sens corporels, eux, semblaient perdre leur acuité, devenant moins sensibles aux changements subtils et aux motifs réguliers. » (Abram, 1996, p. 49). Le récit de David Abram suite à cette expérience de comparaison entre deux espaces culturels (dont l'un favorise une expérience de relation à la nature et au vivant et où l'autre n'organise qu'une expérience de relation avec le monde des humains) est particulièrement intéressant. David Abram pointe du doigt des éléments très simples que cette expérience comparative vient mettre en exergue : le fait que nous dénions toute forme d'intelligence au vivant non humain, que le bruit permanent des moteurs empêche d'écouter le chant des oiseaux, que les lumières artificielles des villes empêchent de voir l'immensité des ciels étoilés, et que, finalement, la nature ne se rencontre qu'à partir de la médiation de nos techniques.

L'écriture, puis la complexité de nos artefacts techniques, nous ont mis à distance de la toile biosphérique

David Abram construit l'argumentation de son ouvrage autour du fait que le langage n'est pas une exclusivité humaine et il montre la façon dont l'écriture a progressivement fait taire la Terre. L'auteur montre que nous nous situons dans un environnement qui parle :

> Nous disons souvent que le vent hurle et que le ruisseau babille, gazouille ou murmure. Et ce sont plus que de simples métaphores. Nos propres langues sont continuellement nourries par ces autres voix – par le grondement de la chute d'eau ou les vibrations des criquets. Ce n'est pas par hasard que, marchant en montagne, le locuteur anglais utilise spontanément, pour décrire les eaux déferlantes de la rivière proche, des mots comme *rush*, *splash*, *gush*, *wash*. Car le son commun à tous ces mots est ce que chante la rivière elle-même alors qu'elle coule entre les rives. Si le langage n'est pas un phénomène purement mental mais une activité sensuelle, corporelle, née de la réciprocité et de la participation charnelles, alors nos manières de parler ont certainement été influencées par bien d'autres gestes, sons et rythmes que ceux de notre seule espèce. Et si le langage humain surgit de l'entrejeu perceptuel entre le corps et le monde, ce langage "appartient" au milieu animé autant qu'il nous "appartient". (Abram, 1996, p. 113).

Le langage résulte de cette Terre qui parle dont il est une forme de prolongement invisible.

L'étude de la nature depuis le milieu du XIXe siècle montre combien l'environnement ne peut être compris que comme un réseau complexe d'organismes les uns avec les autres qui ne peuvent être analysés séparément des autres avec lesquels ils sont en relation. La nature est une toile biosphérique, un tissu de relations, un réseau d'organismes interreliés desquels nos corps font partie. La structure du langage est à rechercher au sein de l'ensemble du monde sensuel au sein duquel nous sommes immergés avec les autres vivants : « Il n'est pas plus vrai de dire que *nous* parlons que de dire que les choses et le monde animé lui-même *parlent en nous.* » (1996, p. 117). A partir de là il est possible d'associer la complexité de notre langage à la complexité de la toile de la biosphère et non pas à la supériorité de notre espèce (1996, p. 117). Ainsi, lorsque nous altérons la biodiversité à coups de bulldozer et de béton armé, c'est notre langage que nous affectons. Lorsque les oiseaux ne chantent plus et que les printemps deviennent silencieux, notre langage perd de sa capacité d'évocation, il se coupe de sa source vive qu'est la diversité vivante et parlante qu'est la Terre. L'apport de Merleau-Ponty, déterminant dans la pensée de David Abram, est la façon dont le langage n'est pas appréhendé comme produit par les humains et en extériorité à eux, mais au contraire le fait que les humains sont à l'intérieur du langage.

La question à laquelle tente ensuite de répondre l'ouvrage *Comment la Terre s'est tue* est comment la nature a-t-elle pu se retirer de nos sens ? Comment avons-nous pu poser un voile devant nos yeux et assourdir à ce point nos oreilles ? (Abram, 1996, p. 125). David Abram questionne la façon dont la civilisation européenne a méprisé et réduit au silence le monde naturel. Il montre la façon dont l'univers de l'écrit a participé à cette distance avec le monde environnant. C'est ainsi bien avant Descartes ou la période moderne que nous avons fait taire la Terre.

David Abram montre que les cultures qui se sont développées à partir de l'alphabet ont pour caractéristiques d'être particulièrement anthropocentriques. D'une certaine façon, à la lecture de *Comment la Terre s'est tue*, on comprend combien certaines des racines de l'Anthropocène sont profondes : « lorsque les histoires sont mises par écrit, *le texte visible devient l'activateur mémoriel primordial de l'histoire racontée.* Les traces d'encre laissées par la plume dans sa course à travers la page remplacent les traces matérielles laissées par les animaux et par nos ancêtres, lors de leurs interactions avec la contrée alentour. » (Abram, 1996, p. 238). L'écriture a eu une influence déterminante sur l'expérience sensorielle de la Terre et du vivant non-humain : « *partout où l'alphabet progressait, il entreprenait de faire taire les esprits et les influences invisibles de l'air – en dépouillant l'air de son anima, de sa profondeur psychique.* » (Abram, 1996, p. 323). Nous avons ensuite oublié un ensemble d'éléments fondamentaux, à commencer par l'air qui nous rappelle la richesse invisible du présent. Si le langage est un phénomène corporel et sensible, enraciné dans l'environnement et profondément animiste, l'écriture quant à elle opère une rupture déterminante à travers laquelle les civilisations se sont refermées sur elles-mêmes.[3]

L'élément qui interpelle David Abram et auquel il tente d'apporter une réponse est : comment se fait-il que notre civilisation soit à ce point insensible à la nature non-humaine ? Comment est-il seulement possible que nous, humains, puissions accepter une telle extermination des autres espèces vivantes ? Les êtres humains semblent ne pas être redevables à l'égard de la nature qui les héberge et les nourrit.

2. Apprendre à écouter (la Terre, le monde et les autres)

Dépasser la réification des choses et de la nature par leur objectivation

Rosa identifie plusieurs « axes de résonance ». Le premier concerne nos relations avec les choses. Il fait remarquer que la modernité occidentale caractérisée par la pensée rationnelle ne peut pas reconnaître le fait qu'il puisse être possible d'établir une relation avec un objet inanimé. (Rosa, 2016, p. 257). La réification des choses par leur objectivation est une attitude qui est apprise à l'école. Cette séparation entre le monde des humains et celui des objets est révélatrice de cette distinction entre nature et culture et génère un appauvrissement de notre relation au monde. Elle est une des raisons de l'entrée dans l'Anthropocène. Il y a, à cette réification radicale de ce qui est non humain, une double conséquence : la destruction de la nature qui n'est qu'une chose sans grande importance, et un épuisement de l'humanisme appréhendé comme une fin en soi. L'enjeu de l'établissement de relations vivantes avec les choses n'est pas celui d'un vague spiritualisme ou sentimentalisme. Il rejoint directement notre capacité à continuer de devenir humain au sein de l'environnement qui accueille l'aventure humaine. Cela rejoint l'idée de Bruno Latour de "parlement des choses" – qui s'appuie sur le contrat naturel de Michel Serres. Qu'est-ce que cela peut signifier concrètement que d'établir des relations de résonance avec les choses ? Cela passe par l'établissement d'une relation durable avec elles et une transformation des représentations de l'objet qui n'est plus uniquement un produit de consommation venant satisfaire la fugacité du désir,

---

[3] Les cultures indigènes qui ne possèdent pas de langage écrit ont une expérience du langage différente de nos cultures occidentales. En effet, elles n'appréhendent pas le langage comme un construit humain, mais comme une caractéristique de l'environnement et de la vie.

mais, en tant qu'il est du monde, en devient un vecteur de relation avec lui. Comment penser cette relation aux choses dans la période contemporaine caractérisée par la technosphère ? Les choses nous marquent et nous conditionnent bien davantage que nous n'avons voulu le voir : celles-ci « nous produisent au sens littéral du terme » (Rosa, 2016, p. 264).

Éduquer en l'Anthropocène a pour mission de participer à la conception de modes de relation au monde et à la Terre qui, non seulement ne soient pas réifiés, mais qui soient vitalisants et participent d'une vitalisation, autant du monde que de la Terre. C'est la Terre même qu'il s'agit de faire vivre. Dans la narration effectuée par David Abram où il expose le contexte dans lequel la Terre et le monde vivant animal et végétal lui a parlé, nous identifions combien le silence était une caractéristique importante ainsi qu'une faible présence de l'arsenal technique des civilisations occidentales. Nous percevons ici qu'une éducation en Anthropocène suppose du silence (ce qui ne va pas de soi en éducation où la classe est l'espace d'un flot ininterrompu de paroles). Pour que la Terre et le monde se mettent à parler et qu'une résonance avec eux devienne possible, il convient de les écouter et de commencer par faire silence. Or, il arrive fréquemment que le monde, central dans l'acte éducatif, ne parle pas, soit muet. L'enfant peut être ainsi confronté à de longs moments d'ennui et de non-sens à l'école. Comment penser une éducation permettant aux élèves d'éprouver une relation chaude et responsive avec le monde ? est un des questionnements que nous pouvons avoir en Anthropocène. Comment permettre au monde de parler dans des sociétés contemporaines marquée par une hyper technicisation, une rationalisation de la pensée et une réification de tout ce qui se trouve placé dans le monde – à commencer par les sujets humains ?

Nous mettre à l'écoute de la biodiversité vivante et parlante de la Terre

David Abram prend appui pour penser dans la tradition animiste découverte lors de son séjour en Asie ainsi que dans l'approche phénoménologique d'Edmond Husserl et de Maurice Merleau-Ponty qui a mis en évidence les différentes modalités de relation au monde entre les sociétés modernes occidentales et les sociétés indigènes. La culture scientifique a imposé en occident un mode de perception du monde qui fait abstraction de l'expérience sensible réalisée à partir de l'immersion dans le monde pour privilégier une mise à distance qui peut être particulièrement problématique et destructrice – et dont l'Anthropocène est ici un analyseur. Une des hypothèses de David Abram est que le fait de retrouver une composante sensuelle dans notre relation au monde nous permettra de redonner de la place à la Terre qui pourra alors parler à nouveau. C'est le renouvellement de la dimension perceptive de notre sensibilité et d'une forme d'empathie charnelle par l'éducation en Anthropocène qui nous permettra de développer une redevabilité à l'égard de la nature non humaine et une attention à la vie. Comment apprendre à parler au monde avant de parler du monde en éducation ? Il s'agit de commencer par l'écouter. Dans le prolongement de ce type d'analyse, penser une éducation en Anthropocène suppose d'imaginer une éducation résolument alternative. C'est cette radicalité qu'il est nécessaire d'oser et qui ne va pas de soi, tant l'éducation est du côté d'un système de rationalités réifiantes réduisant la Terre et le monde au mutisme.

Dans l'établissement d'une relation au monde vive et dynamisante, l'écoute ne serait-elle pas fondamentale ? C'est elle qui permet l'émergence de la parole, et en l'occurrence d'une parole du monde à l'égard du sujet qui permette de sortir de cet état d'aliénation mutique dans la relation du sujet au monde. Le monde ne pourra pas parler au milieu du brouhaha incessant de nos sociétés contemporaines. Pour notre part, nous différencions le silence du mutisme. Le silence étant le fait de se taire pour qu'une parole inouïe (non encore entendue) puisse se dire, tandis que le mutisme est l'absence de parole, même lors de l'écoute. Le mutisme est l'incapacité à parler. Le silence est écoute, premier élément permettant l'émergence de la parole.[4]

Le mutisme du monde dans les sociétés contemporaines est directement lié à la logique de maximisation des intérêts individuels de l'*homo œconomicus* : « Si l'accroissement continu des possibilités de choix peut avoir une efficacité du point de vue de la maximisation du profit individuel, cette dernière favorise aussi une relation muette au monde, dans laquelle l'action singulière ne laisse aucune trace et ne reçoit aucune réponse. » (Rosa, 2016, p. 185).

L'éducation en Anthropocène a ainsi pour visée de sortir d'une stricte logique d'action sur l'environnement – qu'il s'agisse ici de l'action de préemption ou d'organisation de l'environnement. Il s'agit de nous permettre

---

4 Dans une perspective éducative, nous pouvons dire que l'écoute se distingue ici du silence obéissant à l'égard de la parole du maître. L'écoute est active, il s'agit de faire preuve d'hospitalité à l'égard de l'autre ou du monde, de l'accueillir puis de chercher à comprendre le mystère de son altérité et de son étrangeté pour que l'autre et le monde se mettent alors à « parler » selon le champ lexical de Rosa, Weber ou Abram.

d'entrer en relation avec le milieu – qui n'est ici pas appréhendé comme ressources. Établir une relation responsive avec la nature et l'entendre parler, ne signifie pas ici la jouissance individuelle que procure la beauté du spectacle de la nature lors d'une promenade en forêt ou en montagne. Il ne s'agit pas ici de cantonner la nature à des moments extraquotidiens de la vie, le WE en week-end ou durant les vacances. L'enjeu de l'éducation en Anthropocène est de permettre au monde de parler en quittant l'approche réifiante du monde héritée de la modernité au sein de laquelle un sujet étudie un objet, regarde, *in fine* domine pour exploiter ce qui n'est en fait qu'un objet. Comme le souligne Hans Blumenberg dans *La lisibilité du monde*, la modernité tente de rendre le monde dans son ensemble lisible. Au fur et à mesure que progressent les découvertes scientifiques, le monde semble en réalité se dérober à notre maîtrise et devenir de plus en plus énigmatique ou mystérieux. (Rosa, 2016, pp. 484–485). Mais la métaphore de la lisibilité du monde est aussi une attente ou un besoin de lien intime avec le monde (rejoignant en ce sens la théorie de la résonance). Il devient ainsi nécessaire pour Hans Blumenberg de renoncer à notre domination sur la nature afin de retrouver sa confiance. Un des enjeux de l'éducation en Anthropocène est, ni plus ni moins, de diminuer notre accès instrumental au monde et de retrouver une forme d'indigénité (Arnsperger, 2019).

Références bibliographiques

Abram, D. (1996 [2013]). *Comment la Terre s'est tue*. La Découverte, tr. fr. par Didier Demorcy et Isabelle Stengers.

Arnsperger, C. (2019). Serons-nous enfin, un jour, indigènes ? Permaculture et éducation des profondeurs. Dans Wallenhorst, N. & Pierron, J.-P. (dir.). *Éduquer en Anthropocène*. Le Bord de l'eau, pp. 101–111.

Rosa, H. (2016 [2018]). *Résonance*. La Découverte, tr. fr.

Rosa, H. & Wallenhorst, N. (2018) (entretien avec). De l'accélération à la "résonance". *Éducation permanente*, 215, pp. 57–67.

Wallenhorst, N. (2019). Critique, résistance, utopie : trois fonctions d'une pédagogie de la résonance en Anthropocène. Dans Wallenhorst, N. & Pierron, J.-P. (dir.). *Éduquer en Anthropocène*. Le Bord de l'eau, pp. 137–146.

Weber, A. (2017). *Sein und Teilen*. Bielefeld : Transcript Verlag.

2.
Résister aux effondrements

Renaud Hétier

Introduction

L'effondrement de la vie sur Terre et celui, probable, des civilisations qui va s'ensuivre peut nous sidérer, et nous empêcher d'agir au moment même où une véritable insurrection est nécessaire. Il s'agit d'abord de bien identifier la racine du mal : c'est ce que nous ferons avec une analyse des causes économiques du problème, et de ses conséquences anthropologiques. De plus, l'évolution de nos sociétés technologiques nous a précipités dans des formes d'hypercommunication et de virtualisation qui achèvent de nous séparer du monde vivant et de nous y rendre insensibles. Sur ce fond, la réflexion visera alors à comprendre comment l'histoire qui est la nôtre a provoqué des effondrements qui sont aussi d'ordre spirituel et psychique, ce qui explique notre attachement à une économie qui nous propose de multiples compensations, et comment une éducation permettrait d'éviter ces effondrements, et de défaire ce cercle vicieux.

1. Un capitalisme comme situation critique

On retiendra ici un point de rupture historique avec l'émergence du capitalisme. Ce système économique crée des conditions particulières qui prévalent dans l'émergence de l'Anthropocène. En effet, comme l'a montré Alain Bihr, le système capitaliste émerge avec la conquête de comptoirs, puis, de façon massive, du Nouveau monde. Autrement dit, le système capitalisme ne doit pas être réduit à sa dimension de capitalisation ou d'épargne, mais bien pris en compte comme système global, dans lequel l'accumulation de ressources tient d'abord à un transfert. Ce transfert qui permet à quelques-uns une forte accumulation de ressources suppose mécaniquement une spoliation de beaucoup d'autres. Cela touche, dès avant l'ère industrielle, à l'asservissement des forces de travail des individus des peuples dominés militairement, à l'appropriation des terres et des ressources disponibles. Ce processus est désigné comme « expropriation » par Alain Bihr. En effet, l'expansion de la propriété de quelques-uns passe, avant l'heure de la surproduction industrielle et de l'aliénation des forces de travail dénoncée par Marx, par l'expropriation de peuples entiers.

Avec la révolution industrielle va apparaître un premier prolétariat. On ne peut pas à son propos parler directement d'expropriation, dans la mesure où la situation de base était précisément celle d'une absence de propriété (des populations exilées en ville). Il ne s'agit pas non plus d'un déplacement forcé, comme dans le cas de l'esclavage. C'est ce qui nous conduit à retenir un autre terme, celui de « détachement », pour souligner d'une part un déracinement (dans l'exode rural) et d'autre part un bouleversement culturel considérable. Tout un monde paysan – avec ses traditions, ses rythmes, ses œuvres, ses manières de faire en société – est détruit, et les individus, « détachés » de leur territoire et de leurs repères vernaculaires, sont rendus disponibles pour leur exploitation économique. Ce détachement, précipitant les humains dans des conditions de vie artificielles, est une violence faite au sensible.

Le troisième grand moment du capitalisme est l'émergence de la société de consommation qui s'accomplit pleinement dans le néolibéralisme. Au cours du XXe siècle, le temps de travail a diminué et les salaires ont augmenté, mais ceci est compensé par cela : les individus occidentaux et occidentalisés sont devenus dépendants de ce que produit l'industrie. Ce qu'ils donnent moins d'un côté au capitalisme, du fait de la réduction du temps de travail, ils le donnent plus d'un autre côté en consommant abondamment ce qui est produit. Les individus sont plus « libres », mais de fait plus dépendants de ce que leur vend la société de consommation et l'élite qui en tire profit. De plus, dans le travail, on relève une forme d'« auto-exploitation » (Han). Massivement, l'individu se culpabilise de ne pas y arriver (il reste toujours à faire, et on peut toujours mieux faire) plutôt qu'il ne se révolte contre les contraintes qu'on lui donne. L'individu « libéré » s'en prend à lui-même du mal qu'on lui fait, comme une personne sous emprise peut se sentir coupable des coups qu'elle reçoit.

2. Le tournant de l'hypercommunication et de la virtualisation

Un mouvement plus ou moins parallèle à cette orientation économique s'est développé ces dernières décennies. Il tient à des innovations technologiques qui permettent de communiquer à distance de façon intensive, et d'investir un certain nombre d'activités virtuelles. Ces deux dimensions – communication et virtualisation – ne sont pas dissociables dans la mesure où elles dépendent toutes deux des mêmes outils numériques, d'une part, et où elles reposent aussi toutes deux d'une distance qui révèle aussi bien d'une *mise à distance.* Si la finalité initiale de ces outils était de s'affranchir de la distance (en pouvant communiquer en tous points de la Terre), ils vont en fait avoir des effets bien plus larges. Parmi ceux-ci, on peut évoquer une contribution au phénomène d'accélération relevé par Rosa (les dispositifs numériques, multimédias, se prêtent particulièrement bien à la démultiplication des activités et même à leur superposition, supprimant les temps d'attente et les temps de pause, contribuant à un rapport d'immédiateté au monde et à autrui). Quel est ce monde que nous évoquons ? Ce n'est pas le cosmos ou la nature, physiquement appréhendables, mais ce qui fait monde pour un être sensible (dans une compréhension phénoménologique), c'est donc « tout un monde » de perception d'un côté et d'offre sensible, perceptible et de proposition de sens de l'autre. L'accélération évoquée se concilie avec une véritable accaparation : ainsi les adolescents passent-ils en moyenne près de sept heures par jour devant des écrans.

On peut ainsi parler d'hypercommunication, dans la mesure où il ne s'agit plus seulement de communiquer des informations quand le besoin s'en fait sentir, mais d'être constamment en contact. Il s'avère que l'efficacité des dispositifs numériques ne fait pas que répondre à des besoins, elle en crée de nouveaux. On peut même dire que ces dispositifs intensifient le besoin de communiquer, et créent une véritable dépendance à la communication, qui fait par exemple que même quand on n'attend rien de spécial, on ne peut s'empêcher de vérifier constamment sa messagerie. Il devient difficile d'éteindre son téléphone, ou de l'éloigner de soi. *In fine*, ces dispositifs constamment disponibles induisent que leurs utilisateurs le soient de même. Cette hypercommunication abstrait les humains de leur condition terrestre. Le temps et l'espace qui sont les coordonnées de notre expérience ordinaire sont abolis. Cette communication permanente se détache de l'expérience sensible du monde, de l'enracinement du corps qui lui est là où il est et n'est que là où il est.

On peut aussi relever une virtualisation de l'expérience. Ceci est remarquable dans le succès des jeux vidéo, qui représentent la première industrie culturelle en France et dans d'autres pays. La particularité remarquable des jeux vidéo, c'est qu'ils proposent une immersion dans un univers entièrement virtuel. Dans une telle activité, qui tend à prendre beaucoup de temps, l'attention est complètement accaparée par des mondes virtuels, auxquels les joueurs peuvent devenir particulièrement sensibles (attachement à son avatar, recherche d'une progression ou d'une performance, compétition, etc.). Cet engouement pour les univers virtuels que proposent les jeux vidéo prend sens dans un rapport général aux écrans, qui permettent de faire une expérience dématérialisée : les objets ne prennent pas de place, ils ne se dégradent pas, ils sont toujours disponibles, toujours « propres », et pour ainsi dire parfaits. Bref, ils sont à la fois l'antithèse et le contrepoison d'un monde physique en pleine dégradation, qui « pèse » de plus en en plus sur notre sentiment de responsabilité. Comme dans le film *Ready player One*, le virtuel devient un refuge, un monde *bis* dans un monde dégradé. Et en même temps, il accentue notre séparation d'avec le monde vivant.

3. Des effondrements humains : spiritualité et psychisme

Voici donc l'individu actuel, qui tout à la fois s'auto-exploite, quand il travaille, et s'évapore dans la communication permanente et les mondes virtuels. Comment donner sens à cette nouvelle forme d'aliénation ? Comment comprendre une telle difficulté d'assumer sa liberté et sa responsabilité, dans un monde qui a désormais besoin de sobriété et de soin, et non pas de surproduction et de surconsommation, pas plus que d'une évasion complète dans le divertissement numérique ? Les scientifiques évoquent la réalité d'effondrements en cours et à venir : déjà la diversité du vivant s'est fortement érodée, et le pire reste à venir, et bientôt ce sont les civilisations qui risquent de s'effondrer sous les coups de sécheresses majeures et de pénuries massives, de migrations hors de proportions et des violences qui en résulteront. Pourtant, il nous semble que les causes que nous identifions, surproduction et surconsommation d'une part, et auto-exploitation et virtualisation d'autre part, sont elles-mêmes les conséquences d'un phénomène historique, qui débute sans doute avec le système capitaliste, en tant qu'il porte atteinte dès le départ, continûment et de façon toujours plus poussée, à la spiritualité et à l'équilibre psychique de l'humain.

De quelle spiritualité s'agit-il ? De fait, il semble que rien n'a pu freiner la marche en avant de ce système, qui a rebondi après l'abolition de l'esclavage, l'attribution de droits sociaux aux travailleurs, la limitation du temps de travail, l'allocation de congés, l'augmentation des salaires, la décolonisation, les crises pétrolières, etc. Nous sommes actuellement dans une situation, en France et au-delà, où il ne semble pas qu'il y ait encore des valeurs transcendantes telles que celle portées par la religion (la promesse d'une vie meilleure, le choix d'une certaine pauvreté, l'engagement au partage, etc.) susceptibles de contenir la jouissance de la surconsommation, de l'hypercommunication et de la virtualisation de l'expérience. Enfin, de toutes autres cultures, avec d'autres univers spirituels, se sont vouées au système capitaliste avec force, comme en Chine, avec les mêmes effets destructeurs qu'ailleurs.

Il s'agit donc d'évoquer une spiritualité à nouveaux frais, qui ne dépende ni d'une tradition en particulier, ni d'une perspective surnaturelle, précisément inadaptée au moment où nous attentons au monde naturel et que c'est bien à celui-ci qu'il faut d'abord faire attention. Cette spiritualité est à penser précisément en fonction de nos maux actuels, qui tiennent à notre éloignement du monde vivant. Un tel éloignement vient de loin, et on a déjà évoqué le long processus d'expatriation, de détachement et de « liberté », entraîné par l'histoire du capitalisme, ainsi que la virtualisation tendancielle de notre expérience. L'artificialisation de nos vies, la dégradation des milieux naturels, la préférence donnée au virtuel concourent à l'éloignement auquel il s'agit de remédier. Une spiritualité, dans ces conditions, doit permettre de restaurer, de faire vivre et de préserver un rapport au monde vivant qui a été abimé, si ce n'est perdu. Ce monde vivant que nous sommes en train de perdre, et dont la perte va nous perdre, il s'agit tout simplement d'apprendre à mieux le voir : à le sentir, à le toucher, à entrer dans un rapport d'intimité avec lui, à éprouver l'interpénétration de soi et du monde, qui fait qu'on se sent être une partie vivante du monde, et que notre vie se prolonge et s'épanouit dans d'autres vies, dans toutes formes de vie. Nous avons certes besoin d'être informés de l'état du monde, des réalités physiques et donc du point de vue scientifique, mais encore faut-il, pour que nous nous mobilisions, que nous soyons sensibles à la beauté du monde, à la diversité du vivant et à la dignité de toute forme de vie. Autrement dit, il s'agit d'augmenter et plus encore d'affiner notre capacité d'attention. Pour cela, nous repérons trois conditions, qui sont comme des moments successifs : l'expérience du vide, celle de la présence, et enfin celle de l'attention.

En évoquant le vide, il s'agit de penser la désaturation et la désoccupation nécessaires. Il paraît difficile d'instaurer un lien profond au monde vivant si on est complètement accaparé par des activités, et distrait par celles-ci, notamment à l'ère numérique. Suspendre ces activités, au moins en partie, c'est donner la chance à d'autres objets, d'autres phénomènes d'apparaître. C'est ce qui nous conduit à évoquer la présence. En fait, le monde ne cesse jamais d'être présent, partout autour de nous, mais nous lui tournons le dos. En acceptant une part de vide dans nos vies, cette présence peut se manifester, et elle ne manque pas de se manifester, tant il est difficile de rester dans le vide, tant nous avons besoin de sentir une forme ou une autre de vie outre la nôtre. S'immobiliser ou ralentir, c'est se donner une chance de voir ce qu'on ne voyait pas ; faire le silence, d'entendre ce qu'on n'entendait pas. Les choses autour de nous se mettent à exister. Fort de ce genre d'expérience de disponibilité et de réceptivité, nous formons enfin, troisième temps d'une spiritualité qui nous ouvre à ce qui nous dépasse, une attention. Cette attention est une capacité qui se forme à force d'expériences significatives, de moments où notre regard, notre écoute, notre sensibilité ont pu être soutenus par ce à quoi ils permettaient de donner accès (« Pour qu'une chose soit intéressante, il suffit de la regarder longtemps » écrivait Gustave Flaubert). Il faut donc avoir commencé (d'où la nécessité de l'expérience du vide et de la présence qui se manifeste) pour continuer, dans un geste d'attention porté par l'intuition qu'il y a peut-être quelque chose à voir, à entendre, à sentir. Alors le monde existe sensiblement, alors nous sommes sensibles au monde.

Concomitamment, il s'agit aussi de former des forces psychiques. Pourquoi cela ? Parce que l'effort d'être disponible au monde suppose, dans les conditions de vie qui sont les nôtres, on l'a dit, un véritable arrachement à l'occupation et à l'accélération. Or, c'est dès l'enfance que se met en place une disposition des choses qui fait que l'enfant est censé être toujours occupé, toujours stimulé et/ou toujours diverti, quand il n'est pas déjà considéré par ses parents comme un consommateur dont il s'agit de satisfaire au mieux les besoins matériels. Pour résister à ce genre de tentations, il faut avoir suffisamment de forces… mais pour avoir ces forces, il faut avoir pu les former indépendamment de ce qu'on peut considérer comme des *compensations*. Par ce dernier terme, il s'agit de désigner ce que le système capitaliste nous vend pour prendre la place de ce qu'il a détruit (et qui était gratuit) : une culture populaire et partagée dans un cadre vernaculaire, une capacité à produire soi-même un certain nombre de ses besoins et de leurs réponses, et bien évidemment une manière d'être au monde permettant, notamment sur le mode contemplatif, de recevoir le monde et d'être en quelque sorte nourri par lui.

Disposer de telles forces suppose d'abord une aptitude à la solitude. Cette aptitude n'est pas évidente, d'abord parce que nous sommes des êtres sociaux, ensuite parce que, nous l'avons vu, l'hypercommunication tend à nous inscrire constamment dans des relations. Il s'agit de penser, avec Winnicott, une capacité à être seul qui se forme d'abord en présence d'autrui (comme l'enfant peut jouer sereinement sous le regard de son parent). La solitude n'est pas l'isolement. La solitude s'inscrit en parallèle du vide pour l'expérience spirituelle. Elle est une sorte de condition première pour que quelque chose de personnel se produise. Mais il ne s'agit surtout pas de la voir comme une sorte de privation, comme on mettrait un enfant au coin. Il s'agit de permettre à chacun, dès l'enfance, de sentir les forces qui l'animent quand ces forces ne viennent pas de l'extérieur, quand il n'est pas « comblé », sur-occupé ou diverti. Dans la solitude, une certaine capacité de penser, de se souvenir, d'imaginer, de rêver, de fantasmer et évidemment de percevoir va se manifester. Autrement dit c'est dans la solitude qu'on peut découvrir tout à la fois qu'on porte en soi « tout un monde » qu'on peut habiter et qui ne dépend pas d'objets extérieurs, un monde aussi fait de relations dont on se souvient, d'êtres auxquels on continue de s'adresser, et qu'on peut être disponible à ce qui se manifeste autour de soi et qui ne nous laisse finalement pas si seuls que ça.

Une des difficultés majeures auxquelles nous sommes humainement confrontés, en contexte d'abondance (et même si cette abondance n'est pas viable à long terme), c'est de ne pas agréger notre sentiment d'existence à la possibilité de consommer. Se sentir exister, dans un tel contexte, c'est souvent faire le plus de choses possibles, multiplier les achats, la consommation de productions culturelles, etc. Et quand ce flux ralentit et s'interrompt, le sentiment de vide peut conduire à un passage dépressif. Or, des forces insoupçonnées dorment au plus profond de nous, qu'on peut nommer comme un « désir d'être ». Il importe ici de préciser que le désir ne se confond pas aux besoins. Les besoins nous aliènent, qu'il s'agisse de nos besoins naturels, indispensables à notre survie, de besoins relationnels, affectifs, dès la naissance, ou de besoins indéfinis comme le besoin de se cultiver, de se déplacer, etc. Le désir est libre de tout objet. Il est un élan de vie qui est naturel tant qu'il n'a pas été abîmé par un environnement abandonnique ou maltraitant. Ce désir est libre en tant qu'il est désir que ce qui est soit, continue d'être, soit aussi pour les autres. Cela nous conduit à considérer un désir d'être, qui ne manque pas d'être aussi spirituel qu'il est une force psychique, dans la mesure où il est consentement et volonté de confirmation de ce qu'on n'a pu ni voulu : s'apporter soi-même au monde. Ce désir d'être apporte la joie dans l'existence et le sens qu'on pourrait être tenté de chercher indéfiniment ailleurs. Certes, on n'est pas *toujours* au monde, mais on peut être *complètement* en celui-ci. Rigoureusement, puisque nous sommes capables, contrairement aux autres animaux, de nous retirer de la vie, y demeurer manifeste ce désir d'être qui ne demande rien d'autre qu'un « sentiment ». Rousseau l'a formulé pour l'enfance : « aussitôt que [les enfants] peuvent sentir le plaisir d'être, faites qu'ils en jouissent ».

Il serait difficile, sans doute, pour tout un chacun, de se contenter d'être, dans une certaine solitude, à la manière d'un renonçant ou d'un ermite. Et le monde est trop petit pour que nous vivions tous ainsi. De plus, se retirer du monde, aujourd'hui, n'est qu'une partie de la réponse au phénomène de dégradation de ce monde, quelque chose comme la « part du colibri », dont on sait qu'elle n'est pas suffisante. Il s'agit donc de voir ce qu'on peut apporter au monde, ce qui est peut-être le meilleur contrepoison à la consommation. C'est ce qui nous conduit à évoquer la sollicitation de la créativité, et l'implication dans le « faire vivre ». Dans les deux cas, il s'agit de prolonger et d'augmenter le désir d'être dans un désir de donner l'existence. C'est sans doute ce qui inspire le désir de donner la vie, qui est toujours une création, et ne peut pas être un calcul, ni non plus qu'une acquisition. Pour ce qui concerne les fondations de la créativité, il s'agit de les poser dès l'enfance pour l'ancrer en profondeur. Dès lors, il ne peut s'agir de « donner la vie », mais bien de créer des objets, des jeux, des activités, et de « faire vivre », au sens où, à défaut de donner la vie, on peut déjà prendre soin de ce qui est vivant, de ce qui existe.

La créativité de l'enfant a été fortement soutenue dans des pédagogies de l'Éducation nouvelle, et notamment dans la pédagogie Freinet. Mais il s'est avéré que dans certains courants, et encore dans une certaine idée de l'enfance propre aux années 1970, la créativité de l'enfant a pu être surestimée. Renvoyé à son seul imaginaire, et à ses compétences présentes, l'enfant risque de tourner en rond. Il revient à Bruno Duborgel d'avoir montré la nécessité de nourrir intensément les enfants de trésors culturels aussi divers que possible. La créativité de l'enfant doit être comprise au sens large, dans une capacité à faire, à défaire, à refaire, notamment à partir de ce à quoi il se confronte. Il ne s'agit d'ailleurs pas seulement d'une créativité artistique, mais tout aussi bien technique que ludique. Ce que l'enfant va alors sentir, c'est sa capacité à porter à l'existence de nouveaux objets de tous ordres, son plaisir, sans doute incomparable, à se sentir ainsi capable, et finalement son désir d'investir durablement ce type d'activité. Dès lors le sens de l'existence n'est plus suspendu aux plaisirs éphémères et toujours à renouveler de la consommation, avec les effets délétères que cela entraîne, mais d'apporter au monde quelque chose en plus, quelque chose de nouveau qui l'enrichit, et non qui l'épuise et l'appauvrit.

« Faire vivre », enfin, est une perspective incontournable à l'heure de la dégradation générale de la Terre. L'enfant ne peut avoir la responsabilité de la vie des autres (ses frères et sœurs, ses parents), mais il peut déjà expérimenter sa capacité à prendre soin de tout objet existant, et notamment de toute forme de vie. De ce point de vue, une classe devrait ressembler à la fois à un laboratoire et à une ferme, et avoir pour objectif fondamental de permettre à chacun de se sentir vivant parmi d'autres vivants, et plus encore de se sentir solidaire de ces autres vivants. Il y a une joie particulière à sentir la vie, dans des expériences d'immersion dans la nature, et c'est peut-être une joie redoublée que de pouvoir aider cette vie à être : soigner un animal blessé, cultiver une plante, aider des petits à grandir, prendre en charge un élevage, etc., tout cela est susceptible de concourir à entrer en résonance avec le vivant, et à avoir à cœur de soutenir celui-ci. C'est désormais notre tâche et notre responsabilité, non seulement de ne pas nuire, c'est-à-dire d'abord de nuire moins, mais, dans un monde déjà abîmé, dans la situation où le vivant est fragilisé, d'apprendre à soutenir activement différentes formes de vie.

Conclusion

Un certain fonctionnement économique tend, depuis plus de 500 ans, à tout réifier, l'humain y compris. Nous n'avons jamais été aussi « libres », et en même temps aliénés, éloignés d'un monde vivant que nous épuisons, que nous dégradons, et qui ne pourra bientôt plus nous soutenir. Nos manières de nous échapper dans des mondes virtuels, propres et lisses, parfaits en leur genre, contribuent à une inertie mortifère, et à une insensibilité au monde vivant, imparfait et qui plus est dégradé, qui est pourtant notre fond véritable. Il s'agit donc de renouer avec le monde, et de retrouver le sens d'un désir d'être qui rompe avec un rapport de consommation. Cela exige une sensibilisation qui s'enracine nécessairement en enfance, dans une spiritualité qui permette de sentir authentiquement le monde et d'y être sensible, et en formant des forces psychiques qui permettent de se « tenir » et de se soutenir, en apportant désormais au monde plus qu'on ne lui retire.

Références bibliographiques

Bihr, A. (2018). *Le premier âge du capitalisme. Tome 1. L'expansion européenne.* Page 2/Syllepse.

Duborgel, B. (1992). *Imaginaire et pédagogie.* Privat.

Han, B.C. (2014). *La société de la fatigue.* Circé.

Hétier, R. (2014). Aspiration numérique et mise à distance du corps. *Revue Recherches en éducation*, 18, pp. 122–131.

Hétier, R. (2018). Augmenter le pouvoir de sentir. Dans Wallenhorst, N. ; Coatanéa, D. ; Prouteau, F. (dir.). *Éduquer l'homme augment – Vers un avenir postprométhéen.* coll. « Documents », Le Bord de l'eau.

Hétier, R. (2019). Apprendre à faire vivre. Dans Wallenhorst, N. & Pierron, J.-P. (dir.). *Éduquer en Anthropocène.* Le Bord de l'eau.

Hétier, R. (2020). L'enfance face aux effondrements : quelle éducation ? Dans Aillet, L. & Testot, L. (dir.). *Collapsus.* Albin Michel.

Hétier, R. (2020). Une enfance sans frontières au miroir de ses pratiques culturelles. Dans Fabre, M. & Husser A.-C. (dir.). *Éducation et frontières.* PURH (Rouen).

Hétier, R. (2021). *L'humanité contre l'Anthropocène. Résister aux effondrements.* PUF.

Hétier, R. (dir.) (2020). *Présence et numérique en éducation.* Le Bord de l'eau.

Wallenhorst, N. (2019). *L'Anthropocène décodé pour les humains.* Le Pommier.

Wallenhorst, N. (2020). *La vérité sur l'Anthropocène.* Le Pommier.

Winnicott, D.-W. (2012). *La capacité d'être seul.* Payot.

3.

Une théologie écologique au-delà de la dualité nature et culture

Joël Molinario

Introduction

Si la question de l'avenir se pose avec tant d'acuité aujourd'hui, c'est en grande partie dû à la prise de conscience de la crise écologique doublée d'un diagnostic géologique qui a permis de qualifier d'Anthropocène l'ère géologique dans laquelle nous sommes. Cette ère de l'Anthropocène a donc une histoire et la crise écologique que nous vivons l'actualise. Cette histoire est à la fois industrielle, scientifique mais aussi philosophique, anthropologique et théologique. Pour que la nature soit devenue un outil exploitable dans les mains des hommes, il a fallu que cela soit rendu possible philosophiquement et théologiquement. Ce sont ces paradigmes que nous voulons saisir ici, faisant l'hypothèse que le paradigme de la pensée mécaniste du XVIIe siècle est un soubassement philosophique et anthropologique à l'ère de l'Anthropocène et qu'ainsi une révolution écologique doit aussi être une révolution anthropologique et théologique. Si un jour au XVIIe siècle l'homme s'est pensé maître et possesseur de la nature, il faudra un autre jour que l'humain se pense comme un être de relations avec le non-humain. Ceci bouleverse l'anthropologie mais aussi la théologie chrétienne qui s'est bien adaptée à la pensée mécaniste, avec un homme être de culture dominant la nature à la suite d'une lecture mécaniste de la création biblique.

Nous procéderons en trois étapes pour montrer cela. Tout d'abord, nous nous intéresserons à l'histoire de l'idée de nature en nous arrêtant spécialement au passage de la Renaissance qui fut le siècle de l'amour, de l'admiration quelques fois de la crainte de la nature, au XVIIe siècle qui fit naître en quelques décennies l'idée que la nature est un outil, une machine dont l'homme ingénieur sait se servir.

Cet héritage de la pensée mécaniste a marqué l'anthropologie par un dualisme entre nature et culture que l'on pensa trop facilement universel.

Avec l'anthropologue Philippe Descola (2005 ; 2019) nous verrons que les liens hommes-nature ne se déclinent pas seulement par cette opposition entre nature et culture, particulière à l'occident, mais qu'il nous faut observer trois autres paradigmes de rapports de continuités ou de discontinuités : l'animisme, le totémisme et l'analogisme.

Cette évolution de l'idée de nature a toujours nourri un débat théologique. Pour illustrer cela, nous interrogerons la pensée du premier théologien à écrire une théologie écologique. Le protestant Joseph Sittler de Chicago, à partir de 1954, écrivit une théologie écologique qui est pour lui une manière nouvelle, transversale et œcuménique de faire de la théologie. Théologie de l'histoire et théologie de la création, théologie de la grâce et du non-humain qui réconcilie la foi qui écoute et la foi qui contemple (Sittler, 2000). Prendre en compte la question écologique renouvelle les cadres de pensée du discours théologique pour le situer dans une théologie des relations des humains avec l'ensemble des non-humains. Une théologie post-Anthropocène en quelque sorte.

1. La nature admirée des humanistes

Nous nous appuyons ici sur les travaux de l'historien des sciences Robert Lenoble. L'un des intérêts de son *Histoire de l'idée de nature* (1969) est de nous sortir du présupposé trop simple comme quoi la notion de nature aurait débuté avec Bacon et Descartes au cours du XVIIe siècle. Cet ouvrage met en perspective les hésitations philosophiques et religieuses sur l'idée de nature et nous montre les déplacements successifs et ainsi, non pas comment les mécanistes du XVIIe siècle (Bacon, Descartes, Mersenne) auraient inventé l'idée de nature mais comment ils l'ont transformée pour l'ajuster à une anthropologie nouvelle et une épistémologie moderne des sciences.

Lenoble remarque comment les hommes de la Renaissance ont compris la nature comme un être vivant. Les humanistes parlent d'âme du monde, de force avec laquelle on peut entrer en communion mystique, une âme que l'on retrouve dans les plantes ; la terre vit, possède des rythmes comme tous les vivants, telles sont les perspectives naturelles des humanistes (Lenoble, p. 292). Cardan (1550) (Girolamo Cardano, 1501–1574) va même plus loin : « Si, à la place des anges et des démons, nous plaçons des astres bienfaisants ou contraires, nous pouvons donner les mêmes explications et expliquer les mêmes apparences » (1550, p. 960). Et l'auteur de conclure, « pour l'homme de la Renaissance, la Nature prend donc la place de Dieu, parce qu'elle-même a une âme, qu'elle réalise des intentions constantes, qu'elle veille sur l'homme comme une Providence » (Lenoble, 1969, p. 295).

Une exception notable dans cette nature aimée, admirée et divinisée au XVIe siècle : les réformateurs. Pour Luther (2001) la nature est d'abord le lieu de la corruption, de la liberté illusoire du serf arbitre écrivait-il en 1525 à Erasme. La nature n'est pas la médiatrice entre Dieu et l'homme, abandonnée qu'elle est aux caprices des hommes, que ce soit dans la théologie ou les sacrements ; la grâce ne passe pas par la nature (Lenoble, 1969). Cette méfiance des réformateurs va cependant permettre une plus facile adoption de la révolution mécaniste du XVIIe siècle du côté protestant.

2. La révolution mécaniste

Au début du XVIIe siècle, les sciences sont en pleine révolution. Les historiens attribuèrent sa paternité à cinq grands noms : Francis Bacon (1561–1626), Galilée (Galileo Galilei) (1564–1642), Marin Mersenne (1588–1648), René Descartes (1596–1650), et Blaise Pascal (1623–1662). Avant eux la Nature n'avait pas été conquise. Son exubérance s'opposait à son observation, à son étude et à sa maîtrise. « Elle [la nature] va déchoir de son rang de déesse universelle pour devenir, disgrâce encore jamais connue, une machine » (Lenoble, 1969, p. 310).

Une première date inaugure cette révolution : 1632 avec la publication des *Dialogues sur les deux grands systèmes du monde* de Galilée (2000), qui est une comparaison des systèmes de Ptolémée et de Copernic. La nouveauté, jusqu'ici inconcevable, vint de la discussion sur la vérité des systèmes de compréhension du monde qui est tenue non par des philosophes ou des théologiens mais par des ingénieurs. Le discours de la science (*noésis*) depuis l'antiquité correspondait à la recherche substantielle et métaphysique de la vérité. Elle s'opposait radicalement aux opinions de l'artisan ou du technicien. Ici pourtant, selon la présentation de Galilée, c'est ce dernier qui a autorité pour expliquer le système du monde. « L'ingénieur conquiert la dignité de savant, parce que l'art de fabriquer est devenu le prototype de la science » (Lenoble, 1969, p. 312). Ainsi, la science prend une autre définition ; elle n'est plus admiration ni prosternation, elle est désormais de l'ordre de l'utilisation. Une nouvelle attitude devant la nature se fait jour et va devenir la norme pour des siècles : l'homme veut conquérir la nature et s'en rendre « maître et possesseur » (Descartes, 137, Partie VI). La nature est devenue machine et « la science la technique d'exploitation de cette machine » (Lenoble, 1969, p. 315).

Pour Descartes, Galilée et leurs disciples, il est devenu maintenant évident que connaître, c'est fabriquer. Car, pour tous, la vérité sur la nature repose sur des expériences et plus seulement sur des raisonnements de principes sur les essences. La grandeur de la nature n'effraie plus puisqu'il est désormais acquis que l'on se trouve dans un rapport d'échelle ; pour Lenoble (1969), la nature fait simplement en plus grand, ce que l'homme est capable de réaliser à sa mesure. Puisque cette nature n'est plus déesse, il a fallu comprendre autrement le Dieu créateur et changer de paradigme théologique. Les mécanistes voulaient pénétrer les secrets du divin créateur afin de l'imiter car Dieu donne la mission à l'homme de comprendre comment le monde a été créé afin de construire le monde comme Lui l'a réalisé avec ses lois. Ainsi pour Descartes cacher aux hommes les lois de la physique c'est pécher contre le bien commun de tous les hommes. (Descartes, 1637, partie VI).

Si la compréhension de l'homme à l'image de Dieu a changé, la rédemption également qui s'accommode désormais de la science. Bacon et Descartes s'attribuent un mandat divin de conquérir le monde pour participer à son salut. En effet, au paradis terrestre, Dieu avait donné à l'homme la domination sur la nature, puisqu'il devait nommer les animaux. Le péché d'Adam rend l'homme incapable de ce pouvoir de dominer. Il faut donc attendre la justification par le calvaire pour que l'homme puisse reconquérir par ses efforts la maîtrise des choses. Bacon (1838, p. 405) s'en explique clairement : « l'homme en tombant de son innocence, s'est laissé détrôner de sa souveraineté sur les créatures. Il peut en partie recouvrer l'une et l'autre dans cette vie : l'innocence par la religion et la foi, la souveraineté ici-bas par les arts (les techniques) et la science ». Ainsi, subrepticement, l'homme et la nature vont voir leurs destinées se séparer radicalement. Et Lenoble de conclure sur cette révolution mécaniste : « Mécanisée, la Nature devient une simple possibilité d'exploitation technique, bientôt portée au maximum par l'industrie naissante puis envahissante. L'homme a échangé son modèle, sa maîtresse, pour un outil. » (1969, p. 337).

3. Par-delà nature et culture

La révolution mécaniste du XVIIe siècle a changé profondément notre conception de la nature et notre lien avec elle. Pour l'anthropologue

Philippe Descola (2005) le XVIIe siècle a engendré un dualisme entre nature et culture dont l'occident est toujours dépendant. Les anthropologues et les ethnologues depuis le XIXe siècle ont travaillé avec ce présupposé (Descola, 2001) qui est à la base de l'entrée dans l'ère de l'Anthropocène. Descola raconte comment lui-même a débuté son travail d'anthropologue avec ce présupposé et le temps qu'il a mis à s'en défaire (Descola, 2019). La pensée de Philippe Descola est originale, à au moins deux titres.

La coupure occidentale

Par naturalisme Descola entend cette façon de percevoir le rapport entre les humains et la nature mise en place en occident de manière réflexive depuis le XVIIe siècle selon la logique suivante : d'un côté, les humains sont dotés d'une intériorité distinctive et de l'autre ils sont à l'intérieur d'un continuum de caractéristiques physiques peu différentes des autres réalités du monde.

A l'intérieur de cet ensemble il s'est produit une séparation, le retrait du sujet humain de son environnement. Le sujet ne voyait pas un lien de nature avec son environnement, il s'est extrait de son milieu pour le saisir à distance comme en surplomb, d'où le développement des sciences : « les humains devenaient maître et possesseurs du monde ». Pour cela, il fallait qu'il y ait eu une séparation progressive préalable (Descola, 2005).

En conséquence, explique Descola, les objets naturels étant dissociés de soi ou divorcés de soi, il devenait alors possible d'écrire des lois à caractère universel ; on développe les moyens de servir les finalités posées par les humains et la séparation s'accentue. Ce furent les conditions préalables de la crise écologique. Cela n'était pas fatal, la croissance de la technologie n'a pas engendré cette séparation, mais elle a été rendue possible par ce divorce initial entre nature et culture, entre l'âme et l'étendue.

Quatre manières de qualifier les continuités et les discontinuités entre humains et non-humains

> [...] la manière dont l'occident moderne se représente la nature est la chose du monde la moins bien partagée. Dans de nombreuses régions de la planète, humains et non-humains ne sont pas conçus comme se développant dans des mondes incommunicables et selon des principes séparés ; l'environnement n'est pas objectivé comme une sphère autonome ; les plantes et

les animaux, les rivières et les rochers, les météores et les saisons n'existent pas dans une même niche ontologique définie par son défaut d'humanité, explique Philippe Descola (2005, p. 56).

Et notre auteur d'ouvrir une typologie nouvelle en anthropologie et ainsi de comprendre que le naturalisme occidental est une manière parmi quatre d'appréhender les continuités et discontinuités entre humains et non-humains. Autrement dit, il s'agit d'une écologie des relations entre nature et culture que développe Descola (2019) qui permet de distinguer, l'animisme, le naturalisme, le totémisme et l'analogisme. Entre animisme et naturalisme, Descola voit une distinction fondatrice et inversée. On pense en occident que les humains sont une espèce à part, parce qu'ils ont une conscience réflexive, qu'ils possèdent un langage articulé et des capacités cognitives qui les différencient en les rendant supérieurs à l'ensemble de toutes les espèces animales ou végétales, même si les humains gardent une nature physique commune à toutes les espèces. A l'inverse des animistes d'Amazonie qui eux pensent que tout vivant ou presque possède « une âme », tout au moins une disposition intérieure qui le rend proche des humains. En revanche, toutes les espèces se différencient par leurs « physicalités » *sic* (formes, capacités). Ainsi, l'animisme est quasi l'inverse du naturalisme occidental dans le rapport de l'humain au non-humain.

Descola définit le totémisme comme ce qui rassemble des groupes d'humains et de non-humains partageant des qualités morales ou physiques. Il y a souvent chez les aborigènes un animal totémique mais il est une incarnation qui désigne en réalité les qualités englobantes de ce totem. En effet, les totems portent le nom de la qualité et pas celui de l'animal : il sautille, il est aux aguets, il est anguleux etc. Ces trois premières catégories ne rendant pas compte de toutes les différentes perceptions, Descola rassembla une dernière forme de relations, l'analogisme. Cette catégorie réunit de prime abord des éléments disparates qui n'ont pas des liens de similitudes physiques ou psychologiques immédiats mais pour qui il faut pourtant trouver des correspondances. (Descola, 2019) Mais si les vies sont séparées, elles sont cependant analogues, c'est-à-dire relatives. Le mode d'identification analogiste requiert des éléments organisateurs de bases qui coordonnent toutes les singularités et toutes les disparités apparentes. Avant d'être mécanistes, les européens étaient analogistes. C'est une classification du type : « le rouge est au noir comme les hommes sont aux femmes, comme le soleil à la lune [...] ou encore le corbeau est à la truite ce que le pantalon est à la jupe, etc. » (2019, pp. 45–46) Selon Descola l'analogisme est très répandu aujourd'hui.

Ainsi pour Descola ces quatre manières de percevoir les continuités et les discontinuités entre humains et non-humains correspondent à des paradigmes à la fois scientifiques et anthropologiques qui permettent de rendre singulier le paradigme mécaniste occidental de séparation entre nature et culture, de sortir du rapport de l'homme à la nature considérée comme un moyen au service de l'homme qui a fourni les soubassements anthropologiques à l'ère de l'Anthropocène. Cet élargissement de l'anthropologie dans son rapport à la nature (Charbonnier, 2015) est aussi stimulant pour un renouveau de la pensée théologique. Pour cela il nous faut interroger la pensée théologique de celui qui fut le pionnier à appréhender l'anthropologie chrétienne comme un rapport fondateur de l'humain avec son environnement, le théologien Joseph Sittler.

4. Vers une théologie écologique : la pensée de Joseph Sittler

Pour Joseph Sittler, (1904–1987) théologien luthérien qui enseigna à la *Divinity School* de Chicago, prendre en compte la question écologique change la manière de faire de la théologie. C'est ce qu'il voulut montrer dans son œuvre théologique en partie rassemblée après sa mort, notamment dans l'ouvrage *Evocations of Grace* (Bouma-Prediger & Bakken, 2000). Si la théologie contemporaine pour Sittler a réussi à penser l'homme dans l'histoire, elle n'a pas su penser l'homme en relation avec les autres vivants, avec le cosmos et avec Dieu. Nous sommes restés prisonniers d'une opposition entre théologie de l'histoire et théologie de la nature qu'il faut dépasser, écrit Sittler : « *theological categories may no longer be only historical categories. They have got to deal with man as history and as nature; and therefore, categories of creation, redemption, and sanctification have got to operate with the same scope as the fundamental categories of man and God.* » (Sittler, dans Bouma-Prediger & Bakken, 2000, p. 82) Une théologie écologique, selon Sittler, renouvelle notre anthropologie où l'humain est d'abord un être de relations avec tout ce qui n'est pas humain dans la création, et tout ce qui n'est pas humain l'est aussi par grâce. Sittler veut repenser de façon nouvelle la doctrine de la nature et de la grâce en tenant compte de la manière moderne avec laquelle l'homme a instrumentalisé la nature (Bouma-Prediger & Bakken, 2000, p. 87). La création et la rédemption n'ont pas seulement l'homme comme objet mais tout ce qui est créé par grâce. L'écologie, pour Sittler, c'est la réalité de la relation constitutive avec tout ce qui vit, et ceci, « est le seul théâtre assez vaste pour un jeu moderne de la doctrine de la grâce ». Ainsi, sortir l'homme de sa suffisance envers la nature permet de réengager un avenir en considérant de manière nouvelle le lien entre nature et histoire.

Pour Sittler il y aurait un risque à appréhender l'écologie uniquement sous l'angle de la crise ou d'une catastrophe imminente, écrit-il dans un article de 1970. Auquel cas, l'écologie ferait le lit des témoins de Jéhovah heureux de pouvoir montrer l'inéluctable eschatologie punitive divine. Son projet théologique débute par une affirmation ambitieuse : « *So the first proposal I want to make is that the question of reality is itself an ecological question! Because the question is ecological, reality itself must be spoken of ecologically. Reality is Known only in relations.* » (Sittler, dans Bouma-Prediger & Bakken, 2000, p. 76) Pour Sittler cette réalité de relation exige un regard qui ne se réduit pas à un voir mais qui soit réellement un contempler. Lorsque le Nouveau Testament rapporte que Jésus a dit : "Voici les lis des champs" (Mt 6,28), le mot "voici" repose sur ce qui est vu avec une sorte de tendresse qui suggère que les choses en elles-mêmes ont leur propre merveille d'authenticité et d'intégrité. Alors l'homme est appelé à contempler ce qui n'est pas lui, la création donnée et à considérer les choses avec une sorte d'honneur spirituel pour l'intégrité immaculée des biens qui ne sont pas lui. Dans un article de 1963, « *The care of the earth* » (Bouma-Prediger & Bakken, 2000, pp. 51–58), Sittler avait approfondi ce thème en établissant un rapprochement entre une question de catéchisme, une phrase de St Thomas d'Aquin et le psaume 104. La question du catéchisme de Westminster est la suivante : Quelle est la fin principale de l'homme ? La réponse est : la fin principale de l'homme : glorifier Dieu et en jouir, s'en réjouir, pour toujours ! La fin de l'homme est donc selon ce catéchisme à la fois de glorifier Dieu pour ce qu'il est en lui-même, et en vénérant Dieu, dans le même geste, en jouir et se réjouir de ce que Dieu est pour lui-même. Pour Sittler, ses contemporains ont des difficultés à accepter la deuxième partie de la réponse du catéchisme : jouir de Dieu leur paraît incorrect. Saint Thomas intervient ici pour interpréter ce malaise : « C'est au cœur du péché que les hommes utilisent ce dont ils devraient se réjouir, et se réjouissent de ce qu'ils devraient utiliser ». Il s'agit ici de la dialectique de l'utilisation et de l'appréciation, ce que l'on utilise et ce qui nous réjouit. Toutes choses ne sont pas seulement à utiliser comme moyen. Il le faut bien sûr, pour fabriquer un objet une matière première est nécessaire. Mais quand une chose peut être utilisée elle peut aussi être appréciée, c'est-à-dire reconnaître à ce bien, sa valeur intrinsèque et s'en réjouir. C'est ici que la pensée instrumentale mécaniste focalise notre esprit sur l'utilisation et empêche de nous réjouir. C'est alors que Sittler en vint à commenter « le Psaume 104,15 : « Il… donne » du vin pour réjouir le cœur de l'homme, et l'huile fait briller son visage. "C'est le jour que le Seigneur a fait ;" il exulte, " réjouissons-nous et soyons heureux en lui. » (Ps 104,31) Le vin ici est un produit à déguster, il n'est pas utilisé. Il est le symbole de la nature dans sa bienveillance souriante – ami intime du soleil qui mûrit comme l'écrivait le poète John Keats évoqué par Sittler (Keats, 1990, pp. 110–111). C'est pourquoi il a été presque partout et toujours l'accompagnement des occasions de célébration, le chant de la joie du cœur. Il faut l'apprécier, il ne faut pas l'utiliser, explique Sittler. « Lorsqu'il est apprécié, il ajoute la grâce à une vérité ; lorsqu'il est utilisé, il induit et anesthésie un mensonge. » (Sittler, dans Bouma-Prediger & Bakken, 2000, p. 56).

Conclusion

Dans cette esquisse trop brève de la pensée de Joseph Sittler nous voyons que son projet théologique s'inscrit parfaitement dans la continuité diagnostique de la pensée mécaniste moderne telle que Lenoble l'a comprise comme un paradigme philosophico-scientifique qui a façonné trois siècles en occident et laisser croire, comme l'explique Descola, que ce paradigme est non seulement universel alors qu'il est plutôt un progrès abouti du lien entre l'homme et son environnement et partant le seul valable.

Ainsi, l'historien, l'anthropologue et le théologien croisant leurs perspectives, peuvent à la fois montrer que le paradigme de la pensée mécaniste est la cause principale de l'Anthropocène, mais cependant, il ne s'impose pas de façon universelle et intemporelle de l'histoire. Ainsi ce qui a été pensé un temps puis devenu comme normatif, peut être déconstruit et en conséquence la relation de l'humain avec son environnement humain et non-humain peut être reconsidéré et les liens de l'humain avec l'ensemble de l'environnement non humain retissé. Avec Sittler nous pouvons aussi affirmer, la nature c'est aussi la grâce et nous pouvons nous en réjouir.

Références bibliographiques

Bacon, F. (1838). *Novum Organum* dans *Œuvres du chancelier Bacon.* éd. Buchon.

Bouma-Prediger, S. & Bakken, P. (2000). *Evocations of Grace*, The Writings of Joseph Sittler on Ecology, Theology and Ethics, [Les évocations de la grâce, Les écrits de Joseph Sittler sur l'écologie, la théologie et l'éthique]. William B. Eerdmans Publishing Company, Grand Rapids.

Cardan, (1550) *De subtilitate.* édition de Bâle.

Charbonnier, P. (2015). *La fin d'un grand partage, Nature et société, de Durkheim à Descola.* CNRS éditions.

Descartes, R. (1992[1637]). *Le discours de la méthode.* GF-Flammarion.

Descola, P. (2001). *Leçon inaugurale pour la chaire d'anthropologie de la nature.* Collège de France.

Descola, P. (2005). *Par-delà nature et culture.* Gallimard.

Descola, P. (2019). *Une écologie des relations.* CNRS éditions.

Galilée, (2000[1632]). *Dialogues sur les deux grands systèmes du monde.* Seuil, tr. fr. Fréreux, R. & de Gandt. F.

Keats, J. (1990[1820]). *Seul dans la splendeur.* Gallimard, tr. fr. Davreu, R.

Lenoble, R. (1969). *L'idée de nature.* Albin Michel.

Luther, M. (2001[1524]). *Du serf arbitre.* Gallimard, tr. fr. Lagarrigue, G.

Sittler, J. (2000). Ecological Commitment as Theological Responsability [L'engagement écologique comme responsabilité théologique] dans Bouma-Prediger, S. & Bakken, P. (dir.), *Evocations of Grâce*, (pp. 76–86). The Writings of Joseph Sittler on Ecology, Theology and Ethics, [Les évocations de la grâce, les écrits de Joseph Sittler sur l'écologie, la théologie et l'éthique]. William B. Eerdmans Publishing Company, Grand Rapids.

Sittler, J. (2000). Essays on Nature and Grace, [essais sur la nature et la grâce] dans Bouma-Prediger, S. & Bakken, P. (dir.), *Evocations of Grâce*, (pp. 87–190). The Writings of Joseph Sittler on Ecology, Theology and Ethics, [Les évocations de la grâce, les écrits de Joseph Sittler sur l'écologie, la théologie et l'éthique]. William B. Eerdmans Publishing Company, Grand Rapids.

Sittler, J. (2000). The care of the earth [le soin de la terre] dans Bouma-Prediger, S. & Bakken P. (dir.), *Evocations of Grâce*, (pp. 51–58). The Writings of Joseph Sittler on Ecology, Theology and Ethics, [Les évocations de la grâce, les écrits de Joseph Sittler sur l'écologie, la théologie et l'éthique]. William B. Eerdmans Publishing Company, Grand Rapids.

4.

Pour une herméneutique de l'espérance. Destin du Naturalisme, Anthropocène et signes des temps

Pascal Marin

Dans le chaos de la complexité historique, il existe néanmoins une ligne qui donne cohérence au devenir des peuples de la tradition occidentale en voie de mondialisation, sorte de trame fondamentale de son histoire. Il s'agit depuis la Grèce ancienne et ses premiers physiciens d'une montée en puissance d'abord très lente et de plus en plus rapide de la manière scientifique et technique d'appréhender et de façonner le monde, ce « mouvement qui précipite les peuples de la Terre dans la sphère de puissance des temps modernes » (Heidegger, 1949/1980, p. 264). Depuis F. Nietzsche, puis M. Heidegger, la philosophie a qualifié ce mouvement de « Nihilisme ». Manière de désigner l'envers de ce mouvement historial, qui n'est pas que de « progrès » ? Sa perte du sens de l'altérité de la Nature, la violence qu'il fait à ses équilibres de vie ? Sans doute chez ces philosophes précurseurs des pensées de l'écologie, mais la critique avec eux se fait plus précise, ontologique et attentive aux conditions d'exercice des sciences modernes de la Nature.

Ainsi parlait Zarathoustra signifie ainsi le nihilisme sous la forme d'une maxime dans l'air du temps, et dont la diffusion a pouvoir de plonger l'homme en dépression. Elle a pour formule un : « *Alles ist leer, Alles ist gleich, Alles war!* » (Nietzsche, 1883/1988, p. 172). *Tout est vide, tout est égal, tout était.* Rien n'est plus. Le nihilisme se voit ainsi caractérisé par sa tension invincible vers l'égalisation de tout existant. En filigrane du conte philosophique se profile ici une critique active chez Nietzsche depuis *La naissance de la tragédie* et sa déconstruction de la figure de « l'homme théorique ». Dans la mise en intrigue par Nietzsche du récit occidental, l'homme théorique acquiert son pouvoir d'action sur la réalité au prix de l'identification de la Nature vivante dans son altérité d'être à des schèmes logiques, qui lui donnent puissance sur elle. Par son action, la réalité s'enveloppe ainsi dans la « chrysalide » du « schématisme logique » (Nietzsche, 1872/1949, p. 96). Le *Lebensphilosoph* Nietzsche annonce ici le propos inaugural de la phénoménologie dans sa résistance à l'assignation de l'être et du connaître, fondé en l'être, aux conditions d'objectivité des sciences de la Nature. Propos critique, qui prend avec Husserl le nom de « Naturalisme ».

1. Le Naturalisme ou le nom d'un destin occidental

S'emparant de la notion de « Naturalisme », Husserl n'ignore sans doute pas que celle-ci a connu ses lettres de noblesse en art et dans la connaissance, où elle désignait diverses recherches considérant l'homme sans idéalisme, mais non sans grandeur, comme simple partie de la Nature. Mais « Naturalisme » dans la critique de Husserl n'est pas le fait d'une attitude spécifiquement esthétique, ni même scientifique. Il s'agit bien plutôt d'une philosophie, qui réduit tout le connaissable et l'être à ce que peuvent nous en apprendre les sciences expérimentales de la Nature, en raison d'un « concept de nature » qui la rend capable de « manipulabilité en son noyau théorique » (Jonas, 1971/2013, p. 78). En 1911, Husserl formule ainsi le projet qui animera toute sa recherche : « Il est essentiel aujourd'hui, écrivait-il, de soumettre à une critique radicale la philosophie naturaliste » (Husserl, 1911/1989, p. 17). Philosophie qui s'ignore, suivant la découverte scientifique comme son ombre, elle s'identifie à celle-ci, fascinée par sa réussite, vouant tout ce qui constitue notre vivre, sensible, désirant, pensant, au néant de vie de l'objectivité matérielle. Son *leitmotiv* est que ce qui n'est pas calculable et donc potentiellement modélisable et reproductible techniquement, cela n'est rien.

Or un siècle après Husserl, voilà que s'installent avec force dans le paysage médiatique, horizon de recherches diverses et de projets industriels, les idéaux de conversion de l'homme et de la machine : robot humanoïde, intelligence artificielle générale, transhumanisme. Reprenant le flambeau de la critique husserlienne, il revient à Martin Heidegger d'avoir clairement entrevu cette radicalisation machinique du Naturalisme, qui va voir l'action violente sur la Nature se retourner contre l'agent lui-même, objectivé, réifié par son action, comme « naturalisé » par elle. S'instaure alors tous azimuts le règne de la « *Machenschaft* », notait Heidegger dans des notes posthumes sur la technique, terme allemand qui connote ensemble le faire de la production techno-scientifique et le machinisme des machines (Heidegger, 2009/2019, p. 314). Quant à l'assertion devenue célèbre, par laquelle se résume ses recherches : « Le déploiement d'essence de la technique n'est pas quelque chose de technique » (Heidegger, 2009/2019, p. 414), elle n'était sans doute pas simple à faire entendre, lorsqu'elle fut publiée en 1954 dans *La question de la technique*. Thèse paradoxale, s'il en est. Comment comprendre que la technique engagerait quelque chose comme un sens d'être ou d'essence et ne consisterait pas simplement en la réalité des instruments techniques ?

Mais aujourd'hui, la thèse s'éclaire et devient manifeste. Oui, la technique n'est pas d'abord, pas seulement, une affaire de conception de machines avec leurs mises en œuvre, ni même le fait aujourd'hui des productions de l'intelligence artificielle en tant qu'ensemble de procédures numériques en intense développement. À l'époque technoscientifique du processus occidental, pour être ce qu'elle est dans l'économie du monde, la technique mobilise plus originellement tout l'appareillage conceptuel d'une drôle de pensée, fabuleuse, fascinante, à travers les philosophèmes naturalistes de l'homme-machine, du robot humanoïde, du transhumanisme. Le contexte présent permet de plus de vérifier la pertinence civilisationnelle de la définition par Husserl du Naturalisme. Il ne s'agit pas d'un anthropocentrisme, selon le sens qu'en retient Philippe Descola[1], en isolant le moment cartésien d'affirmation de l'esprit ou de l'âme contre une nature réduite à la matière. Ce moment-là est en effet fugace. Le dualisme de Descartes est instable, qui ne tarde pas à enfanter le monisme d'une réalité totalement matérielle, l'homme y compris, en son âme et son corps. Un siècle à peine après Descartes se publiait ainsi en 1747 *L'Homme-machine* de La Mettrie, texte précurseur qui préfigure notre situation présente dans la conception machinique de l'humain, avec un corps machine-physique et une âme machine-logique, avatar d'un dualisme unifié par la matière.

Autant dire que, s'il visait à réformer la culture en la libérant de la domination en elle d'un sens tronqué de l'être, pris pour « la réalité »,

---

1 « [...] naturalisme, en quoi consiste ce système ? Il est d'abord fondé [...] sur l'affirmation d'une différence de nature, et non plus de degré, entre les humains et les non-humains, une différence qui met l'accent sur le fait que les premiers partagent avec les seconds des propriétés physiques et chimiques universelles, mais s'en distinguent par leurs dispositions morales et cognitives. Le résultat est l'émergence d'une nature hypostasiée vis-à-vis de laquelle les humains se sont mis en retrait et en surplomb pour mieux la connaître et la maîtriser, principe directeur d'une ontologie que j'ai appelée "naturaliste" et dont les prémices sont légèrement antérieurs au développement exponentiel des sciences et des techniques qu'elle a rendu possible à partir du dernier tiers du XVIIIe siècle. » (Descola, 2015, p. 14).

le combat de la phénoménologie contre le Naturalisme a échoué. Il était toutefois douteux, qu'il fut possible d'arrêter le mouvement du Naturalisme occidental avec des mots et des idées. Un accident de parcours, crise politique ou encore crise sanitaire, pourrait freiner peut-être un moment ce processus en accélération constante. Mais les moteurs de la civilisation techno-scientifique s'exaspèrent alors de tourner au ralenti et nous savons déjà qu'ils ne patientent que le temps de pouvoir donner à nouveau leur pleine puissance.

2. Destin contre destin ou de l'Anthropocène

Ainsi, quelque chose d'actif et d'implacable, de destinal, serait moteur du devenir de cette civilisation focalisée depuis les Grecs, d'abord sur l'invention scientifique, puis avec le tournant de la modernité, sur la découverte techno-scientifique. Ce mouvement historique vers la maîtrise technique du vivant, et de l'homme y compris, rejaillit sur de vastes ensembles de la population mondiale en une profusion de bienfaits et d'artéfacts, une extraordinaire amélioration de l'espérance et du confort de vie. Le processus a néanmoins aussi un envers, qui rend la philosophie perplexe depuis bientôt deux siècles, d'une perplexité contagieuse et envahissante, laquelle met en berne aujourd'hui l'ambiance du monde. Si la civilisation, en matière d'économie, de finance, de consommation, de santé, de loisir, etc., est toujours dépendante du processus naturaliste, une sorte de désenchantement s'est installé jusqu'au cœur de la culture, quant aux promesses de la technique. L'idée de progrès s'est ainsi peu à peu absentée du discours politique (Klein, 2017). Et c'est plutôt son contraire, qui prend force désormais sur les esprits occidentaux. Le plus tangible, le mieux documenté et médiatisé aussi de cet envers du processus techno-scientifique, tient à la conscience de plus en plus vive d'une mise en péril par l'industrie humaine des équilibres naturels d'une planète Terre, dont l'humanité ne peut en rien s'exempter pour tout ce qui fait sa vie. Le phénomène, qui assombrit l'horizon et inquiète l'avenir, porte depuis quelques décennies le nom d'Anthropocène, nom d'une nouvelle période géologique, puisque la Terre se trouve désormais irrémédiablement marquée des stigmates de l'industrie humaine, béton, matières plastiques, etc., ainsi que d'une irréversible transformation du climat. Avec la révélation de l'Anthropocène, il n'est pas sûr que le destin du Naturalisme soit politiquement enrayé, ni même ralenti, mais néanmoins l'ambiance est peut-être en train de changer dans la civilisation et avec elle le rapport au temps et à l'action.

En ouverture et en conclusion de *Chronos. L'occident aux prises avec le temps*, ample essai sur l'histoire des manières de concevoir le rapport au temps dans la tradition occidentale, l'historien François Hartog prend justement en considération le bouleversement du rapport au temps que provoque la révélation de l'Anthropocène. Voilà désormais notre temps clivé en deux temporalités irréconciliables : celle du monde et de son développement à dominante aujourd'hui numérique et le temps immense, abyssal, de la Terre qui, de par le dysfonctionnement structurel du climat, se fait contradictoire avec le temps du monde. Et François Hartog de noter comment la situation provoque, sous un mode certes laïcisé, déthéologisé, le retour actuel d'une sorte d'avatar du régime chrétien d'historicité, avec ses catégories directrices, comme celle de Jugement, du fait de la culpabilité humaine dans la situation, et celle aussi d'Apocalypse, pour nommer la catastrophe climatique annoncée. Jugement, Apocalypse, schèmes de pensée qui des siècles durant ont donné forme à la manière dont le temps s'est pensé et vécu en occident. Pour le dire en quelques mots, le christianisme a su maîtriser *Chronos*, en l'encadrant de deux autres notions reçues aussi des Grecs, *Kairos*, pour signifier le moment favorable, tel le jour où il convient d'honorer les dieux et *Krisis*, le moment décisif, comme celui où se décide le sort d'une bataille.

C'est toutefois avec le christianisme naissant, que *Kairos* et *Krisis* vont prendre force singulière de pensée jusqu'à venir encadrer *Chronos*, plus encore, l'envahir, le « coloniser », dit Hartog (p. 126). Et cela en raison d'un présentisme apocalyptique de facture théologique, constituant le temps vécu en une durée toute entière kairologique, s'étendant entre l'ouverture d'un temps de la fin, depuis l'Incarnation, et sa clôture critique dans une fin apocalyptique des temps avec son Jugement. Ainsi, comme le souligne François Hartog la « désarticulation du régime chrétien d'historicité [...] ne signifie pas sa disparition, loin s'en faut. » (Hartog, 2020, p. 205). Certes vidées de leur substance théologique, reversées au seul *Chronos*, des catégories kairologiques et critiques résiduelles resteraient sous-jacentes à notre appréhension du temps. Et dans son retour conclusif à notre époque confrontée au défi d'articuler le temps du monde humain avec le temps de la Terre, François Hartog s'interroge *in fine* sur le possible caractère opératoire du « comme si » de saint Paul, premier théoricien du régime chrétien d'historicité. Vivre le temps présent « comme si » on n'y était pas tout à fait, « comme si » on appartenait aussi, d'abord, à un autre temps, disait l'Apôtre, celui de l'Esprit, celui de Dieu. À défaut de pouvoir ressaisir le temps dans un unique récit de facture théologique et liturgique, désormais impossible, il y aurait donc lieu d'affronter, façon saint Paul, ce que propose François Hartog, le « simultané du non simultané » (Hartog, 2020, p. 324). Bref, dans la difficulté présente, nous inspirant de l'expérience chrétienne selon sa constitution originaire, « apprendre à vivre dans deux temporalités incommensurables » (Hartog, 2020, p. 326). Exister aujourd'hui au présent d'un monde entré en ébullition numérique sous horizon d'un temps géologique, qui s'est rapproché du présent de manière menaçante, jusqu'à l'informer, le pénétrer de sa menace.

Et François Hartog de se référer *in fine* au philosophe Bruno Latour, « pionnier dans le champ des études sur l'Anthropocène », qui dans *Face à Gaïa* et pour penser notre présent suspendu, marqué d'une temporalité clivée et contradictoire, prend pour modèle d'une vie au présent, sous horizon d'Anthropocène, les premiers âges chrétiens, où il fallait vivre et agir en perspective d'une fin annoncée, mais dépourvue de terme assignable. Il s'agirait alors qu'à la manière des premiers chrétiens, nous aussi nous puissions apprendre « à vivre dans le temps de la fin » et comme eux, en la situation, que « nous tremblions d'incertitude » (Hartog, 2020, p. 317–318 citant Latour, 2015).

3. Pour une herméneutique de l'espérance

Qu'est-ce qui peut encore nous arriver de bon dans cette nouvelle condition humaine, en train de plonger en incertitude du fait de l'insurmontable conflit de deux sens de la temporalité, projections infinies du naturalisme jusqu'aux fantasmagories transhumanistes, contre l'écrasante révélation de notre finitude à l'échelle des temps géologiques et des bouleversements du climat de la Terre ? Qu'est-ce que l'incertitude peut donc nous apporter au présent, jusqu'à rouvrir en lui un horizon d'avenir ? Une amorce de réponse de mode axiologique se présente assez simplement ici. Si l'incertitude s'engendre d'une mise en suspens, au moins partielle, de la domination mentale d'un destin du Naturalisme, ce qui est alors rendu à l'humain, c'est ce dont il avait été privé du fait même de ce destin. Le destinal de la techno-science est, en effet, investi d'une puissance d'abrasion mortifère de nos capacités spécifiques de vie, en tant que sujets inventifs, créatifs et doués de cette insaisissable indétermination, qui se nomme « liberté ». Car tout ce qui projette un futur sous le jour de l'inéluctable, renvoyant ce qui résiste à cette projection au vétuste, à l'obsolescence du passé, tend à refermer l'avenir comme champ d'accomplissement humain de la liberté et d'une créativité réelle, celle qui n'est pas forcée à l'effectuation d'un possible, aux projections d'un plan, aux contraintes d'un programme. Si donc un bon avenir, avec ses heureux événements, ses étonnantes surprises, doit rester ouvert pour nous autres humains, plus faillibles que les autres vivants et moins efficaces que les machines, ce sera dans des espaces de vie à visage humain, en résistance au déterminisme d'un quelconque processus.

Une telle idée est, en tout cas, active à travers l'œuvre de Jacques Ellul (1912–1994), penseur critique du Naturalisme sous le nom du « système technicien ». Et pour le versant constructeur de son éthique, Ellul cultive le souci de l'humain au sein d'un monde déshumanisé par la technique. Ce souci est chez lui éveillé, inspiré, par la pensée biblique et sa conception de l'existence. Ellul y trouve les ressources d'une distanciation nécessaire pour un abord critique de ce système technicien qui aliène l'humain, et lui fait perdre le sens de ce qu'être libre signifie, en réduisant sa liberté au libre choix des consommables et autres parcours déterminés, les seuls autorisés en son sein. Le penseur reçoit aussi de la pensée biblique un souffle d'espérance. Car, et c'est ici un *leitmotiv* des positions d'Ellul : s'il n'est d'éthique que de la liberté, il n'est d'éthique de la liberté que greffée sur l'espérance : « la liberté est le visage éthique de l'espérance. Une éthique de la liberté ne peut que se fonder sur l'espérance et tenter de l'exprimer » (Ellul, 1975/2019, p. 18). Et le philosophe d'en appeler pour le présent à une « herméneutique de l'espérance », pouvant ménager des brèches dans l'assignation du temps aux chronologies du développement technique, y rendant à nouveau possible l'avenir d'un temps qui vient. Car le propre d'un système dans la pensée est d'être clos, totalisant, prévisible et de ce fait sans avenir. En contexte systématique, l'espérance comme anti-destin est alors plus que jamais de rigueur : « L'espérance nous atteste qu'il y a un avenir, qu'il est possible d'échapper au destin, que devant nous est ouverte une carrière de vie [...] l'espérance est la véritable et la seule herméneutique du monde [...]. Tout le reste est algèbre et théorie. » (1975/2019, p. 26–28). Pour Ellul, oui « tout le reste » n'est qu'aliénation par l'imaginaire de la technique.

Puissante intuition que celle d'une « herméneutique de l'espérance », pouvant instaurer au présent l'ouvert d'un avenir, ou pour le dire avec François Hartog, la chance d'un nouveau *kairos*. Mais si Jacques Ellul, de par sa culture biblique, a su puiser en elle des ressources d'altérité, libératrices de l'emprise mentale du « système technicien », cela n'est pas donné au grand nombre au sein d'une civilisation en laquelle cet héritage ne fait plus que marginalement référence. Et c'est là que, quelques décennies après Ellul, la contradiction de l'Anthropocène pourrait peut-être jouer son rôle d'opérateur d'un nouveau temps favorable, d'un nouveau *kairos* pour la vie, en ménageant les possibles d'un retour libérateur de l'incertitude, dans la fragmentation de l'inéluctable des logiques du monde technicisé, au développement quasi-automatique. Et la proposition par Jacques Ellul d'une herméneutique de l'espérance peut donner alors toute sa mesure pour la culture en son ensemble.

4. Les signes des temps de l'humain

Qui dit herméneutique, dit toutefois des signes à interpréter. Puisque le Naturalisme en est venu à perdre le sens de ce qui fait notre vie jusqu'à l'imaginer reproductible en machine, ces signes se doivent de relever le défi de l'humain au sein même de l'incertitude des temps présents : y indiquer quelques lignes d'action, y ouvrir en cela un avenir, et rendre ainsi une espérance au cœur d'un monde désenchanté. Il s'agit, pour reprendre une notion typiquement kairologique de provenance biblique, de signes de la facture des « signes des temps (*kairon*) »[2], à même d'éveiller le regard et dont l'interprétation peut rendre haute consistance de pensée à l'humain.

Ces signes, quels pourraient-ils être aujourd'hui ? Si le Naturalisme n'est définitivement pas un anthropocentrisme mais tire au contraire son énergie surpuissante d'une réduction de la vie au sans nom de la matière, ces signes sont à même de rendre son statut d'énigme à cet être étrange, qui vit dans la Nature mais tend constamment à s'en extraire et à la prendre en vue comme depuis son extérieur. Selon les mots du neurobiologiste Alain Prochiantz « [...] étrangeté qui est la nôtre, [...] notre place dans la nature, à la fois dehors et dedans, "anatures par nature" [...] » (Prochiantz, 2019, p. 304). L'anthropologue préhistorien Marcel Otte corrobore et complète. Rien dans la science, dit-il, n'a pu encore

2 *La Bible de Jérusalem*, L'évangile selon saint Matthieu, 16, 2–3, Cerf, 1988, p. 1437 : « Au crépuscule vous dites : Il va faire beau temps, car le ciel est rouge feu ; et à l'aurore : Mauvais temps aujourd'hui car le ciel est d'un rouge sombre. Ainsi, le visage du ciel, vous savez l'interpréter, et pour les signes des temps (*kairon*) vous n'en êtes pas capables ! ».

venir réduire l'étonnement devant « ce phénomène si puissant et si particulier qui a fait passer une sorte de singe de la forêt à la Lune. Aucune pression matérielle, aucune "loi" biologique, aucun déterminisme environnemental ne peut honnêtement expliquer de telles évidentes folies. » (Otte, 2012, p. 29).

Et ce qui fait signe de l'étrangeté questionnante de l'humain est au premier chef le paradoxe de sa finitude. Comment se fait-il en effet que cet être vivant le présent en perspective de sa mort à venir soit justement celui qui est capable d'introduire des ruptures dans le continuum physique et biologique de l'univers, pour le meilleur et pour le pire, entre le génial et l'aberrant, le nocif et le salutaire, pour l'art pariétal comme pour les dérèglements environnementaux de l'Anthropocène ? À cette question décisive, Martin Heidegger a répondu en phénoménologue que pour percevoir les présences en tant que telles, il faut toujours avoir le rien en vue. Et de modéliser l'existence comme un être en direction de la mort, où se décide sa capacité originaire à faire l'impossible. La mort étant définie pour l'existence comme la « possibilité de la pure et simple impossibilité » (Heidegger, 1927/1985, p. 184). Filant cette ligne de pensée, le philosophe Jacques Derrida déclinera ce paradoxe originaire à l'humain, ou plutôt cette « aporie », dit-il, en une série d'instances significatives de l'humain dont l'action déroge aux logiques bien régulées du monde : « La mort, en tant que possibilité de l'impossible *comme tel* [...], voilà une figure de l'aporie dans laquelle « mort » et la mort peuvent remplacer [...] tout ce qui n'est possible, *s'il y en a*, que comme l'impossible : l'amour, l'amitié, le don, l'autre, le témoignage, etc. » (Derrida, 1996) Ainsi énumérés, ces actes du plus radicalement humain attestent l'œuvre en l'homme de quelque chose qui agit par lui, mais excède tant dans ses propres capacités de maîtrise, que sa puissance d'explication. Et lorsque tout cela a lieu, de manière authentique bien sûr, il y a là de quoi faire signe à un autre, à tout autre, car c'est bien étonnant ce qui arrive alors à une existence. Ces actes symboliques ont de plus la capacité de rassembler l'humain, en retissant les liens d'un universel d'une autre facture que celui, naturaliste, fondé sur l'univers et ses lois. C'est là l'Un de ce qui peut valoir « pour tous ». Rassembler, retisser, car l'humanité, hélas, exhibe surtout à la face de l'univers le spectacle chaotique et hideux de ses divisions. Elle se présente fragmentée de mille manières, parties contre parties adverses. Personne toutefois ne peut vivre vraiment comme identifié à une partie de l'humanité, constituée en situation adverse à une autre partie. Ainsi les positions de victime ou de bourreau, de violenté ou de violent, de dominé ou de dominant, sont des positions de non-vie, où l'action se fait réaction et la liberté se trouve aliénée dans le ressentiment. Nietzsche nous a aidé à concevoir cela et son titre *Par-delà bien et mal* s'entend en ce sens comme l'au-delà de la partition du bon et du méchant. La liste de ces exclusions mutuelles est sans fin et comporte aussi celle de classe sociale à classe sociale adverse, de peuple à peuple ennemi ou de religion à religion opposée etc. Et à cet égard, le plus étonnant dans l'humain, et ce qui fait le mieux signe d'un mystère de vie en lui, se réalise en existence lorsque des personnes s'avancent, au péril souvent de leur vie, dans le no-man's land qui sépare les camps adverses et se tendent la main. Beau symbole de l'universel humain, par exemple et par excellence, que ces fraternisations entre les tranchées de la grande guerre à la Noël 1914[3]. Symbole laïc mais non sans transcendance, puisque Noël veut signifier la naissance du divin en ce monde.

Si, à la lumière de l'Anthropocène et à la faveur du contexte d'incertitude s'installant alors dans la civilisation, les signes de l'humain pouvaient restaurer en elle l'énigme d'une universalité éthique qui ne doit rien à l'Univers, gageons que ce sens de l'humain ne s'affirmerait pas au détriment de la Nature, mais parlerait plutôt en sa faveur, au profit de cette autre énigme. Celle dont le Naturalisme en réduisant l'être naturel à la matière ne peut justement pas avoir idée, ce en quoi selon le philosophe Marcel Conche, il n'entre pas en pensée. Car disait-il : « La pensée est, finalement, une essentielle perplexité devant deux énigmes : l'énigme de la Nature, et, corrélativement, l'énigme de l'homme. » (Conche, 2010, p. 49) Restaurer en pensée au cœur de la civilisation le sens de l'altérité de la Nature est sans doute la chose la plus urgente à faire après que nous ayons pris conscience combien le temps sur cette planète Terre nous est désormais compté.

Références bibliographiques

Conche, M. (2010). *Présence de la Nature*. PUF.

Derrida, J. (1996). *Apories. Mouri, s'attendre aux limites de la vérité*. Galilée.

Descola, Ph. (2015). Humain, trop humain. *Esprit*. Décembre 2015.

---

[3] Ces événements sont mis en scène dans le film de Christian Carion, *Joyeux Noël*, 2005.

Ellul, J. (2019[1975]). *Éthique de la liberté.* Labor et Fides.

Hartog, F. (2020). *Chronos. L'occident aux prises avec le Temps.* Gallimard.

Heidegger, M. (1985[1927]). *Être et Temps.* Authentica.

Heidegger, M. (1980[1949]). *Chemins qui ne mènent nulle part.* TEL/Gallimard.

Heidegger, M. (2019[2009]). *Pensées directrices. Sur la genèse de la métaphysique, de la science et de la technique modernes.* Seuil.

Husserl, E. (1989[1911]). *La philosophie comme science rigoureuse.* PUF.

Jonas, H. (1971/2013[1971]). *Essais philosophiques.* Vrin.

Klein, E. (2017). *Sauvons le progrès.* Éditions de l'Aube.

Latour, B. (2015). *Face à Gaïa.* La Découverte.

Nietzsche, F. (1988[1883]). *Also sprach Zarathustra.* Dtv/de Gruyter.

Nietzsche, F. (1949[1872]). *La Naissance de la tragédie.* Idées NRF/Gallimard.

Otte, M. (2012). *À l'aube spirituelle de l'humanité. Une nouvelle approche de la préhistoire.* Odile Jacob.

Prochiantz, A. (2019). *Singe toi-même ?* Odile Jacob.

5.
Les biotechnologies au défi de l'humain

Catherine Fino

Lors de la première vague de l'épidémie du covid-19, l'attente collective d'un traitement ou d'un vaccin enfin efficace cohabitait avec le choc de la désillusion vis-à-vis de la technoscience, le sentiment d'avoir surestimé sa puissance et privilégié la rentabilité économique. La réflexion biomédicale renoue alors brutalement avec la recherche d'une éthique des limites déjà esquissée au regard des techniques d'amélioration de l'humain (Magnin, 2017). Pour relier le « monde d'avant » au « monde d'après », nous interrogerons Georges Canguilhem, dont l'analyse de l'adaptabilité des vivants, en interaction avec leur milieu, permet de penser ensemble le recours aux techniques d'amélioration de l'humain et la gestion de sa vulnérabilité. Nous reformulerons une éthique des limites, en y adjoignant la convivialité qui prend soin de la qualité de notre milieu de vie, en partant des relations de proximité jusqu'à la volonté de promouvoir des relations sociales et économiques plus soutenantes que concurrentielles. Penser une écologie intégrale requiert enfin d'intégrer la techno-sphère et la complexité des réseaux qui la caractérisent. C'est au fil de cette expérience que s'éprouvent la proximité et la volonté de Dieu, du mystère de la Création à la promotion du Royaume de miséricorde, de justice et de paix.

1. Intégrer l'histoire du vivant en bioéthique : la promotion d'une éthique des limites

Pour évaluer le bien-fondé du passage d'une médecine reconstructive à une médecine d'amélioration des performances humaines, le discernement éthique ne peut se limiter à la distinction entre « soin » et augmentation des capacités humaines, en prétendant imposer un moratoire au développement présomptueux de la science. En effet, nous sommes déjà bénéficiaires de multiples béquilles artificielles parfois intracorporelles, telle que les pacemakers, et nous ne les remettons pas en cause, même au titre de la protection de notre intégrité corporelle. Plus encore, nous considérons l'accès inégal à ces soins comme une atteinte aux droits de l'homme. D'un point de vue bioéthique, il s'agit plutôt d'évaluer sans *a priori* la pertinence sanitaire et éthique des nouvelles biotechnologies, et de chercher les moyens que tous puissent bénéficier de celles qui s'avèrent bienfaisantes. Cependant, la prise de conscience progressive de la malléabilité des corps vivants et la possibilité inédite, à l'orée du XXIe siècle, d'intervenir sur la génétique humaine, ont relancé la question de la protection de l'identité de la personne, dès lors qu'il y a « hybridation de l'humain avec la technique » (Queval, 2015, p. 47).

L'identité des vivants doit prendre en compte leur nature historique jusqu'en leur structure biologique. De fait, le corps vivant demeure en constante évolution grâce à l'autodestruction des cellules qui permet au corps de se reconstruire en permanence (Magnin, 2017, pp. 82–83). Dès 1943, lorsque Georges Canguilhem redéfinit la santé comme la capacité de la personne à adapter ses propres normes en assumant un nouvel équilibre de vie (Canguilhem, 1943, p. 116), il introduit dès le niveau biologique une « Histoire dans la Vie » (Le Blanc, 1998, p. 41). Dans la mesure où la vulnérabilité du vivant est ce qui lui permet de se laisser affecter par son environnement et de le transformer en retour, d'interagir avec les autres vivants, il s'agit de maintenir un équilibre dynamique entre robustesse et vulnérabilité (Magnin, 2017, p. 225). Selon Canguilhem, une première limite s'impose ici à l'usage de la technique biomédicale : il ne faut pas vouloir dissoudre l'insécurité existentielle propre aux vivants, puisque leur combat incessant contre la mort est à l'origine même de l'adaptabilité qui assure leur survie (Jacquart, 2013, p. 229). Dans une telle perspective, le maintien de limites bienfaisantes ne constitue pas d'abord un moratoire à s'imposer envers des techniques potentiellement dangereuses, mais plutôt une protection active de la vulnérabilité et de la labilité qu'elle permet, sous peine de dissoudre une condition essentielle à la vie. Le rêve post-humaniste devient un contre-sens. D'un point de vue théologique, cette posture de veille éthique est redoublée. Le caractère mortifère d'une eschatologie scientiste ne doit donc pas être concurrencé par une eschatologie religieuse maladroite. L'espérance chrétienne ne doit pas avoir la prétention de « clôturer le sens » (Jacquemin, 2009, pp. 61–62), en compensant l'incertitude et en esquivant les échecs. Il s'agit plutôt de confesser la proximité d'un Dieu qui nous invite, puisque nous sommes créés à son image, à accueillir notre vulnérabilité de vivant comme il a assumé la vulnérabilité de l'humanité en lui-même, et à l'inscrire dans une économie de miséricorde. La mémoire de la Croix, demeurée ineffacée dans les cicatrices du corps glorieux du Christ ressuscité, se dit aujourd'hui dans l'attention concrète que nous portons aux personnes éprouvées.

Notre substrat biologique est suffisamment malléable pour nous permettre de façonner notre corps par les pratiques que nous privilégions au fil de notre vie. Canguilhem tient que « chacun de nous fixe ses normes en choisissant ses modèles d'exercice. La norme du coureur de fond n'est pas celle du sprinter. Chacun de nous change ses normes en fonction de son âge et de ses normes antérieures » (Canguilhem, 1963–66, p. 277). Avant même le développement de la techno-médecine, l'art du médecin s'exerce donc sur un corps historique, soumis à des évènements aléatoires et à des conditionnements socioculturels, et il apprend à son patient à respecter ses limites tout en conservant la liberté d'adapter son style de vie : « La santé est donc liberté et la thérapeutique apparaît ici encore comme une éthique dans la mesure où elle se donne comme fin ultime la restauration et la préservation de cette liberté » (Lefève, 2000, p. 119). La deuxième limite qui s'impose à l'usage des biotechnologies est le respect de cette liberté. Les techniques de neuro-amélioration sont ici les premières à être critiquées, mais en réalité tout progrès en efficacité technique a tendance à susciter de la dépendance : sommes-nous prêts à assumer cette dépendance, non seulement au plan psychologique mais aussi du fait de la pression sociale ? (Beartschi, 2015, pp. 310–311). Marie-Jo Thiel dénonce le caractère « totalitaire » de cette nouvelle biomédecine (Thiel, 2014, p. 8), avec la promotion d'une « normalité » en termes de performance optimale pour tenir sa place au sein de relations sociales concurrentielles qui ne sont pas réinterrogées. Pour les croyants, s'interdire d'exercer une maîtrise disproportionnée sur autrui ou sur eux-mêmes signifie respecter le mystère de l'existence humaine, en témoignant ainsi qu'ils croient qu'elle leur est donnée par Dieu et appelée à un dépassement qui surpasse tout pouvoir technicien.

Certes, les aléas de l'épidémie du covid-19 se chargent aujourd'hui d'imposer leurs propres limites, et l'échec cuisant de l'idéal d'autosuffisance technicienne permet d'expérimenter les bienfaits du prendre soin réciproque.[1] Nous sommes invités à consentir à l'interdépendance, à la choisir comme une valeur, précisément à l'acmé de la fragilité des

---

[1] Corine Pelluchon invite les occidentaux à prendre leur distance avec l'idéal de l'autonomie kantienne et à reconnaître qu'ils ne disposent que d'une « autonomie brisée », au profit de la reconnaissance des bienfaits du prendre soin réciproque (Pelluchon, 2009).

corps. Et nous le pouvons d'autant plus dans la tradition chrétienne, où la contemplation du Christ en Croix autorise à maintenir la possibilité de demeurer attentif à l'autre au summum de la vulnérabilité, voire faire de cette précarité extrême une occasion propice pour être sollicité à « prendre soin » de l'autre (Jn 19,26–27). Mais la nécessité de conférer une valeur positive à l'interdépendance entre les vivants nous oblige à porter attention à la qualité relationnelle de notre milieu de vie partagé, ce qui impose d'autres exigences à l'usage de la technique.

2. Soigner le milieu de vie humain pour faire face au covid-19 : une éthique de la convivialité

La référence à Canguilhem rend d'emblée attentif à la qualité des interactions entre les vivants et leur milieu de vie. Et de fait, en contexte épidémique, c'est le milieu de vie qui s'avère menaçant ou déficitaire. Il ne s'agit pas seulement de la contagion, mais aussi des dysfonctionnements de nos procédures de veille sanitaire, d'approvisionnement en matériel et en médicaments, de la capacité d'accueil des structures hospitalières, et en amont la mise en danger de la pérennité des structures économiques et de transport. Pour faire face à la mondialisation de l'épidémie, on ressent la nécessité d'une gestion plus locale assurant une suffisante autonomie des institutions de soins, mais aussi l'exigence de l'entraide entre les différents territoires et pays, tout en régulant les dérives motivées par le profit ou la concurrence. Face au constat de la vulnérabilité des corps, des relations humaines, des institutions censées les soutenir, comment appréhender le milieu de vie humain d'une manière suffisamment diversifiée et globale pour que le soin dont il doit faire l'objet soit efficace ?

Georges Canguilhem décrit comment l'histoire de la biologie révèle une complexification progressive du concept de « milieu de vie ». Auguste Comte hérite de la géographie du début du XIXe siècle une conception déterministe qui souligne l'impact du milieu extérieur sur les vivants ; mais Claude Bernard introduit la notion de milieu intérieur, dont les mécanismes autorisent une réelle indépendance de l'organisme par rapport à son milieu, par exemple par la thermorégulation des animaux à sang chaud (Canguilhem, 1955, p. 650). Lamarck décrit une pression objective « du milieu extérieur sur le vivant », tandis que Darwin introduit la médiation plus subjective des « besoins » que le vivant doit adapter « pour continuer à coller à un milieu indifférent » (Canguilhem, 1965a, p. 136). Lorsque Wallace, « sensible uniquement à ces effets d'adaptation », affirme la « tendance » des espèces à « s'écarter indéfiniment du type originel » au fil de l'histoire, Darwin décrit une capacité de « variation accidentelle » du vivant, qui se révèle ensuite plus ou moins bénéfique pour répondre aux exigences changeantes du milieu qui sélectionne les organismes qui vont survivre. Canguilhem note que ces deux auteurs ont été influencés par la « science sociale », en particulier par Malthus et son concept de « lutte pour l'existence » (Canguilhem, 1968, pp. 106–109). Certes, Canguilhem met régulièrement en garde sur l'impossibilité de transférer sans plus les concepts et processus du milieu « vital » au milieu « social », ou réciproquement.[2] Car l'ordre vital est caractérisé par l'existence d'une finalité intrinsèque – le maintien du bon fonctionnement de l'organisme – et dispose de nombreuses régulations préexistantes, alors que l'ordre social demeure sous la seule responsabilité de l'homme qui détermine les finalités de la vie en société et crée les organes et les procédures de régulation.[3] Mais en débat avec Foucault, Canguilhem décrit la détermination des normes sociales sur le modèle de la redéfinition des normes vitales, en transposant au niveau social l'impératif d'unification et d'équilibre qui caractérise l'organisme vivant (Le Blanc, 1998, p. 125).

C'est à ce point que la comparaison et la complémentarité des théories de Darwin et d'Uexküll deviennent suggestives pour penser les conditions d'une reconstruction d'un milieu de vie plus hospitalier à l'humain. Pour Darwin, à l'instar de Malthus, c'est la dépendance de tout vivant aux ressources vitales disponibles dans son milieu qui détermine sa relation aux autres : « Le premier milieu dans lequel vit un organisme, c'est un entourage de vivants qui sont pour lui des ennemis ou des alliés, des proies ou des prédateurs. Entre les vivants s'établissent des relations d'utilisation, de destruction, de défense ». Cet état de concurrence instaure le caractère inégalitaire de la différence : « Dans ce concours de forces, des variations accidentelles d'ordre morphologiques jouent comme avantages ou désavantages » (Canguilhem, 1965a, p. 137). Transposé au niveau écologique et socio-politique, le modèle darwinien introduit la nécessité de la régulation éthique de la concurrence entre les espèces et entre les peuples, comme au sein de chaque communauté sociale. La promulgation

---

2 « Cette assimilation permanente de la société à l'organisme provient d'une tentation qui est, en général, doublée de la tentation inverse, celle d'assimiler l'organisme à la société » (Canguilhem, 1955, p. 645).

3 « Dans le cas de la société, la régulation est un besoin à la recherche de son organe et de ses normes d'exercice. Dans le cas de l'organisme, au contraire, le fait du besoin traduit l'existence d'un dispositif de régulation », (Canguilhem, 1963–66, p. 242).

de principes de justice est nécessaire pour assurer le respect du bien commun, à commencer par la préservation d'un milieu de vie commun suffisamment hospitalier pour chacun. Pour Uexküll, du point de vue de l'éthologie animale, l'adéquation du vivant à son milieu se construit sous le mode de la perception, chaque vivant opérant la sélection des informations nécessaires à la vie selon son espèce, devenant ainsi créateur de son propre milieu, au sein d'un environnement géographique partagé avec d'autres espèces qui le perçoivent de manière différente (Canguilhem, 1965a, p. 145). Le risque essentiel de la cohabitation au sein d'un même environnement n'est plus la concurrence, en particulier si les intérêts sont suffisamment divergents ou complémentaires – ainsi de la gestion de son habitat par le ver de terre qui assure l'aération des sols au bénéfice de l'agriculteur –, mais la méconnaissance du milieu de l'autre, de ses besoins spécifiques, au risque d'y porter atteinte. Mais le passage des besoins d'un individu à ceux d'une population introduit une pluralité nécessairement conflictuelle, sans compter la concurrence renforcée en cas de pénurie : la perspective de Darwin n'est donc pas obsolète.

En suivant avec Canguilhem les enseignements de l'histoire de la biologie, on aboutit à fonder la double nécessité du respect de la justice (Darwin) et de l'hospitalité réciproque entre les « êtres vivants » (Uexküll) et à retrouver de manière quasi-empirique l'exigence d'une « ascèse » où l'on apprend « à donner, et non simplement à renoncer » (Pape François, *Laudato si*, 2015, n° 9). Cette posture positive peut être ressaisie de manière créative et solidaire à tous les niveaux, de l'organisme à la société, du local au régional, du national à l'international, face à autant de tensions que d'interfaces possibles[4]. En suggérant que « l'interdépendance des créatures est voulue par Dieu » afin de les mettre « au service les unes des autres » (n° 86), le pape François invite à résister à l'exacerbation de la concurrence face à l'insécurité sanitaire et économique, car la préservation de la vie exige au contraire de favoriser une interdépendance positive par la promotion d'une fraternité attentive aux besoins d'autrui.

---

[4] Pour Canguilhem, « le propre du vivant, c'est de se faire son milieu, de se composer son milieu », avec une adaptabilité qui se déploie à tous les niveaux pour que la vie puisse continuer (Canguilhem, 1965a, p. 143–144).

3. Une écologie intégrale qui inclut la techno-sphère, sans prétendre pour autant tout maîtriser

L'écologie « intégrale » évoque aujourd'hui la perspective soutenue dans l'encyclique *Laudato si* (Pape François, 2015, n° 137–162), mais en réalité l'écologie est d'emblée née « intégrale ». Dans un article de 1974 qui traite de « La question de l'écologie : la technique ou la vie ? », Canguilhem attribue la première définition de l'écologie à Ernest Haeckel, à savoir, en 1866 : « l'étude scientifique des rapports que les espèces animales soutiennent avec leur milieu physique et biologique » (Canguilhem, 1974, p. 632). Celle-ci s'élargit dès les années 70 à une étude pluridisciplinaire des « populations de vivants », « à la convergence de la biologie, de la géographie et de la climatologie » (p. 633). Canguilhem déplore ensuite l'émergence d'une perspective réductrice, « anti-technocratique », qu'il juge instrumentalisée pour la promotion de produits « dits biologiques », tandis que la réflexion bioéthique se concentre sur la régulation des technosciences médicales.

Certes, Canguilhem reconnaît que « la science des milieux de vie s'est constituée au XIXe siècle, à l'époque où les sociétés industrielles changeaient radicalement le rapport des hommes à leur milieu » (p. 633), mais il ne déplore pas l'advenue de la technoscience. Il valorise au contraire ce moment où la représentation d'un cosmos sphérique et stable héritée des grecs, centrée sur l'homme en son milieu – ce mi-*lieu* étant un centre –, devient avec Copernic, Kepler et Galilée un espace décentré où le *mi*-lieu devient le champ intermédiaire entre l'homme et cet univers désormais moins sécurisant mais plus malléable (Canguilhem, 1965a, p. 153). Dans ce nouveau *mi*-lieu de vie, la techno-sphère devient une médiation incontournable des rapports entre l'homme et l'ensemble de la biosphère. Si la science peut céder à l'*hubris* pour répondre aux exigences croissantes de sécurité et de bien-être, la technique assure le rappel des limites, en confrontant le chercheur à la résistance de l'organisme (Canguilhem, 1965b, pp. 183–184) ou du virus, à la lenteur des processus biologiques qui impose ses délais à l'attente des résultats, et plus largement aux limites des ressources naturelles. Et c'est d'ailleurs au vu de la pollution, des déchets, de la dégradation des paysages, que Canguilhem affirme d'emblée : « C'est en somme, de la Mort et donc de la vie qu'il doit être question sous le nom d'écologie » (Canguilhem, 1974, p. 632). Il s'agit bien de mettre la technoscience au service du combat permanent contre la menace de la mort qui est inhérente à la condition des vivants, et de transformer son ambivalence en une occasion d'exercer la liberté qui nous est conférée : « Choisis donc la vie ! » (Dt 30,19).

Mais la techno-sphère ne nous est pas accessible sans de nombreux réseaux institutionnels, ce qui ne fait que redoubler l'ambivalence des multiples médiations nécessaires à la vie. La technoscience des réseaux, selon Dominique Lambert, permet de prendre conscience que la vulnérabilité n'est pas seulement constitutionnelle, mais aussi relationnelle, ce qui renvoie autant au danger d'être exclu d'un réseau trop sollicité (le non accès aux masques, aux vaccins, à la réanimation) qu'au risque d'y appartenir, en donnant l'exemple prémonitoire de « la propagation d'une épidémie liée au réseau des transports aériens qui connectent en un temps court des endroits très éloignés de la planète » (Lambert, 2019, p. 73). Nous expérimentons aujourd'hui la mondialisation de cette double menace du fait de la vulnérabilité sanitaire de nos moyens de transports et de la précarisation rapide de nos institutions de santé.

Qu'en est-il alors du soin des institutions et des réseaux, par analogie avec le soin des corps ? Isabelle Queval décrit trois étapes du rapport au corps dans la tradition occidentale, ou plutôt trois finalités successives : (1) dans l'antiquité, il s'agit de restaurer en permanence l'équilibre corporel ; (2) à partir du XVIIIe siècle, l'individu doit cultiver la perfectibilité et une maîtrise heureuse de son corps ; (3) aujourd'hui s'ajoute le devoir de transformer le corps pour le perfectionner (Queval, 2015). L'expérience du handicap, ou de la chronicité de nombreuses maladies, révèle que ces trois impératifs sont indissociables : les revendications concernent tout autant l'accès aux moyens de compensation du handicap qui permettent d'accéder au maximum de « normalité » possible (1), voire aujourd'hui à des performances inédites (3), que la liberté de vivre des figures alternatives de la vie humaine et de leur conférer du sens dans une société plus inclusive (2). Peut-on, avec la prudence requise, reformuler ces trois approches de la vulnérabilité des corps au profit du soin des institutions de santé ? Il nous faudrait restaurer en permanence leur équilibre, viser une meilleure maîtrise source de bien-être, enfin les transformer pour les perfectionner. La crise contemporaine de ces institutions correspondrait alors à l'émergence d'un nouveau rapport à la société, devenue infiniment malléable parce que « vulnérable » aux techniques de communication et de management qui redimensionnent la « biopolitique » et la gouvernance des institutions. Ne sommes-nous pas aussi, faute de consensus, en train de nous déplacer du respect des limites au-delà desquelles le vivre ensemble n'est plus désirable, vers la responsabilité de redéfinir des limites ? Une même prudence doit alors s'exercer au regard des institutions : prétendre éradiquer toute vulnérabilité institutionnelle serait ignorer que celle-ci est aussi le levier de la créativité qui assure la survie des institutions au fil du temps. Nous retrouverions, sur un autre plan, la fonction des épreuves de l'exode ou de l'exil, ou de la déstabilisation successive des juges et de la royauté, qui ont permis au peuple d'Israël de sortir de ses assurances factices afin de renouveler à nouveau frais les conditions de l'Alliance avec son Dieu. Il s'agit aussi de préserver, au sein d'institutions toujours imparfaites, le respect de la liberté qui permet de s'engager en vue du bien commun, en vue d'un avenir partagé.

Références bibliographiques

Beartschi, B. (2015). Neuroamélioration. Dans Hottois, G. ; Missa, J.-N. ; Perbal, L. (dir.). *L'humain et ses préfixes. Une encyclopédie du transhumanisme et du post-humanisme.* Vrin, pp. 304–311.

Canguilhem, G. (1943). *Essai sur quelques problèmes concernant le normal et le pathologique.* Dans Canguilhem, G. (2013). *Le normal et le pathologique.* PUF.

Canguilhem, G. (1955, septembre–octobre). Le problème des régulations dans l'organisme et dans la société. *Les cahiers de l'Alliance israélite universelle*, 92. Dans Canguilhem, G. (2018). *Œuvres complètes* (Tome V : Autres écrits, entretiens et discours II : 1965–1995). Vrin, pp. 643–672.

Canguilhem, G. (1963–66). *Nouvelles réflexions concernant le normal et le pathologique.* Dans Canguilhem, G. (2013). *Le normal et le pathologique.* PUF.

Canguilhem, G. (1965a). Le vivant et son milieu. Dans Canguilhem, G. (1952). *La connaissance de la vie* (2ème éd.). Vrin, pp. 129–154.

Canguilhem, G. (1965b). La monstruosité et le monstrueux. Dans Canguilhem, G., (1965). *La connaissance de la vie* (2ème éd.). Vrin, pp. 171–184.

Canguilhem, G. (1983). Les concepts de lutte pour l'existence et de sélection naturelle en 1858 : Charles Darwin et A.R. Wallace. Dans Canguilhem, G. (1968). *Études d'histoire et de philosophie des sciences.* Vrin, pp. 99–111.

Canguilhem, G. (1974, mars). La question de l'écologie : la technique ou la vie ? *Dialogue* n° 22, pp. 37–44. Dans Canguilhem, G. (2018). *Œuvres complètes* (Tome V : Autres écrits, entretiens et discours II : 1965–1995). Vrin, pp. 631–645.

Jacquard, A. (2013). Comment la mort nous fait-elle penser ? Précarité du vivant et refiguration des conditions de l'expérience possible. Dans Ferté, L. ; Jacquard, A. ; Vermeren, P. (dir.). *La Formation de Georges Canguilhem. Un entre-deux-guerres philosophique.* Hermann, pp. 219–239.

Jacquemin, D. (2009, septembre). Le handicap, un malaise théologique pour l'aumônier d'hôpital. *RETM*, 256, Hors-Série 6, pp. 49–63.

Lambert, D. (2019). Comment les sciences contemporaines posent-elles la question de la vulnérabilité ? Dans Villemin, L. (+) & Fino, C. (dir.). *Vulnérabilités : relectures critiques à la croisée des disciplines.* Cerf, pp. 57–74.

Le Blanc, G. (1998). *Canguilhem et les Normes* (2ème éd.). PUF.

Lefève, C. (2000). La thérapeutique et le sujet. Dans *L'essai sur quelques problèmes concernant le normal et le pathologique de G. Canguilhem.* Dans Le Blanc, G. (dir.). *Lectures de Canguilhem, Le normal et le pathologique.* coll. Feuillet », ENS, pp. 105–122.

Magnin, T. (2017). *Penser l'humain au temps de l'homme augmenté. Face aux défis du transhumanisme.* Albin Michel.

Pape François, (2015). *Laudato Si'.* Bayard-Cerf-Mame.

Pelluchon, C. (2009). *L'autonomie brisée. Bioéthique et philosophie.* PUF.

Queval, I. (2015). Corps humain. Dans Hottois, G. ; Missa, J.-N. ; Perbal, L. (dir.). *L'humain et ses préfixes. Une encyclopédie du transhumanisme et du post-humanisme.* Vrin, pp. 40–48.

Thiel, M.-J. (2014). *La santé augmentée. Réaliste ou totalitaire ?* Bayard.

6.
Analyser les failles de la « portance » du temps

Jacques Arènes

Introduction et problématique

Un des aspects de l'« Anthropocène » – l'ère actuelle de l'humanité caractérisée par la capacité humaine de transformer radicalement l'environnement vivant – est la manière dont est pensé le futur. En quoi cette vision dystopique s'appuie-t-elle non seulement sur des diagnostics empiriques de l'évolution de la planète et de ses habitants, mais aussi sur un rapport particulier à la temporalité ? Cette relation douloureuse au temps n'a pas uniquement à voir avec la planète et son avenir objectif, mais aussi, avec les modalités plus générales par lesquelles nous nous recevons du passé et nous pensons l'avenir. L'historien François Hartog a proposé le terme de « régime d'historicité » pour désigner la manière dont une société considère son passé et les modalités de conscience de soi des communautés humaines, en rapport avec le fait temporel. Le régime d'historicité est un analyseur des crises du temps collectif. Aux temps modernes, s'est progressivement élaborée une autorité du futur – façonnée par l'idée de progrès – prenant la place de l'autorité de la tradition. Il se serait instauré aujourd'hui un présentisme (autorité du présent) avec « l'expérience contemporaine d'un présent perpétuel, insaisissable et quasiment immobile, cherchant malgré tout à produire pour lui-même son propre temps historique » (Hartog, 2003, p. 40). Pour rendre compte du versant subjectif de cette crise de la temporalité, nous utiliserons le concept de « portance » (Quinodoz, 2002), qui fait référence, en psychanalyse, à la façon dont le sujet se « porte » lui-même. La portance se pense comme un style personnel dans la manière d'assumer sa propre trajectoire de vie, en relation avec la contenance collective : comment le sujet fait-il face à l'angoisse de séparation, et comment son psychisme s'inscrit-il dans le temps ?

Nous aborderons d'abord dans ce texte, dans une perspective d'anthropologie culturelle informée par la psychanalyse et la phénoménologie, certains aspects théoriques de la notion de temporalité dans le sens de la conscience subjective du temps, et donc de la manière dont le psychisme s'inscrit dans le temps. Nous analyserons ensuite la crise actuelle de la temporalité, inscrite dans l'horizon de la « fin des grands récits » (Lyotard, 1993) auparavant caractéristiques de la mise en forme du temps collectif. La temporalité se déploie, en effet, au niveau individuel, articulée avec une dimension partagée. Elle s'inscrit ainsi dans une texture collective, notamment narrative. L'articulation du psychique et du culturel peut donc s'analyser aujourd'hui dans une perspective de défaillance du temps partagé. Nous tenterons de comprendre comment le temps vécu – dans un registre phénoménologique – s'appuie sur les ressources narcissiques du sujet, et sur sa manière de « porter » le temps. Nous chercherons à saisir dans quelle mesure ces ressources ont, moins qu'avant, la possibilité de s'appuyer sur un tissu de portance collective. Le psychiatre Eugène Minkowski, évoquant l'ennui de la Grande Guerre (dans les tranchées), énumérait les souffrances issues de la temporalité. Ces souffrances sont à déterminer dans le champ de la psychopathologie, mais la psychopathologie individuelle peut servir d'analogon aux souffrances psychiques collectives. La période contemporaine serait alors par une forme de stase du temps, à l'instar de l'ennui des tranchées ? Le temps n'est-il pas devenu notre adversaire, à l'image de ce schizophrène qui tirait des coups de revolvers sur sa montre pour tuer le temps, qu'il considérait comme son ennemi (Minkowski, 1933/1995, p. 13) ? Nous prendrons enfin l'exemple de la filiation, dont les deux dimensions, personnelle et sociale, illustrent les aléas de la portance contemporaine du temps.

1. Approches théoriques de la temporalité

La temporalité humaine est reliée à l'espace comme une seule matière ayant les caractéristiques d'un contenant (l'espace) sans cesse travaillé par la dynamique temporelle. L'espace n'est pas une donnée objective séparable du monde tel que l'entend la phénoménologie, c'est-à-dire du monde de la vie, constitué d'états, mais également de biens et de valeurs. L'espace est aussi l'espace du lien. Si celui-ci fait défaut, le temps subjectif peine à se déployer. Le temps subjectif est une durée articulée à une parole, parole singulière s'appuyant sur des histoires collectives, des récits concernant le passé, et des modalités de rêver l'avenir. La temporalité porte le flux de la libido narcissique. Ce flux recèle une puissance fragile, tant elle dépend de la dynamique interne du sujet.

Psychanalyse et temporalité

La temporalité est peu explorée par la psychanalyse, autrement que sur le mode de l'après-coup ou de la nostalgie. Freud propose une phénoménologie du processus de résistance, lié au conflit entre le présent et le passé, entre une signification perdue et un contexte moïque qui se refuse à l'accueillir. Il manque à la pensée freudienne une dimension téléologique. « Le passé inassumé aliène le présent, le coupe de ses significations originelles et de ses possibilités d'accomplissement » (Amado Levy-Valensi, 1978, p. 40). L'inconscient est pourtant aussi le siège de ce qui émerge. Selon Eliane Amado Levy-Valensi, psychanalyste nourrie par la réflexion bergsonienne sur la durée et l'intuition, « l'inconscient psychanalytique plonge dans un inconscient plus absolu [...] foyer de l'émergence. Sombre rougeoiement dont nous ne saisissons que les étincelles retombées, les laves, coulées en formes étranges, le grondement et les poussées que la conscience maîtrise tant bien que mal. » (Amado Levy-Valensi, 1978, p. 231). Il est nécessaire de concilier le pessimisme psychanalytique avec ce qui, dans la réalité, se joue dans les cures, montrant l'infinie créativité du psychisme humain. Les deux faces de l'inconscient, dans son rapport au temps sont représentées par, d'un côté, ce qui se dévoile dans le surgissement et n'est jamais ainsi « mon inconscient » et, d'un autre côté, par ce qui se déroule dans les répétitions du passé. Le temps arrêté est alors en lutte avec la fécondité de l'Ouvert (Bergson, 1932).

Une visée phénoménologique revivifie alors le pessimisme analytique. Dans la perspective adoptée par Minkowski, le « maintenant » est ce qui se donne à vivre du temps. Il est impossible à saisir, au cœur du présent qui est « un maintenant qui s'est déployé » (Minkowski, 1933/1995, p. 32). L'expérience du présent suppose un travail psychique qui apporte de l'étendue au maintenant, appuyé sur la force du flux narcissique. Certains malades psychiques craignent cette exigence de « travail » interne imposé par le présent, préférant alors se réfugier dans le passé ou construire des projets irréalisables. C'est dans le présent que le passé et l'avenir prennent corps. La gestation de l'avenir se soutient d'un élan vital inspiré, dans la pensée de Minkowski, de la philosophie bergsonienne. « L'avenir et l'élan vital sont si intimement liés l'un à l'autre qu'ils ne font qu'un » (Minkowski, 1933/1995, p. 35). L'avenir serait « donné » d'une manière originaire. *La « fonction futur » serait première*, portée par l'élan vital, et cherchant toujours des modalités de création au cœur du concret. Qu'en est-il alors si l'élan vital – porté par la force narcissique du sujet – fait défaut ?

La puissance de l'événement

La fonction future se déploie en une portance collective. L'élan vital s'origine, selon Minkowski, en une puissance personnelle se déployant sur un fond inconscient supra-individuel. La genèse subjective de la temporalité – la chronogénèse – se tisse en relation avec une manière de penser le futur ensemble. La crise contemporaine de la temporalité est ainsi le résultat du morcellement de la contenance collective. Si « le chemin vers soi-même », inscrit dans le temps, « passe toujours par le monde » (Binswanger, 1947/1971, p. 144), comment tracer sa propre voie quand la difficulté à habiter collectivement le temps entraîne un amenuisement de l'élan vital individuel ?

Toujours dans la lignée phénoménologique, Claude Romano défend un holisme de l'expérience, supposant l'unité de la vie. Le sens n'est pas créé *ex nihilo* par la conscience, il est à la « confluence » d'un monde et d'un sujet, formant tous deux un système (Romano, 2010, p. 116). « Le sens qui se fait jour dans les choses » dépend des projets du sujet, de sa manière d'aborder le monde, lequel est « la totalité structurée des possibles qui s'offrent à nous à la lumière de nos capacités » (Romano, 2010, p. 116). Le monde est ainsi un « horizon de sens » proposé à celui qui s'en saisit, opère et choisit, provoqué par des opportunités. L'existence humaine serait ainsi faite qu'il nous incomberait de la choisir au regard de ce que nous aspirons à être. Certains possibles existentiels sont sous le contrôle du sujet. D'autres s'imposent comme événements, qui le frappent « d'impouvoir ». « Pour les êtres vulnérables à l'événement que nous sommes, le possible comme tel en totalité – le monde – est toujours en suspens au-dessus de l'abîme de l'événement » (Romano, 2010, p. 121). L'herméneutique événementiale de Romano renvoie le sujet à un choix fondamental dans lequel le non-choix lui-même est à assumer. L'événement est temporalisant, puisque c'est dans sa survenue que s'ouvre un futur et qu'il apparaît ensuite comme passé. L'événement « est » temps (Romano, 2010, p. 81) et certains événements sont originaires, puisqu'ils ouvrent le temps. La naissance en est un.

Qu'en est-il alors du « nous » ? L'herméneutique événementiale pourrait apparaître solipsiste. En cela, les théories de l'inconscient sont, à leur tour, de quelque secours. La pensée inconsciente, quelle qu'en soit la référence théorique, constitue toujours la marque du supra individuel. Toute psychothérapie est ainsi la restauration de l'amitié avec soi et avec le monde, dans le sens que celui-ci est aussi communautaire. Ludwig Binswanger faisait ainsi place à l'événement, mais dans le cadre d'un « nous » assumé. La psychothérapie, fondée ici sur l'analyse existentielle (qui ne s'oppose pas, chez Binswanger, à la psychanalyse) permet une « repossibilisation » de l'expérience, la rencontre psychothérapique introduisant le *novum* d'un destin assumé ensemble (Binswanger, 1947/1971, p. 154). Un nouvel événement, provoqué par la rencontre thérapeutique, permet alors de « traiter » la vulnérabilité à l'événement quand elle est devenue pure passivité. Si la pensée inconsciente est la marque du nous, elle n'est pas seulement l'objet d'une herméneutique (comprendre « l'histoire intérieure de la vie », selon l'expression de Binswanger), mais elle constitue une dimension active suscitant *l'émergence* d'un *novum*.

2. La crise contemporaine du temps : l'exemple de la filiation

Si l'événement affecte la temporalité individuelle, qu'en est-il alors du méta-événement que nous étudions, qui concernerait la modification profonde du rapport collectif à la temporalité ?

Réenfanter le temps

Prenons l'exemple de la filiation. La théorie psychanalytique est d'abord une théorie de la filiation et de la manière dont elle constituerait un organiseur psychique. La filiation s'articule autour de deux dimensions : d'un côté le flux individuel du désir de prolongement de la vie – du registre narcissique – et d'un autre côté, le versant institué de la filiation, qui donne mémoire aux flux désirants. Les cadres institutionnels sont ainsi inscrits au cœur de la chair. La filiation se déploie alors, en chacun, comme une forme psychique singulière, autour d'une concrétion issue du passé, comme une perle en un coquillage vivant. Le devenir filial se constitue avec les contraintes du donné, mais il est modelé par le travail subjectif de la temporalité, et prend forme en lui (Arènes, 2016).

Les cadres institutionnels doivent, dans le moment contemporain, s'adapter aux attentes des personnes, et peinent à mettre en forme leurs flux désirants. *Les parents remplissent néanmoins, tout en croyant suivre un vœu éminemment singulier, une tâche essentielle à la culture.* Ils sont en fait

« mandatés » pour créer un lien nouveau dans le monde. La naissance, nous l'avons vu, fait partie des événements originaires, comme promesse d'un enfantement du temps (Arendt, 1958/2002, p. 17). Les parents actuels sont porteurs de la nécessité de création d'un avenir qui fait défaut aux mythes collectifs. Une culture qui souhaite se « reproduire », cherche à encadrer le désir d'enfant des individus. Une société cherchant à inventer son avenir accorde, en revanche, une place essentielle au désir des individus qui « porte » sa survie.

Le rhizome : un modèle pertinent ?

Cette place importante accordée au désir d'enfant dans la culture contemporaine, est en correspondance avec une transformation du rapport à la forme filiale.

Le rhizome des plantes est le modèle, dans la pensée de Deleuze et Guattari (1980), d'une épistémologie où les éléments ne sont pas hiérarchiquement organisés. Cette approche s'applique à l'agencement des savoirs : chaque élément d'un dispositif théorique interagit avec d'autres éléments. Ce paradigme du rhizome pourrait s'appliquer aux modalités contemporaines pour habiter le temps et penser la filiation, mais aussi à la manière dont s'exprime le désir de chacun. La pensée « rhizomatique » est le signe d'une dynamique du désir et d'un mode de création de soi représentant une autonomie se voulant libérée des contraintes instituées. Elle rend compte de la trajectoire contemporaine des identités. Le désir parental se déploie, protéiforme, en cette pensée et temporalité rhizomatiques. Ce désir – valorisé dans sa dimension individuelle – constitue en fait une forme collective nouvelle. La culture sollicite de plus en plus la créativité de chacun. Les processus interpsychiques deviennent problématiques : chacun s'« articule » à sa manière avec le temps et l'espace commun. Les surgeons du rhizome peinent à exercer leur inventivité.

L'envers douloureux de ce type de déploiement de l'identité consiste en une difficulté pour le rhizome individuel à déployer de nouveaux diverticules, à faire preuve d'une créativité marquée par la nécessité, parfois l'impossibilité, d'avoir à porter seul son propre destin. L'aventure d'être soi devient une tâche. Pas seulement pour les parents. Les fils et les filles peinent à se porter eux-mêmes. L'ennui devient une modalité essentielle d'appréhension du temps, même si les possibles sont nombreux. C'est le cas de Laura, jeune femme en psychanalyse, ayant terminé des études de qualité, affirmant d'un air las : « Comment sortir de cet état d'ennui, ne trouvant aucune envie ou motivation. Je suis détachée de tout, indifférente … » ? Le sens dépend d'abord de son investissement dans le quotidien vécu. Indifférente et sans choix concret, Laura se protège. Cerner un sens, c'est accepter de s'exposer. Alors, autant déconnecter. On ne ressent rien, mais on ne risque pas la blessure. Le modèle du rhizome est-il opérant ? Le rhizome pousse-t-il ainsi des diverticules sans histoire ? Notre histoire personnelle est pourtant entée sur d'autres tiges temporelles. Si le sens n'est pas seulement construit, il dérive de ce qui est arrivé, de ce qui est légué.

Reconsidérer l'émergence

Qu'est-il arrivé à Laura ? Quels échecs, quelles souffrances personnelles ou familiales ? Le sens est devant-elle, à construire, mais il la précède aussi. La forme de la filiation peine pour elle à se préciser. *Elle est à la recherche de ses contours.* Les formes qui nous ont constitué, qui contraignent nos possibilités de choix, constituent comme une partition musicale dans laquelle une partie des notes manqueraient. Il faudrait alors remplir les blancs pour la jouer, et la musique créée serait singulière, en accordage avec d'autres instruments. Quelque chose de si proche de soi que cela pourrait sembler prévisible. Les déterminismes internes de nos actions sont puissants. L'essentiel est néanmoins d'habiter cette liberté « illusoire ». La passivité de beaucoup d'entre nous est constituée de cette difficulté d'habitation. Il s'agit de reconnaître la possibilité d'agir avec les limites de l'action. « Devons-nous, pour être cohérent avec le déterminisme [dont on ne saurait nier qu'il est agissant en chacune de nos existences, avec le déterminisme intérieur de notre histoire, et celui extérieur des événements qui nous façonnent], renoncer à donner à un sens à notre propre vie, ou bien pouvons-nous espérer renouer avec ce projet, tout en restant dans le cadre déterministe ? » (Honderich, 2009, p. 172). La question du sens et celle de la singularité de l'existence débordent la notion de déterminisme, pourtant évidente quand on isole des séquences causales.

Nous avons à repenser la liberté en épousant les contraintes de la forme filiale, tout en soutenant sa créativité. Quand ce qui arrive n'a été ni prévu ni souhaité, la création demeure possible. Du point de vue de la théorie et de la pratique thérapeutique, il est essentiel de réarticuler une herméneutique des contraintes avec l'inventivité de l'Ouvert et de la création de l'avenir. Le sens est ce qui reste quand le sujet s'est confronté à l'abîme de l'événement.

La Chthulucène comme perspective ?

La philosophe postféministe Donna Haraway propose de remplacer le terme d'Anthropocène par celui de Chthulucène (substantif tiré du nom d'une araignée), caractérisé par le mélange de l'humain et du non-humain (Haraway, 2016). La Chthulucène requiert « sym-poïèse », ou « faire avec », plutôt que l'auto-poïèse, ou autoconstruction du sujet volontariste de la modernité. Un futur vivable pourrait se construire en faisant alliance avec la profusion rhizomatique de la vie.

Il s'agirait de se connecter à l'humus de Gaïa, dont il faudrait épouser les ramifications. Le sujet de la modernité, qui disposait de l'Histoire et du monde, est obsolète. Nous avons, au contraire, à faire corps avec les réseaux de Gaïa, à nous extraire de l'Histoire, et à entrer en un autre type de temporalité. La pensée moderne du temps linéaire s'est construite en une rupture entre l'ordre de la nature – où tout se répète – et l'ordre de l'histoire, temps linéaire dont l'essence est la non-répétition. La figure de Méduse, déesse aux multiples têtes de serpents, personnifie une nouvelle temporalité au cœur de laquelle Gaïa pourrait générer des Furies – déesses de la vengeance – châtiant les crimes qu'elle a subis. Dans le monde grec antique, l'essence de Méduse est la puissance d'altérité absolue qu'elle manifeste, celle du néant non civilisé. Thanatos, à l'inverse de cette altérité radicale, représente ce que la mort comporte d'intentionnalisé, de civilisé (Vernant, 1985).

La théorie d'Haraway entre en écho avec celle de Bruno Latour (2015) qui suggère que notre planète est remplie de constituants ayant le pouvoir d'agir selon leurs propres intentions, forces, ou besoins. Percevoir la dimension vivante et interconnectée de l'environnement permettrait de préfigurer des chemins nouveaux hors de l'exploitation du monde ayant mené à l'Anthropocène. Notre Terre aurait alors un comportement désigné par la métaphore de Gaïa, dont l'agir serait multiple, contradictoire, confus. Elle ne serait pas une métaphore d'harmonie : la biosphère réunit des agents innombrables, poursuivant leurs propres buts, créant ensemble le climat idéal pour que le la vie puisse s'épanouir.

En quoi cette vision participe-t-elle de la transformation de la filiation ? La figure de Gaia se déploie alors que le « naturel » de la modernité est écarté. Un nouveau type de « naturel », tout aussi mythique, se reconstruit, celui d'une terre « intelligente », entité écosystémique menacée d'effondrement. *Ce diagnostic catastrophique correspond à une angoisse profonde, dont nous déplaçons inconsciemment l'objet. L'effondrement ne concerne pas Gaïa en tant que système vivant, mais un autre système qui est en train de disparaître, celui d'un monde collectif s'appuyant sur un modèle de mémoire et de filiation dont la vision était largement partagée.* Le régime de l'antériorité s'efface. La connexion multiforme paraît plus souhaitable, plus « nature ». Cette fascination d'un retour à l'originaire remplace la linéarité temporelle des générations, et de leurs contraintes.

Conclusion. S'extraire de la fascination de l'origine

Un nouvel univers mythique se met en place. Les mythes antérieurs concernant la filiation obéissaient à un impératif de transmission, porté par une dialectique d'effacement – le parent est voué à s'effacer – et par la charpente d'un *Logos*. Le Mythe s'oppose au *Logos*, et même le déborde, parce qu'il exprime ce que le *Logos* ne peut démontrer. La pensée mythique est nécessaire, puisqu'elle exprime le mystère du monde. Nous nous méfions aujourd'hui du *Logos*, et de sa propension à ordonner le monde. Le mythe prend alors toute la place.

La figure de Gaïa s'impose par sa puissance. Dans l'imaginaire révolu de la transmission, le *Muthos* est sans cesse travaillé par le *Logos* qui le problématise. Les multiples tressages de la pensée rhizomatique et de la création de soi recèlent pourtant une angoisse nouvelle. Celle d'un monde qui se cherche, dans lequel les « agents » les plus puissants seront les gagnants, auront accès la lumière et à la puissance reproductive. Il se met en place le tressage des contrats de vie, connexions fluides et révocables, modelant dorénavant l'ordre du monde. De nouveaux pouvoirs apparaissent, éloignés des autorités institutionnelles pyramidales, des pouvoirs multiples épousant le mouvement du monde. L'univers animal, et sa sphère protéiforme, représentent un *archè* mythique dont on cherche à retrouver l'équilibre. Emerge alors une autre figure de la sauvagerie, désirable en sa beauté et sa force, et échappant aux structures jusqu'ici pensées comme ordre de l'humain. Les animaux se reproduisent, mais ne sont pas attachés à une filiation. L'instinct leur dicte de protéger leurs enfants, et parfois de les éliminer. Nous souhaitons nous réconcilier avec la terre nourricière dont nous nous serions éloignés, et tentés de nous extraire ainsi de l'écriture de l'Histoire.

Repérons cependant la dimension sophistique de cette réduction de l'humain à n'être qu'une espèce parmi les autres, astreinte à se conformer au devenir commun des espèces. Ce raisonnement est pourtant celui d'humains, le propre de l'humain étant de s'extraire du « régional » qui caractérise la vie animale, « sous la pression des besoins de conservation, de défense et de reproduction » (Breton, 2000, p. 158). La spécificité humaine est de dépasser cette sphère immédiate pour penser une dimension méta-régionale thématisée dans le registre du monde. Nous sommes immergés en ce monde que nous pensons, et que nous cherchions autrefois à modeler pour en faire une Histoire. Les nouveaux mythes font eux aussi partie de cette histoire du monde. *Ils sont relatifs, et tentent de répondre, à un événement assez récent, un méta-événement collectif affectant la temporalité partagée. Nous nous inquiétons d'un temps qui pourrait s'effondrer.*

Références bibliographiques

Amado Levy-Valensi, E. (1978). *La nature de la pensée inconsciente.* Delarge.

Arendt, H. (1958/2002). *La condition de l'homme moderne.* Nathan.

Arènes, J. (2016). Condition contemporaine de la filiation et lien intersubjectif. *Le Divan familial,* 36(1), pp. 63–75. https://doi.org/10.3917/difa.036.0063, consulté le 15/05/21.

Bergson, H. (1932). *Les deux sources de la morale et de la religion.* Alcan.

Binswanger, L. (1971[1947]). De la psychothérapie. Dans *Introduction à l'analyse existentielle.* Éditions de Minuit, pp. 119–147.

Breton, S. (2000). *Causalité et* projet. PUF.

Deleuze, G., & Guattari, F. (1980). *Capitalisme et Schizophrénie. Mille Plateaux.* Éditions de Minuit.

Haraway, D. (2016, septembre). *Tentacular Thinking: Anthropocène, Capitalocene, Chthulucene.* Journal #75 September 2016 – e-flux. https://www.e-flux.com/journal/75/67125/tentacular-thinking-Anthropocène-capitalocene-chthulucene/.

Honderich, T. (2009). *Êtes-vous libre ? Le problème du déterminisme.* Syllepse.

Hartog, F. (2003). *Régimes d'historicité.* Seuil.

Latour, B. (2015). *Face à Gaïa.* La Découverte.

Lyotard, J.-F. (1993). *Moralités postmodernes*. Galilée.

Minkowski, E. (1995[1933]). *Le temps vécu*. PUF.

Romano, Cl. (2010). *L'aventure temporelle*. PUF.

Quinodoz, J.-M. (2002). *La Solitude apprivoisée*. PUF.

Vernant, J.-P. (1985). *La mort dans les yeux, Figures de l'Autre dans la Grèce ancienne*. Hachette.

Partie II. Dans quel corps vivons-nous ?

1.

L'avènement des réseaux sociaux tridimensionnels immersifs. Une oasis virtuelle comme espace de déréalisation ?

Stéphane Blocquaux

Introduction

Les *réseaux sociaux tridimensionnels immersifs* ont fait timidement leurs premiers pas depuis plus de trois années. Ils se nomment déjà « VRChat » et « Sansar » et le géant du numérique, Mark Zuckerberg, ne cesse de préparer activement l'arrivée du petit dernier de la famille, « Facebook Horizon ». À l'instar d'une communauté privée, dont seuls les adeptes initiés posséderaient les clés d'entrée, tous ont un point commun pour y entrer : il faut vous équiper d'un casque de réalité virtuelle pour pouvoir pénétrer au cœur même de ces mondes composés de pixels. Si on l'analyse sous un angle purement économique, ce que l'on nomme la Social VR cherche encore ses repères et peine à trouver des modèles viables qui lui permettraient de véritablement concurrencer les réseaux sociaux traditionnels comme Facebook, Twitter ou Instagram. Cet article se propose de conduire une réflexion à la fois anthropologique, philosophique et éthique sur les mutations que pourraient apporter les outils virtuels immersifs à nos rapports sociaux. L'enjeu essentiel est le suivant : l'humanité n'est-elle pas en train de s'inventer, à défaut d'avenir viable, du fait de l'Anthropocène, un avenir virtuel ? Pour cela, il faut que l'expérience virtuelle devienne convaincante, substantielle. C'est pourquoi il importe de discerner à quel point, par son réalisme, par ses sollicitations sensibles, la RV peut jouer ce rôle. Il s'agira ainsi de questionner dans trois de ses dimensions essentielles le processus de « déréalisation » que pourrait engendrer la pratique d'une plateforme de réseau social accessible exclusivement en réalité virtuelle immersive : technologique (fascination), communicationnelle (distanciation) et psychique (aliénation). Car au-delà de ce qui ne pourrait demeurer qu'une simple distraction digitale, les industries aux commandes de ces dispositifs virtuels sont en passe de conquérir l'ensemble de nos cinq sens, jusqu'à les « tromper » un à un. Elles proposent progressivement à notre humanité des outils en mesure de révolutionner nos relations sociales, au prix de l'usage incontournable de simulateurs 3D immersifs favorisant la distanciation physique tout en clonant nos interactions sensibles.

1. La tridimensionnalité immersive, une échappatoire à l'ère de l'Anthropocène ?

Dans ce premier mouvement, il convient d'étudier la genèse des principales étapes qui ont progressivement jalonné la construction des espaces sociaux immersifs virtuels sur les vingt dernières années. En effet, il convient de mettre en perspective ce processus avec la vision d'un monde qui entre dans ce que l'on nomme déjà l'Anthropocène, terme suggéré au début des années 2000 par le Prix Nobel de chimie Paul Crutzen. Cette nouvelle ère géologique, marquée par l'empreinte de l'homme sur la planète, donne lieu à de nombreux travaux sur l'effondrement du vivant face aux activités humaines les plus destructrices pour son environnement. Leur impact menace la survie de la plupart des autres espèces et à terme, l'avenir même de notre planète. Cette recherche débute donc par un double constat. D'un côté, la vision glaciale et scientifique de l'effondrement progressif des ressources nécessaires à notre survie collective. De l'autre, la montée en puissance – tout autant progressive – de ces « Utopia revisitées », des espaces numériques mis en scène par des dispositifs technologiques en rupture avec ce même univers du vivant qui nous est implacablement présenté comme à la dérive. Howard Rheingold, l'un des pères de l'expression « réalité virtuelle », la décrit dès 1991 comme « un système qui permet de s'immerger dans un monde artificiel, de le manipuler et de le transformer » (Rheingold, 1991, p. 112). C'est sous cet angle que la réalité virtuelle immersive pourrait se présenter de manière opportune comme un « refuge fictionnel interactif » dans les points qui vont suivre.

Une avancée « par paliers » vers des espaces virtuels toujours plus sensibles

Nous repérons trois paliers qui auront contribué à l'avènement des récents dispositifs virtuels mettant en relation des humains par l'intermédiation des casques 3D. Les premiers travaux sur les espaces-tiers numériques (Quéau, 1993) ne font initialement pas encore véritablement la différence entre d'une part les espaces virtuels en trois dimensions et d'autre part ce que l'on qualifie aujourd'hui de « réalité virtuelle ». Les premières plateformes, souvent à caractère vidéoludique, permettent surtout de simuler une progression sur trois axes d'un avatar programmé pour représenter vos déplacements et vos interactions, le tout étant classiquement piloté depuis une interface de type clavier. Même si dès 1957, le cinéaste Morton Heilig préfigure l'esquisse d'une machine conçue pour « immerger les utilisateurs dans un monde imaginaire », il faudra attendre les années 2010 pour que le grand public découvre véritablement ces étranges interfaces au « look » digne des accessoires des meilleurs films de science-fiction. Elles réclament l'immersion totale du sujet, dont le regard est désormais intégralement absorbé par un système de double écran situé à quelques centimètres de ses deux rétines. Une des premières caractéristiques du casque virtuel, que nous pourrions presque qualifier de *dispositif numérique étanchéifiant*, réside donc dans le fait qu'il accapare et isole physiquement deux de nos principaux sens, l'ouïe et la vue. Cette forme de rupture est souvent vécue par les sujets qui pratiquent l'immersion comme instantanée, voire brutale et radicale. C'est d'ailleurs le premier dispositif dans l'histoire des technologies numériques individuelles qui place le sujet en rupture totale avec son environnement exogène habituel. En un instant l'utilisateur se retrouve « coupé du vivant ». Cela a pour effet immédiat de conditionner l'existence d'un « en dedans » (du dispositif) par opposition à un « en dehors ». Pour autant, les développeurs de la *Social VR* ont souvent exploité, fusionné et réinventé les acquis des pionniers qui ont ouvert la voie des communautés digitales en ligne de type *métavers*.

Les premiers metavers communautaires 3D, le cas de « Second Life »

Les métavers sont des univers virtuellement accessibles via des écrans connectés qui permettent une simulation de la réalité physique (avatar) au sein d'un espace collectif et permanent. Le terme (traduit de l'anglais *metaverse*) provient d'un roman de science-fiction (« *Snow Crash* ») publié en 1992 par Neal Stephenson, auteur également connu pour ses uchronies, ces récits d'évènements fictifs basés sur des faits historiques. Ce premier stade de la genèse des métavers limite les interactions entre les avatars des membres de la communauté à des échanges et des interactions basiques avec un faible degré d'interactivité (déplacements, conversations, troc d'objets, etc.). Ce qui différencie une plate-forme communautaire comme « *Second Life* » d'un jeu vidéo communautaire massivement multi-joueurs (MMORPG) réside principalement dans l'absence programmée d'objectifs prédéfinis à atteindre, comme cela se pratique dans la majorité des productions vidéoludiques. Dans Second Life, votre avatar ne joue pas, il « vit ». C'est en ce sens que le programme se rapproche plus de la catégorie des réseaux sociaux que de celle du jeu vidéo. Les membres des réseaux sociaux ne cherchent pas à jouer ensemble. Ils se contentent de se réunir sur des « îles imaginaires » (à l'instar de celle d'Utopia d'ailleurs) pour reproduire avec d'autres l'intimité des événements de leur vie « physique » ou pour aller à la rencontre de nouveaux avatars et de leurs propriétaires. Dès 2003, soit presque un an avant l'arrivée de Facebook, Second Life est déjà un peu tout cela à la fois : un mélange de manipulation vidéoludique 3D de votre avatar, lancé à la recherche d'un alter ego humain et de son « âme sœur avatarisée ». Forte d'un record de longévité pour un espace numérique en ligne, la plate-forme demeure étonnamment fonctionnelle et encore aujourd'hui très active pour son grand âge. Elle recensait encore quelques 600 000 adeptes « actifs » en 2018 alors que le nombre de comptes avait déjà dépassé les 57 millions d'utilisateurs potentiels. On a surpris durant le confinement pandémique de mars 2020, des utilisateurs français qui y recréaient une réplique du Mont Saint-Michel pour en proposer la visite virtuelle. C'est précisément la promesse de ces premiers réseaux sociaux tridimensionnels qui se proposent, en plus de vous divertir, de vous affranchir de vos limites physiques et surtout de partager ces expériences de vie avec autrui. Avec cette plateforme, se manifestait déjà la tentation de sortir du monde pour entrer dans un univers virtuel, et se couper de la réalité.

L'avènement des réseaux sociaux immersifs tridimensionnels, simple opportunité technologique ou véritable projet sociétal ?

Sansar est l'une des plus abouties des communautés tridimensionnelles immersives. La société Linden Lab, celle-là même qui est à l'origine de la plateforme Second Life que nous venons d'évoquer, bénéficie de la formidable expérience de son aîné. Son fondateur, Philip Rosedale, nourrit des rêves visionnaires que d'aucuns pourraient juger un peu fous : « Quand, adolescent, j'ai eu mon premier ordinateur, j'ai tout de suite été fasciné par le code, les représentations mathématiques, les fractales qu'on pouvait explorer, tout cet univers de données. J'ai pensé qu'on allait pouvoir créer des mondes entiers avec ça, j'en ai tout de suite été convaincu » (Benoit, 2017). Mark Zuckerberg qui dirige FaceBook depuis bientôt deux décennies n'est pas non plus en reste lorsqu'il s'agit de penser un futur immersif interconnecté, qu'il juge bénéfique à notre humanité. En 2016, chaque nouvel employé d'Oculus, la filiale de développement de la réalité virtuelle chez Facebook, se voit remettre gracieusement une copie du livre « *Ready Player One* », le fameux roman de science-fiction d'Ernest Cline. L'ouvrage a très largement inspiré Steven Spielberg pour la production de son célèbre blockbuster, sorti en 2018 sous le même nom. Il convient dans ce point de s'interroger sur la portée éthique voire philosophique du projet global envisagé pour notre humanité par la plupart des grands patrons de ce que l'on nomme les GAFA (Google, Apple, Facebook et Amazon). La devise de Google depuis 2018 n'est-elle pas « *Do the right thing* » ? Nous produisons l'hypothèse que cette massification des dispositifs immersifs, si elle contribue à forger des usages liés à nos rapports sociaux au travers de dispositifs technologiques, contribue à les orienter, les encadrer, les structurer et avant tout peut-être les délimiter. Car tout semble mis en œuvre par les industriels des technologies digitales pour nous proposer, gracieusement de prime abord, des outils qui facilitent nos relations sociales. Mais à la condition qu'elles soient distanciées, ou tout au moins au prix de notre distanciation physique. Mais ces modèles immersifs ne rencontrent pas forcément l'adhésion immédiate du grand public. Sansar continue sa progression mais s'est résignée à s'ouvrir aux utilisateurs « des ordinateurs de bureau ». Le monde de Sansar initialement pensé pour la VR est désormais joignable de manière hybride, avec ou sans casque. Ce « pas de côté » peut résonner comme un indicateur des difficultés – ou tout au moins des réticences – que rencontrent les promoteurs de ces dispositifs immersifs à convaincre l'humanité de délaisser les contacts physiques au profit d'expériences distanciées qui demandent de se livrer « corps et sens » à des dispositifs intrusifs.

Stade 3 : les réseaux sociaux immersifs tridimensionnels « sensibles » ?

Nous venons de le constater, les réseaux de réalité virtuelle immersive sont en plein essor, même si leur ascension demeure moins fulgurante que ce que prévoyaient leurs principaux acteurs industriels. Mais peut-être pourrions-nous déjà tenter de nous représenter un troisième stade dans cette évolution ? Fin-septembre 2020, des ingénieurs australiens (Université de Nouvelle-Galles du Sud – UNSW) présentent un dispositif souple capable de simuler le sens du toucher : « lorsque nous tenons un téléphone portable ou tapons sur un clavier, toutes ces actions sont impossibles sans *haptique* », explique le Dr Thanh Nho Do, directeur du laboratoire de robotique médicale de l'UNSW. « La main humaine possède une forte densité de récepteurs tactiles et constitue une zone à la fois intéressante et difficile pour coder des informations par stimulation haptique, car nous utilisons nos mains pour percevoir la plupart des objets chaque jour » (Barbaschow, 2020). Via un tout nouveau dispositif tridirectionnel d'étirement de la peau intégré au bout des doigts d'un gant haptique portable, des formes de communications haptiques distanciées pourraient alors être envisagées par l'intermédiation de ces procédés mécaniques. Chacun muni d'un gant, les utilisateurs des réseaux sociaux VR, pourraient alors se toucher et ressentir la sensation physique d'un contact de type « peau à peau », mais à distance. « Si votre ami prend un objet, il va physiquement appuyer sur les doigts et son gant va mesurer ces interactions à l'aide des capteurs » (*ibidem*). Le marché haptique semble très prometteur et fascinant au point que la firme nippone Sony a déposé en 2019 des brevets pour un gant de ce type. Elle travaille activement à une combinaison haptique complète. Leur toute nouvelle console de jeu, la *PlaySation 5*, vante les louanges des sensations physiques que procurent des manettes d'un nouveau genre : « Profitez de différents niveaux de force et tension lorsque vous interagissez avec votre équipement et les environnements dans les jeux. De la sensation de bander un arc à celle d'écraser les freins dans une voiture de course, vous sentirez un lien physique avec vos actions à l'écran. » Sentir une relation physique via un dispositif ne serait donc plus un rêve. Les géants du colossal marché planétaire des consoles de jeux (estimé à plus de 160 milliards de dollars en 2020) partent à la conquête « du toucher virtuel » pour le proposer au grand public.

Mais notre rapport au vivant ne repose-t-il pas aussi sur l'odorat ? Dans l'hypothèse d'une soirée de Saint-valentin virtuelle à distance partagée via les réseaux de Social VR immersif, convenons qu'il n'y aurait rien de moins romantique que d'offrir un bouquet de fleurs « qui ne sent rien » à sa bien-aimée. Des systèmes grand public rudimentaires existent déjà et sont capables de produire des parfums de synthèse via des diffuseurs placés sous le nez des utilisateurs (Vaqso VR ou FeelReal VR). Plus troublants, des équipes de chercheurs malaisiens travaillent à la stimulation des cellules olfactives du nez par des électrodes, un système qui pourrait à terme provoquer des stimulations olfactives directement dans le cerveau des utilisateurs connectés. Il n'y a donc plus qu'un pas à faire pour imaginer la translation de ces technologies multi-sensorielles au profit des communautés virtuelles tridimensionnelles immersives de troisième génération. La relation humaine distanciée serait appareillée dans tous ses sens et la simulation devenue « complète ».

2. Les réseaux sociaux immersifs tridimensionnels : évasion ou aliénation ?

En 2019, un employé d'une société américaine (VR Disrupt) spécialisée dans la réalité virtuelle a souhaité passer une semaine complète enfermé dans un casque VR. Jak Wilmot n'a donc pas quitté son dispositif durant 168 heures, même sous la douche ou pendant son sommeil. L'appartement expérimental ne possédait pas de fenêtre, pour mieux simuler le cycle jour-nuit via le casque. Si cette expérience singulière ne représente heureusement pas la majorité des pratiques actuelles des utilisateurs de la réalité virtuelle, Jak s'est tout de même précipité à l'extérieur une fois l'expérience achevée, pour « retrouver une perception correcte de la réalité ».

Tous enfermés dans des dispositifs fictionnels ?

Le casque virtuel, dont nous avons vu qu'il véhicule bon nombre de craintes voire de peurs, notamment par sa dimension d'enfermement physique du sujet, est souvent associé au concept d'aliénation. Ce mot est lui-même qualifié de « concept malade » par le philosophe Paul Ricœur, au sens où il entend désigner tant de choses à la fois qu'il finirait par n'en signifier plus aucune en particulier. Cependant, il nous apparaît pertinent de l'exploiter au sein de cette étude car toutes les dimensions (positives ou négatives) du concept initié par Marx et synthétisées par Fischbach (2007, tableau ci-après, p. 22) nous semblent pouvoir entrer en résonance avec les dispositifs sociaux virtuels immersifs 3D :

Série conceptuelle négative	*Série conceptuelle positive*
Entfremdung Aliénation	*Aneignung – Gewinnung* Appropriation

Série conceptuelle négative	*Série conceptuelle positive*
Entäusserung Perte de l'expression	*Ausserung – Veräusserung* Expression, extériorisation
Entgegenständlichung Perte de l'objet, désobjectivation	*Vergegenständlichung* Objectivation
Entwirklichung Déréalisation	*Verwirklichung* Réalisation

Stéphane Haber, spécialiste de philosophie sociale et politique, parle quant à lui du processus d'aliénation comme d'une perte de soi dans l'objet (Haber, 2007). Une expression significative dès lors que l'on aborde la question de l'asservissement de l'homme par les machines numériques qu'il a lui-même créées. Alors, doit-on craindre que les futurs réseaux de Social VR, une fois dotées d'artefacts doués de capacités sensorielles, voire « sensibles », phagocytent notre vie au point d'anéantir l'espace-temps alloué aux activités non connectées ? Cela rejoint la question de l'addiction aux jeux vidéo, traitée avec beaucoup de sérieux aujourd'hui, mais longtemps minimisée par les addictologues : « lorsque ces univers virtuels, les jeux de rôle en ligne notamment, occupent le centre de la vie de façon permanente, sans nuance ni possibilité de s'en séparer ne serait-ce qu'un instant, leur usage excessif traduit la difficulté que vivent ces adolescents à jouer et supporter l'incertitude, à nouer des liens aux autres, à supporter des limites » (Marty et Missionnier, 2010). D'autres spécialistes, comme Mickael Stora, proposent une vision moins pessimiste des mondes virtuels et pensent que ces espaces pourraient offrir à notre jeunesse une opportunité de jouir « d'une impression de légèreté corporelle et de puissance » (Stora, 2004).

La réalité virtuelle, jeu de dupe ou consentement tacite ?

Un des points les plus sensibles de notre analyse repose pourtant sur la capacité des utilisateurs de la Social VR à rester conscients de l'illusion sur laquelle est construite leur immersion tridimensionnelle. Selon nous, c'est ici que se situe le point nodal des réflexions sur la réalité virtuelle. Dans son ouvrage *Jouer avec Winnicott,* André Green nous rappelle que le principe d'illusion fait partie intégrante de la construction ludique et se présente même comme un de ses piliers essentiels du jeu : « depuis Winnicott, "illusion" n'est plus un terme péjoratif (une erreur qui ne devrait pas exister) ; c'est devenu un concept utile à l'expérience et à la pensée » (Green, 2005, p. 15) Christophe Janssen et Sophie Tortolano ont longuement étudié le profil d'Adam, un jeune garçon de 17 ans en échec scolaire qui s'est présenté dans leur centre d'addictologie comme un « drogué de *Second Life* ». Selon eux, ce serait une erreur de penser que les mondes virtuels plongent systématiquement le sujet dans l'illusion d'une autre réalité. Le joueur n'est pas dupe de l'illusion proposée par les artefacts digitaux et il demeure le plus souvent conscient du « marché » passé avec cet outil numérique qui le relie à l'espace virtuel dans lequel il évolue. À l'instar de l'enfant qui simule un pistolet avec sa main et tire sur son petit camarade pour le « tuer », l'utilisateur de Second Life sait qu'il ne va pas ressortir de sa partie le ventre plein, même après avoir fait déguster un bon potage virtuel à son avatar. Les auteurs concluent leur étude par ces mots : « Adam, comme tant d'autres de nos contemporains, se perd *et* se sauve en s'échappant de notre réalité commune par la fenêtre de l'écran de son ordinateur. » C'est ce caractère ambivalent qui perturbe les analyses scientifiques et anime les débats sur la réalité virtuelle. Et c'est cette même dualité que nous avons souhaité souligner au travers du tableau de Fischbach précédemment proposé. D'une part elle permet une forme de « dé-réalisation », au sens où elle propose une rupture avec le monde du vivant qui « ancre » notre humanité dans sa dimension physique. D'autre part elle autorise d'infinies possibilités de « réalisation », si l'on accepte l'idée que tout sera possible dans ces espaces virtuels tridimensionnels fictionnels interactifs. *In fine*, la Social VR n'est-elle pas la réponse technologique à une humanité désorientée en lui proposant une alternative digitale à nos vies terrestres ?

Un difficile retour à la réalité

« Ce qui reste, c'est un étrange sentiment de tristesse et de déception quand on participe au monde réel, qui se manifeste souvent le même jour. Le ciel semble plus terne et j'ai l'impression de ne plus pouvoir retrouver la "magie" (faute d'un mot plus approprié). » Tel est le ressenti du designer allemand Tobias van Schneider après avoir passé plusieurs mois à utiliser intensément son casque de réalité virtuelle. Selon certains témoignages, la « tristesse post-réalité virtuelle » (*post-VR sadness*) serait l'un des effets secondaires provoqué par le « retour au réel » chez certains sujets. Plus scientifiquement, une étude conduite sur 30 personnes montre dès 2010 que l'exposition prolongée à l'immersion virtuelle peut conduire à une expérience dissociative chez certaines personnes plus fragiles que d'autres. Deux philosophes allemands de l'Université Gutenberg de Mainz, Michael Madary et Thomas Metzinger, proposent (Madary, M. & Metzinger, T. K., 2016) de réfléchir à un code déontologique d'usage de la réalité virtuelle, argumentant que « la VR pourrait non seulement changer l'image que nous avons de l'humanité, mais aussi bouleverser des notions importantes comme celles "d'expérience consciente", d'"ipséité", "d'authenticité", de "réalisme" ». Le terme « ipséité » est apparu au XXe siècle, porté par le courant de la phénoménologie. Il fait référence à notre identité propre et surtout à notre capacité à prendre conscience de notre personne et de ses caractéristiques individuelles. Selon ces deux chercheurs, ce processus demeure fragile en chacun de nous et, qui plus est, « l'esprit humain est non seulement façonné par des variables culturelles et sociales, mais aussi, désormais, par des variables technologiques. Avec le temps, celles-ci acquièrent une certaine autonomie, ainsi que de nouvelles propriétés. »

Conclusion

Alors, Mark Zuckerberg aurait-il perdu la tête pour délibérément jeter son argent par les fenêtres en osant le pari d'un futur où les humains « vont aimer la VR » ? Peut-être mise-t-il plus simplement sur un processus de distanciation sociale qui rendrait incontournable des formes de médiations numériques, imposées par la maltraitance écologique qu'une industrialisation débridée inflige à notre environnement naturel ? La réalité virtuelle est décidément un troublant oxymore, pour peu qu'il ne devienne dangereux lorsqu'il s'agit d'y intégrer les concepts d'empathie, de présence ou d'intimité. Comment ne pas évoquer enfin la puissante industrie du cybersexe, qui surveille attentivement les progrès de la VR, convaincue qu'elle saura proposer bientôt de « nouvelles expériences immersives » à ses clients ? Au terme de l'œuvre futuriste *Ready Player One*, nous retrouverons le concept d'hybridation de deux mondes, le vivant et le digital. Il sera imposé aux joueurs de « l'Oasis Virtuelle » de retourner dans le réel, au sens de la vie physique et des rapports charnels, *a minima* deux jours par semaine. Mais, comme au cinéma, ces week-ends de *digital detox* obligatoires seront-ils également imposés aux utilisateurs des réseaux sociaux tridimensionnels immersifs par nos gouvernements ? Ne serait-ce que pour que notre monde puisse espérer… garder un tant soit peu les pieds sur terre.

Références bibliographiques

Barbaschow, A. (2020). ZDNet.

Benoit, F. (2017). *La Terre ne sera bientôt plus qu'un musée.* Usbeketrica. https://usbeketrica.com/fr/article/la-terre-ne-sera-bientot-plus-qu-un-musee

Fischbach, F. (2007). Dans Marx, K., *Manuscrits économico-philosophiques de 1844.* (intro., trad., an. Par Fischbach, F.). Paris : Vrin.

Green, A. (2005). *Jouer avec Winnicott.* PUF.

Haber, S. (2007). *L'Aliénation. Vie sociale et expériences de la dépossession.* Actuel Marx.

Madary, M. & Metzinger, T. K. (2016). *Real Virtuality: A Code of Ethical Conduct. Recommendations for Good Scientific Practice and the Consumers of VR-Technology in* Frontiers in Robotics and AI. https://www.frontiersin.org/articles/10.3389/frobt.2016.00003/full

Marty, F. & Missonnier, S. (2010). Adolescence et monde virtuel. *Études*, 413(11), pp. 473–484.

Quéau, P. (1993). *Le Virtuel, vertus et vertiges*, Champ Vallon/INA.

Rheingold, H. (1991). *Virtual Reality.* Simon & Schuster.

Stora, M. (2004). *L'addiction au virtuel : le jeu vidéo.* Adolescence.

2.

Le danger des écrans et l'intégration au système technicien : vers une écranisation de l'existence ?

Tanguy-Marie Pouliquen

Introduction

L'écranisation de l'existence est-il le nouveau fil à la patte des temps postmodernes technocratiques ? Le rapport aux écrans de toute sorte génère une possible "inversion" sociale de l'existence, la moitié du temps éveillé quotidien se passant aujourd'hui devant des écrans, de fait plus de huit heures et demie par jour en France. La vie quotidienne devient "écranisée" dès la plus tendre enfance. Problème simplement de posture et de liberté ? Avons-nous réellement besoin de consulter notre smartphone plus de 200 fois par jour – soit plus de 2500 interactions, clics, avec notre smartphone au quotidien, une vraie surchauffe (Alain, 2019) – ce qui est une statistique moyenne (selon Tecmark) ? Les jeunes ne résistent pas plus de six minutes à "l'appel du portable" (Desmurget (a), 2019, 285). La proximité de ces petits bijoux d'électronique rend malléable à leur influence. D'une certaine manière, les nouveaux médias, utilisés sans discernement seraient comme des "prisons sans mur" (Marshall McLuhan), l'esprit deviendrait un cerveau "disponible" à leur influence avec le risque que le medium devienne le message. Le temps passé devant l'écran n'affaiblit-il pas déjà le corps puisque celui-ci reste immobile devant eux ? Le nouveau moyen de communication que symbolise l'écran transforme l'expérience du monde, médiatisée par "l'expérience d'Internet" avec le risque de transformer (déformer ?) le rapport au réel (Vergely, 2018). N'y a-t-il pas là une possible déshumanisation lorsque cette nouvelle superstructure technologique est ratifiée par l'importance, la « soumission », la « vénération » et le temps qui lui est consacré, avec le risque d'en être dépendant (Hautefeuille et Véléa, 2010) ? L'écran majordome digital ne serait-il pas souvent le propriétaire des consciences endormies ? Cet article veut un peu les réveiller pour autant que cela soit nécessaire.

Avec le nouvel équilibre culturel technocratique médiatisé par les écrans, le risque de fragmentation des personnes n'est pas seulement psychologique, il est aussi économique et social, comme le souligne le sociologue français Alain Ehrenberg (1998). Il est également spirituel lorsque les écrans dispersent et coupent les personnes non seulement de leur intériorité, de leurs désirs propres, mais aussi les empêchent de prier en raison de la dispersion de l'esprit qu'ils peuvent opérer. Un humanisme « entier », de corps et de psychisme et d'esprit et de relation est ainsi fragilisé, qu'il soit intégral (Maritain, 1936) finalisé par un personnalisme communautaire (Mounier, 1934) ou par le don (Ide, 1997), toujours en présence de Dieu (*Gaudium et spes*, 1965, n° 24).

La performance croissante des technologies de la communication, loin de libérer l'humain, semble souvent accroître sur lui l'exigence de performance, tel un nouvel impératif catégorique pratique, où l'utile peut se substituer à la fécondité des personnes. Le sujet qui cherche constamment à être plus performant s'épuise s'il ne s'unifie pas en même temps avec lui-même, avec les autres, avec l'environnement, avec Dieu (Rastoin, 2019, p. 48). Une unification intégrale de la personne est remise en question en raison de l'inflation du temps passé devant les écrans, des risques d'impacts psychologiques négatifs, particulièrement pour la jeunesse, mais aussi du problème spirituel causé par la dispersion de l'esprit. Autant de signaux qui veulent alerter pour responsabiliser le rapport personnel à l'écran.

1. Une écranisation liée à l'hyperconnexion : une inversion de l'existence ?

L'hyperconnexion interroge le sens de la relation à autrui en raison du temps passé croissant devant les écrans : toujours plus de temps seuls devant les écrans, mais aussi de relations dématérialisées où la représentation remplace la rencontre physique. « L'écran, alerte Jean d'Ormesson, remplace la présence, l'écran remplace la vie. L'écran, c'est normalement ce qui fait écran, or c'est lui qui désormais à préséance sur l'existence. » (d'Ormesson, 2012) Une préséance liée à la nouveauté de l'hyperconnexion.

Les Français passent trois fois plus de temps devant un écran qu'il y a trente ans ! Tous sont presque "cyberdépendants" : ils surfent sur Internet, hors temps de travail, en moyenne 18 heures par semaine. La part des Français déclarant que le smartphone leur est indispensable, est révélatrice : 84 % et jusqu'à 94 % pour les 15–24 ans. Un salarié cadre passe cinq heures et demie chaque jour à gérer ses emails ! Face à ce flux incessant, la difficulté à se concentrer est, elle aussi, croissante. Problème d'éducation bien sûr : 77 % des parents doivent réglementer l'utilisation du smartphone de leurs enfants.

92 % des personnes sont connectées sur le Net. Sur 65 millions d'habitants, la France compte 60 millions d'internautes, soit un taux de pénétration de 92 %. Les abonnements de mobiles enregistrent d'ailleurs le taux de pénétration le plus élevé avec 99 %, soit 64 millions de personnes.[1] 6h42 par jour sur Internet. C'est le temps moyen que passe un internaute dans le monde par jour sur Internet. L'hyperconnexion se mondialise...

La connexion est en continu pour la jeunesse. En Chine, on les appelle les "ditouzou" : ceux qui ont la tête baissée ! Les plus jeunes passent un jour par semaine complet sur leur smartphone (TNS SOFRES, 2016 ; Johnson, 2016). Le problème ne concerne pas seulement les plus jeunes : pour 48 % des 18–34 ans, consulter les réseaux sociaux est le premier geste du matin (Cabourg & Manenti, 2017). Le train et les avions sont dorénavant hyperconnectés.

Conséquence sociale de cette hyperconnexion, les écrans sont davantage présents que les parents et éducateurs réunis ! Vraiment ? En dix ans, la télévision, Internet, les jeux vidéo, le téléphone, les réseaux sociaux sont devenus, ensemble, la première occupation des enfants après le sommeil, mais bien avant l'école ! Les enfants de 4 à 18 ans passent deux fois et demie plus de temps, 25 000 heures, que le temps nécessaire pour faire de quelqu'un un expert en musique, en médecine, soit 10 000 heures... Non sans effets ! Problèmes physiques de représentation du corps, d'immobilité, de sommeil, de « malbouffe » (Desmurget (a), 2019, 327)... Pour le neuroscientifique Michael Merzenich (Merzenich, 2013), l'âge d'utilisation du numérique est décisif pour modifier massivement les cerveaux, surtout lorsque sont utilisées les nouvelles technologies. Plus on est jeune, plus les nouvelles technologies ont de l'impact sur la personne. Celles-ci changent structurellement les habitudes de pensée, fortifiant certaines voies neuronales, en fragilisant d'autres.

La conception de l'homme est impactée par cette écranisation des esprits. Les nouvelles technologies, par l'interface des écrans, changent

---

1 Selon les analyses de *Hootsuite* et de *We Are Social* sur l'usage d'Internet et des réseaux sociaux dans le monde (2019).

nos comportements, en opérant “un changement de paradigme, équilibre culturel, au plan anthropologique”. Telle est la conviction de Pierre Georgini (2018) et d’Eric Salobir (2019) :

> Ces nouvelles technologies changent notre façon d’être humain, et mettent au défi notre société basée sur le contrat social et les droits humains, nés de l’anthropologie judéo-chrétienne. A partir du moment où certains veulent ‘uploader’ (télécharger) leur conscience dans un robot, n’est-ce pas toute une anthropologie que l’on croyait fermement établie qui est battue en brèche ?

Le dominicain précise : « Comment je me sers de ce réseau d’intelligence artificielle, pourquoi je télécharge cette appli ? Il n’y a pas de petits choix ». Toute une invitation à s’interroger sur la cohérence des comportements, alors que tous les lieux de la vie sociale vont être transformés par la révolution numérique.

2. Une écranisation de l’existence cause de fragilités psychologiques

L’attention, la mémoire, le choix conscient, la résistance aux automatismes, la cognition sociale, la perception et la gestion du temps, sont concernés par l’éparpillement possible causé par les écrans. Les déviances ne pourront être surmontées que si on forme l’esprit critique (Pasquinelli, 2018), non pas pour développer la suspicion des écrans, mais pour (faire) respecter la profondeur de l’humain. Enjeu de posture, de liberté et de responsabilité personnelle.

Suis-je dépendant de mes écrans ? Le psychiatre autrichien Samuel Pfeifer (2010) est un spécialiste de la *Cyberdépendance*, terme qui est aussi le titre de son livre à succès. Il définit quelques symptômes pouvant alerter notre conscience, afin de savoir si nous sommes dépendants des écrans : le besoin irrésistible de se connecter, la réduction de la capacité de travail, la non maîtrise du temps passé devant l’écran, les effets sur les relations, la volonté de minimiser l’usage trop important qu’on en fait, le constat de ne pas être arrivé à s’affranchir de cette dépendance, la transgression de ses propres valeurs morales, la nervosité éprouvée… quand Internet ne marche pas. La voie du *burn out* numérique n’est peut-être pas encore là, mais qu’en est-il de la pente glissante ? Donnons-nous à nous-même, aux autres, le droit à la déconnexion ? A quoi destinons-nous notre temps de cerveau disponible ? Comment nous déconnecter des écrans pour mieux nous reconnecter à l’essentiel de la vie ?

Le sous-titre de l'ouvrage de Samuel Pfeifer, *Mieux maîtriser la relation à Internet*, est clair sur l'enjeu d'une telle emprise. Et dans ces cas d'addiction, l'autocritique laisse la place au relativisme : rien n'est grave, tout se vaut, tout passe, réduction du réel "au liquide" (Zygmunt Bauman, 2013). Vraiment, nous ne le pensons pas ! La Vie est plutôt une promesse, un beau chemin à suivre : à nous de choisir entre celui qui nous construit ou celui qui nous détruit ! Rien n'est en définitive neutre. Tout est affaire de "bien" librement et volontairement choisi. Et non de puissance autoréférée ! Ce que nous regardons restera à jamais dans notre tête. Qui ne se rappelle pas le premier baiser qu'il a vu sur un écran : pour moi, j'avais cinq ans et le film se passait sur la planète… Mars ! Les images chocs restent à jamais dans la mémoire visuelle.

Il existe une corrélation entre addictions et recherches de nouvelles sensations. Le problème réside moins dans l'objet de la dépendance, ici l'écran, que dans le rapport à l'écran : je ne peux plus m'en passer. La classification psychiatrique du DSM IV (2000) précisait le sens de l'addiction :

> Le sujet ne parvient pas, de manière répétitive, à résister à des impulsions le poussant à adopter ce comportement, avec une période prodromique de tension, suivie d'un sentiment de soulagement lors de la réalisation de l'acte.

Internet est l'outil rêvé pour favoriser la dépendance, car il offre tous les contenus susceptibles d'addictions. En plus, le rapport solitaire à l'écran peut amplifier l'isolement et l'effet de bulle, le sentiment d'être "hors sol", hors de la réalité.

> Les médias numériques, précise le pape François dans son encyclique sociale de 2020, peuvent exposer au risque de dépendance, d'isolement et perte progressive de contact avec la réalité concrète, entravant le développement authentique de relations interpersonnelles. Des gestes physiques, des expressions du visage, des silences, le langage corporel, voire du parfum, le tremblement des mains, le rougissement, la transpiration sont nécessaires, car tout cela parle de la communication […] La connexion numérique ne suffit pas pour construire des ponts, elle ne suffit pas pour unir l'humanité. (Pape François, 2020, n° 43).

La puissance des écrans peut rendre ivre de toujours plus de puissance ! Aujourd'hui, les frontières entre le réel et le virtuel deviennent davantage floues, rendant plus difficile, particulièrement pour les plus jeunes, le discernement des décisions quotidiennes et le désir de s'engager dans la construction de relations de qualité.

3. Ecranisation de l'existence : malaise dans la jeunesse comme signal d'alerte pour tous ?

Les données scientifiques les plus connues concernant les écrans sont celles qui étudient les jeunes, non sans mettre en valeur des effets dépersonnalisants. La psycho-sociologue américaine Jean M. Twenge, suite à son étude colossale, dénommée (*iGen*) sur 11 millions de jeunes américains, a montré que la génération Y, née entre 1980 et 1994, dopée à "l'estime de soi", "tu es spécial", "sois toi-même", souffre de narcissisme et d'une carence d'accomplissement personnel. La génération suivante dite "Internet" ou "Z", née après 1995, à la fois surprotégée par rapport à la vie réelle et surexposée aux écrans, pâtit de son aversion à la prise de risque, et se trouve sujette comme aucune autre génération à la dépression. L'auteure de *iGen*, souligne Vincent de Coorebyter dans la préface de l'ouvrage paru en français sous le titre *Génération Internet*, fait ressortir l'existence d'une "cassure récente", "une césure temporelle", claires entre les générations de jeunes, en raison de l'impact des écrans sur leurs comportements (Twenge, 2018).

A cause de leur "plus grande" fragilité psychique, on observe une très forte croissance du nombre d'adolescents, nés avec Internet, qui vivent un épisode de dépression. Aux États-Unis, le taux de suicide des jeunes filles a augmenté de 65 % entre 2010 et 2015, les dépressions sévères sont en augmentation de 58 % sur la même période[2]. Plus touchées que les garçons, elles utiliseraient également davantage les réseaux sociaux[3]. Ce qui étonne dans ces chiffres dramatiques, est l'augmentation nette en très peu d'années et leur corrélation avec la généralisation des smartphones dans la société américaine, autour de 2012.

Approfondissons la question. Le pourcentage des jeunes américains (14–18 ans)[4] présentant un facteur de risque – ou plus – de suicide (se sentir très triste et désespéré pendant deux semaines, envisager sérieusement le suicide, planifier son suicide ou avoir fait une tentative

---

2 Cf. https://www.cdc.gov/about/organization/cio.htm. Les Centers for Disease Control and Prevention sont la principale agence fédérale des États-Unis en matière de protection de la santé publique.

3 Cf. https://www.avaate.org/IMG/pdf/suicidio2167702617723376.pdf. On peut ajouter comme cause de cette dépression féminine, les effets secondaires de l'IVG juvénile et de la contraception chimique, signes d'une perte de confiance en soi et dans la relation interpersonnelle.

4 https://healthdata.gov/dataset/youth-risk-behavior-surveillance-system-yrbss.

de suicide) est de 49 % pour ceux qui passent plus de cinq heures par jour devant un écran (appareil électronique ou Internet), contre 28 % pour une heure quotidienne. La faute au coucher plus tardif causé par les écrans ? (Gangwish, 2010) Le risque de suicide augmente fortement en cas de cyberharcèlement – harcèlement en ligne – ce qui concerne 34 % de l'ensemble des adolescents. 66 % des jeunes cyberharcelés – soit 23 % des jeunes américains – présente au moins un facteur de risque de suicide. Là aussi, le temps long passé devant l'écran peut être interprété tant comme un symptôme de la fragilité psychique des adolescents que sa cause. La compensation de la souffrance par la présence à l'écran peut alimenter la solitude jusqu'à enfermer l'adolescent dans un cercle vicieux dramatique. L'enjeu éducationnel est d'aider le jeune à se positionner par rapport à l'écran pour qu'il puisse savoir quel bien il y cherche et quel bien il peut en attendre.

Ces jeunes américains nés avec des écrans tout autour d'eux, seraient "plus immatures" pour Twenge (2018, pp. 43–80). "Ils ne sont pas pressés de grandir". La raison principale de cette croissance beaucoup plus lente au regard de la génération précédente, est pour elle évidente : "il suffit de regarder le smartphone qu'ils ont dans la main."

La raison première que souligne l'auteure américaine qui cite ces chiffres, est "la faible expérience de vie" de ces jeunes. Isolés devant leurs écrans, leur rapport au réel est fortement fragilisé. La psychosociologue conclut son étude sur la génération Internet par ces termes alarmants :

> Les iGens sont effrayés, peut-être même terrifiés. Tardant à grandir, élevés dans la culture de la sécurité et inquiets face aux inégalités salariales, ils sont entrés dans l'adolescence à une époque où leur principale activité sociale consiste à regarder le petit écran rectangulaire, source d'amour comme de rejet. Les appareils, qu'ils tiennent en main, ont prolongé leur enfance tout en les coupant d'une réelle interaction humaine. De ce fait, ils sont à la fois la génération la plus en sécurité physiquement et la plus fragile mentalement. (Twenge, 2018, p. 397).

Les adultes peuvent manifester les mêmes symptômes de fragilité psychique et sociale…

4. Une écranisation de l'existence source possible d'appauvrissement spirituel

« Ce n'est qu'une fois que nous aurons obtenu leur attention que nous pourrons espérer conquérir leur cœur et leur esprit. » Cette citation du président exécutif du conseil d'administration de Google, Eric Schmidt, rapporté par Jean Claude Larchet (2016, p. 243) suffit pour ouvrir la réflexion sur l'influence que peuvent opérer le monde numérique sur l'esprit.

Le rapport au temps d'abord quand on sait que la vie spirituelle a besoin de rythmes lents pour se développer alors même que l'accélération du changement s'accélère ! Elle s'emballe – par exemple le *Iphone* 6 est cent fois plus rapide que le supercalculateur d'IBM en 1974 – au risque de fragmenter le lien entre le temps et l'humain : tout doit se faire plus vite et le plus souvent avec moins d'intériorité. Les événements s'accumulent souvent sans prendre le temps de les intégrer. Une vie pleine d'expériences courtes vécues rapidement ne conduit-elle pas à mener une "vie brève" ? (Rastoin, 2019, pp. 60–61) Que faire ? Nous pourrions nous intéresser à décrypter la "captologie", tout le design qui vise à capter l'attention de l'internaute sur les plateformes numériques (Claquin, 2020, pp. 21–31). La prestigieuse université américaine de Standford a un laboratoire de technologies persuasives.

Jean-Claude Larchet (2016, pp. 243–293), philosophe et théologien, décrit l'appauvrissement spirituel qu'engendrent les nouveaux médias et les remèdes possibles. Le temps passé devant l'écran, sa place centrale dans les activités et les relations, ne définit-il pas un nouveau culte, « la clickstianity », religion du click, qui se substitue à la religion ouverte à la présence de Dieu dans l'existence ? N'y a-t-il pas à travers le cumul des écrans une substitution de l'horizontalité à la verticalité, le flot des images remplaçant le calme de la vie intérieure ? La communication, les contacts démultipliés, ne brouillent-ils pas souvent la recherche de communion entre les personnes qui a besoin de racines, de sens, de rencontres « réelles », de projets vécus en commun ? La médiation des écrans est bien utile pour « faire » mais ils sont souvent sources multiformes de dispersion de l'esprit. Pour échapper à l'ennui, s'évader dans un monde virtuel est la porte ouverte à l'agitation du monde des passions, source de coupure avec la présence de Dieu. La surexposition de soi sur les écrans n'est-elle pas un terrain glissant vers une philautie exagérée, la vanité ou l'orgueil ? Le flot incessant des données favorise les distractions et les divertissements de toutes sortes, qui, mal gérés, coupent de la profondeur de la présence divine, de l'accueil de sa grâce. La dispersion générée détruit l'hésychia, mode de vie spirituel qui implique la solitude pour retrouver le calme intérieur, « la prière concentrée, attentive et vigilante », vigilance de l'esprit qui permet de se rendre présent à l'unité divine, « car nous ne sommes enrichis que par cette unité » (saint Nicetas Stéthatos).

Au registre des prophylaxies (Dreher, 2017) à la dispersion de l'esprit, la liste des conseils recoupe celle du bon sens. Ils vont de l'abstinence ponctuelle hebdomadaire des médias non nécessaires à leur autorégulation quotidienne. Se donner une règle personnelle (Pouliquen, 2020, pp. 246–250). Dans le cas d'addiction, la décroissance programmée de consommation numérique est de mise, en cherchant quand le navire coule non pas à rêver d'une vie calme mais à se rapprocher d'une rive réelle. Pour sauver la vie spirituelle Jean-Claude Larchet précise ses antidotes : en s'appuyant sur le primat de la prière, jeûner des nouveaux médias, maîtriser les impulsions, les désirs et les passions, stimuler la vertu de l'humilité, celle également du silence et de la solitude, retrouver le temps de lecture sur papier. Surtout rendre incontournable la prière personnelle dans le calme, retrouver des relations réelles où les personnes sont « présentes en totalité et pleinement attentives les unes aux autres ». Restaurer la concentration, l'attention au principe de l'intention, elle-même au service de la vigilance du cœur, là où Dieu se rend présent de sa Présence au présent comme un présent !

L'avenir est-il à l'écranisation maximale de l'existence ? Pas forcément ! Il nous revient d'abord de ne pas nous y soumettre volontairement (Rastoin, 2019). L'optimisme peut être d'actualité à la condition non seulement d'évaluer la dépendance personnelle réelle aux écrans (Pouliquen, 2020) mais aussi de savoir sortir du filet des écrans quand il n'est pas au service de la construction intégrale de la personne (Pouliquen, 2014). L'enjeu est d'écouter les signaux d'alerte, les forts et les faibles, pour se positionner de façon responsable dans des situations de vie complexes. Protéger aussi strictement les enfants en bas âge de leur influence négative, cause de « décérébration » (Desmurget (b), 2019, 28). Un filet des écrans qui pour Jacques Ellul se trouve dans un filet plus grand encore dont il faut avoir conscience. Le philosophe des techniques de Bordeaux représentait de manière critique le grand dessein libéral sous l'aspect d'un triptyque symbolisant la parfaite intégration de l'homme au système technicien (Ellul, 1988).

Conclusion

A notre esprit critique de peindre un autre triptyque, avec au centre, non pas "l'homme exactement adapté" aux demandes matérialistes des écrans de tout sorte, mais la personne "au service de l'humanisme intégral". Sur le volet gauche, non pas "l'homme fasciné" par les écrans, mais celui qui s'en sert comme "un bon moyen au service du bien commun concret". Sur le volet droit, non pas celui de "l'homme diverti" par la multiplicité des gadgets, plaisirs visuels et papillonnages, mais celui de "l'homme responsable" qui fait grandir sans division la personne en son corps, en son âme, en son esprit en vue de relations de qualité. En fermant les deux volets sur le volet central, apparaît un autre volet, non plus celui de "l'homme consommateur", apparemment heureux, tel que le représentent les publicités et autres films à grands succès, hypnotisé par la culture technicienne, mais celui de "l'homme unifié et unifiant", sous l'action de la grâce, du respect de la nature humaine et du don de soi gratuit. In fine, sortir du filet technicien qui écranise les esprits, est finalement simple : il suffit de vérifier que l'on est réellement capable d'éteindre son écran pour ne l'utiliser qu'au service d'un bien réel. Peut-être que le critère de discernement décisif sera d'évaluer la capacité de se recueillir dans le silence afin de donner un sens ultime à son existence, sens qui vient d'en haut (*de superioribus*) en soi-même (*ad interioribus*) vers les autres (*ad exterioribus*), selon la triade augustinienne.

Références bibliographiques

Allain, G. (2019). *Surchauffe mentale.* Larousse.

Bauman, Z. (2013). *La vie liquide.* Pluriel.

Cabourg, C. & Manenti, B. (2017). *Portables, la face cachée des ados.* Flammarion Enquête.

Claquin, A. (2020). Comment les écrans captent notre attention. *La Croix*, 20–21 juin, pp. 21–31.

Desmurget (a), M. (2019). *La fabrique du crétin digital, Les dangers des écrans pour nos enfants.* Seuil.

Desmurget (b), M. (2019). « L'écran anéantit la communication ». *Famille chrétienne* 2179, 19–25 octobre, 28.

Dreher, R. (2017). *Comment être chrétien dans un monde qui ne l'est plus. Le pari bénédictin*. Artège.

Ehrenberg, A. (1998). *La fatigue d'être soi – dépression et société.* Odile Jacob.

Ellul, J. (1988). *Le bluff technologique*. Hachette.

Gangwish, J.-E. & *al.* (2010). Earlier parental set bedtimes as a protective factor against depression and suicidal ideation. *Sleep* 33.

Georgini, P. (2018). *La Tentation d'Eugénie.* Bayard.

Hautefeuille, M. & Véléa, D. (2010). *Les addictions à internet : de l'ennui à la dépendance.* Payot.

Larchet, J.-C. (2016). *Malade des nouveaux médias.* Cerf.

Johnson, L. (2016, 14 avril). *Adweek*.

Maritain, J. (1936). *Humanisme intégral. Problèmes temporels et spirituels d'une nouvelle chrétienté.* Montaigne.

Merzenich, M. (2013). Soft-Wired : How the New Science of Brain Plasticity Can Change Your Life, Parnassus Publishing.

Mounier, E. (1934). *Révolution personnaliste et communautaire.* Montaigne.

D'Ormesson, J. (2012, 17 mai). J'ai été trop soumis au conformisme. *Le Point.*

Pape François (2020). Encyclique *Fratelli tutti.*

Pasquinelli, E. (2018). *Comment utiliser les écrans en famille.* Odile Jacob.

Pfeifer, S. (2010). *La Cyberdépendance. Mieux maîtriser la relation à Interne.* Empreinte, Temps.

Pouliquen, T.-M. (2014). *Devenir vraiment soi-même. Itinéraire d'un développement personnel chrétien.* EdB.

Pouliquen, T.-M. (2020). *Hyperconnecté et libre.* EdB.

Rastoin, M. (2019). Retrouver le sens du temps. Réflexions sur la pensée de Byung-Chul Han. *Civiltà cattolica* 4, p. 58.

Salobir, E. cité par Pasquier, A. (2019, 18 mai). *Famille chrétienne* 2157, p. 22 et 27.

Vergely, B. (2018). *La destruction du réel.* Le Passeur.

Twenge, J.-M. (2018). *Génération internet. Comment les écrans rendent nos ados immatures et déprimés*. Mardaga. Sofres.

TNS SOFRES, (2016). Connected life 2016, tns-sofres.com.

3.
Une nouvelle expérience de la mort ?

Brigitte Cholvy

Introduction

Dans cette partie consacrée à la question du corps, cette contribution a pour objectif de réfléchir théologiquement à la nouvelle expérience de la mort qui, depuis un an, nous affecte individuellement et collectivement. Pour beaucoup d'entre nous, il s'agit d'une expérience inédite : la mort présente, qui rôde de manière insidieuse, qui peut atteindre chacun, le plus proche pouvant devenir le plus dangereux. Au-delà des chiffres quotidiennement égrenés[1] et qui à la fin de ce premier trimestre 2021 voisinent au niveau mondial les 3 millions de morts, ce sont des amis, des proches, des très proches parfois, qui sont décédés. Ni l'âge, ni une comorbidité, ni une longue durée d'hospitalisation, ni une réanimation, ne justifient aucune de ces morts et nous en ressentons tous le caractère violent et injuste. En fait, la pandémie mondiale nous rappelle le caractère inéluctablement mortel des humains, certes dû à leur appartenance au monde du vivant, qui naît, croît, et disparaît, mais aussi dû à une vulnérabilité dont on perçoit plus nettement qu'elle est fondamentalement constitutive de l'humanité.

Est-ce que cette prise de conscience de notre vulnérabilité, à partir de l'expérience actuelle de la mort, pourrait nous aider à renouveler notre regard sur ce que sont nos vies, sur ce qu'est la vie, car penser la mort, c'est toujours penser la vie, et probablement, mal penser la mort, c'est également mal penser la vie… Est-ce que la tradition chrétienne pourrait en dire quelque chose qui, à la fois, assume la situation présente et puisse lui donner du sens, puisse la porter, plutôt que seulement la supporter ? Voilà l'objectif de cette contribution qui va se développer en trois étapes

---

[1] Beaucoup de chiffres, mais très peu d'images, si ce n'est la fosse commune de *Hart Island* à New York, les cercueils remplissant les églises de Bergame et les urnes à perte de vue de Wuhan.

selon l'intention de ce colloque : critique, résistance et utopie, selon une lecture délibérément située dans la foi chrétienne.

1. La finitude comme point critique

Comme le diagnostiquait Joseph Ratzinger dans les années '90, notre société occidentale, d'une part, a fait de la mort un tabou, habituellement cachée dans les hôpitaux et avec un temps du deuil qui ne cesse de régresser et, d'autre part, elle en fait étalage sans pudeur, notamment dans les fictions et les médias, en montrant une mort imaginaire. Ce qui semble au premier abord contradictoire procède, en fait, de la même opération de déréalisation de la mort, soit en la transformant en « tâches techniques traitées techniquement par des techniciens », soit en la « futilisant » dans un spectacle réduit à son aspect matérialiste. Le résultat est que ce refoulement comme cette banalisation ont « ôté à la mort [son] caractère de lieu d'émergence du métaphysique » (Ratzinger, 1994 [1977/1990], p. 78).

Le déni auquel nos modes de vie et de pensées nous ont conduit n'est évidemment pas disparition, mais consiste à faire « comme si » : la mort sans cesse mieux cachée ; l'espérance de vie sans cesse augmentée ; le jeunisme présenté comme principe civilisationnel ; la vieillesse et la dégradation physique et mentale rejetées. Ce déni entraîne que la mort n'est plus reconnue comme normale, qu'on réclame toujours davantage de sécurités sanitaires et sociales, d'assurances en tout genre, et qu'on pourrait même imaginer son éradication[2]. L'incertitude, qui est pourtant une caractéristique essentielle de la vie, en tant que dynamique, est alors perçue comme insupportable.

Dans ce cadre, la pandémie nous place devant une occasion, un *kairos*, en nous permettant de nous engager dans une posture critique à l'égard de nos habitudes culturelles et sociétales et en nous faisant entrer en crise[3].

---

2 Il est hors de ce propos d'analyser les propositions transhumanistes sur la possibilité d'une éradication de la mort et donc l'hypothèse d'immortalité. Je remercie David Doat d'avoir attiré mon attention sur le fait que certains transhumanistes défendent d'abord l'idée de modifier le processus de sénescence naturelle qui commande le vieillissement cellulaire, de sorte de vivre plus longtemps qu'aujourd'hui, voire de mettre fin à ce processus.

3 L'étymologie relie critique, crise et discernement : du grec *critikos*/capable de discernement, de jugement et dérivé du verbe *krinein*/séparer, choisir, décider. Cf. la lecture de la catégorie de crise proposée par le pape François lors de ses vœux à la Curie le 21.12.2020.

http://www.vatican.va/content/francesco/fr/speeches/2020/december/documents/papa-francesco_20201221_curia-romana.html.

Cette posture critique qui met l'accent sur la vulnérabilité et l'incertitude n'a pas à être confondue avec une vision pessimiste ou défaitiste. Elle rejoint plutôt la catégorie de la finitude, la reconnaissance objective des limites et le discernement de ces limites comme bonnes.

Or, il faut bien l'admettre : on a plutôt l'habitude de voir la finitude, comme un défaut, une défaillance, et, dans la foi chrétienne, de parfois l'assimiler au péché, même si c'est un sérieux contresens. La finitude est alors identifiée aux contraintes imposées par le temps, aux limitations des capacités humaines et de la faculté de connaître, et finalement à la mort. Face à la finitude comprise ainsi comme négativité et échec, le désirable est alors l'immutabilité, l'omniscience, la toute-puissance, l'immortalité, qui sont pourtant des attributs strictement divins. Dans le même temps, l'attitude réaliste est d'en appeler à l'acceptation du sort, à la limitation des désirs, à une attitude d'humilité. A l'inverse, pour certaines philosophies contemporaines, la finitude, permettant de distinguer l'humain de l'indéfini comme de l'infini, est perçue comme une détermination positive de l'existence, au point de conditionner l'ouverture au monde et de rendre possible l'interrogation sur l'être.

Ce n'est pas tant le choix entre l'une ou l'autre de ces positions qui importe que leur articulation. Avec Ricœur, on aperçoit un « chemin de consentement » (*Le volontaire et l'involontaire*, 1950) qui conduit le philosophe à reprendre la mystérieuse affirmation de « la joie du oui dans la tristesse du fini » :

> Alors que l'ombre de la seconde guerre mondiale plane encore, [...] ce chemin de consentement commence, [...] par le refus, la révolte. Mais la liberté ne peut maintenir son refus sans rien approuver, et l'énergie même de la négation procède de quelque affirmation plus radicale [...]. D'où une oscillation profonde : le consentement à être né, à devoir mourir, au corps et au monde qui sont les nôtres, passe d'abord par ce que Ricœur appelle le consentement imparfait, un consentement stoïcien, un peu amer et distant, qui me retranche du monde, dans une sorte de retrait [...]. Il passe ensuite par ce qu'il appelle un consentement hyperbolique, excessif, orphique, un consentement dans la joyeuse consumation sans conscience, qui me voue au monde, où je me perds dans un devenir qui m'excède. C'est ainsi que Ricœur en vient à un consentement selon l'espérance [...]. Le juste consentement comprendrait à la fois ce non, cette distance protestaire (*sic*) et ce oui, cette approbation véhémente. Ricœur résume : l'existence, 'c'est la joie du oui dans la tristesse du fini'. Le monde est bon, mais, à bien des égards aussi inacceptable, il ne peut pas finir ainsi et que 'cela soit bon', je ne le vois

pas : je l'espère dans la nuit. Rien n'est plus proche de l'angoisse du non-sens que la timide espérance. (Abel, 2018, pp. 200–203).

Cette proposition a le mérite de prendre acte du scandale de la finitude, sans le dépasser ni l'effacer, tout en en voyant la force, faite à la fois de devenir et de joie. L'articulation entre les deux prend alors la forme d'un consentement à vivre réellement le présent, y compris la mort, mais qui soit aussi « selon l'espérance », autrement dit qui refuse, dans un mouvement de détermination critique, qu'il n'y ait pas de sens. Incertitude et vulnérabilité tracent la forme de la finitude et deviennent ainsi une possible première ouverture au questionnement métaphysique visé par Ratzinger.

2. L'expérience concrète de résistance à l'école de l'homme Jésus

Les religions, dont les membres sont donc, comme tous les humains, exposés au « consentement à être nés et à devoir mourir », développent toutes un discours sur la vie après la mort, souvent d'ailleurs en parlant d'un pays/paradis où « coule[ra] le lait et le miel et où les fruits savoureux s[ero]nt abondants » (Nb 13,27). Le christianisme n'y échappe évidemment pas et n'a d'ailleurs pas à le faire. Mais il arrive parfois que ce discours des religions fasse oublier le réalisme de la finitude et devienne alors un opium.

Pour faire un pas de plus, il faut constater que, au cœur de l'affirmation chrétienne, il est d'abord question d'un homme qui meurt d'une mort violente, déshonorante et, selon certains, injuste. Le kérygme chrétien insiste : celui dont on affirme qu'il est ressuscité, vivant avec Dieu, dans la communion de la vie éternelle (*zoè aiônion*), est bien celui qui a été mis à mort. Cette identification, dans les récits de la Passion (Mt 28,5b–6a ; Mc 16,5 ; Lc 24,5–7) et dès les premières confessions des Actes (Ac 2,36 ; Ac 4,10), va jusqu'à affirmer que c'est à la vue de ses plaies de Crucifié, c'est-à-dire des marques de sa mort, que Jésus est reconnu et confessé vivant. La résurrection n'est donc pas à imaginer selon une image de gloire, mais à toucher à partir de la croix[4].

[4] On fait ici allusion à l'épisode de Jn 20 où l'apôtre Thomas confesse le ressuscité et sa divinité. Notons d'ailleurs que, dans l'évangile de Jn, Thomas apparaît toujours en lien avec le réalisme de la mort de Jésus.

Il y a en christianisme un réalisme de la mort, quasi-brutal, vraiment corporel, puisqu'il s'agit de toucher les plaies/la mort/le Vivant, une objectivité qui refuse à la fois l'apathie stoïcienne, le renoncement bouddhique au désir, la jouissance épicurienne de l'instant présent, l'arrachement moderne à la nature, l'autodétermination postmoderne jusqu'au choix de sa mort. Ce réalisme évite toute forme d'illusion car, si, « dans l'eschatologie chrétienne, il faut parler des morts qui vivent, il faut d'abord dire [...que] la mort met fin à l'homme tout entier, [...car], après la mort les choses [ne] continuent [pas] comme si [...] l'on ne faisait que remplacer les chevaux et continuer le voyage » (Rahner, 1983 [1976], pp. 483–484).

De même, les Écritures décrivent la lucidité personnelle de Jésus face à sa mort : une angoisse véritable, un refus sensé, une acceptation douloureuse, un grand cri, de sorte que tout humain confronté à sa propre mort peut se trouver dans les mêmes dispositions. Mais il ne suffit pas de constater ce réalisme ; pour être fidèle à l'histoire de Jésus, on doit aussi repérer sa manière bien particulière et personnelle de s'en rapporter à la souffrance.

Depuis un an, nous sommes en souffrance, liés à l'impossibilité, plus ou moins complète selon les moments, de nous déplacer, aux interdictions imposées par les gestes-barrières, à l'obligation d'être confinés, donc sans vie sociale, ni vie culturelle extérieures, et, pour certains, à ne plus avoir de travail et à être au chômage, ou encore dans les souffrances liées à la maladie et à l'angoisse très particulière d'être entravé dans l'acte de respirer, en somme de suffoquer comme d'ailleurs dans le supplice de la croix, à la maladie et à la mort de proches, à l'impossibilité de les accompagner fraternellement et de les enterrer dignement. On doit se demander : comment portons-nous toutes ces souffrances ? Sans rien édulcorer, car ces souffrances sont à prendre très au sérieux dans leur concrétude, la situation actuelle nous oblige à nous interroger sur notre rapport à la souffrance.

On le sait, notre première réaction est de retirer notre main lorsque nous nous brûlons : à la sensation de douleur, nous réagissons en nous protégeant et c'est évidemment ce qu'il faut faire. Mais une fois la douleur constatée et ayant compris qu'elle n'allait pas être passagère, que décider de faire ? Protester, refuser, accuser : dans un premier temps, il le faut. Mais on expérimente aussi assez vite que ces attitudes risquent d'enfermer dans le repli sur soi et la seule colère. Peut alors s'opérer un passage : passage de la douleur ressentie à la souffrance acceptée, non par masochisme, mais par consentement au réel, à tout le réel. Ce consentement n'est pas acceptation passive, ni sagesse antique, ni renoncement bouddhique, ni attente de consolations futures. Il est, en lui-même, force de résistance face au réel ou plutôt dans le réel.

La difficile formule biblique des synoptiques (Mt 16,21 ; Mc 8,31 ; Lc 9,22) peut résonner ici à nos oreilles, formule récurrente chez Luc, que ce soit dans son évangile (Lc 17 et 24), et notamment dans le récit des pèlerins d'Emmaüs : « Ne fallait-il pas que le Christ souffrît cela ? » (Lc 24,26–27 ; 44–46) ou dans les Actes (Ac 3 et 26). Qu'on attribue ou non au Jésus de l'histoire ces paroles, on voit que le rapport à la souffrance tisse la vie de Jésus, « l'homme des douleurs » selon Is 53,3, repris dans la liturgie du Vendredi saint.

Or cette formule, « il fallait qu'il souffrît », ne vaut pas que pour Jésus. La foi chrétienne l'étend aux disciples qui peuvent, et même doivent, participer à ses souffrances. Là aussi, on rencontre une formule difficile, celle que Paul adresse aux Colossiens : « je trouve maintenant ma joie dans les souffrances que j'endure pour vous, et ce qui manque aux détresses du Christ, je l'achève en ma chair en faveur de son corps qui est l'Église » (Col 1,24). La tradition a considéré que cette affirmation ne s'appliquait pas qu'à l'apôtre, mais à tous : qu'il s'agisse de souffrir à cause de Jésus (Ac 5,41 ; Ac 9,16 ; Ph 1,29) ou de souffrir pour l'annonce de l'Évangile (2Tm 1,8b) ou dans la communauté car « si un membre souffre, tous les membres souffrent avec lui » (1Co 12,26a).

L'ajustement du disciple au Christ passe donc par son identification comme co-héritier, dans ses souffrances comme dans sa gloire, et, si la gloire est à venir, les souffrances sont actuelles (cf. Rm 8,16–18). Une telle manière de vivre, si elle ne glisse pas vers le masochisme, s'appuie sur une attitude, que décrit l'auteur de la première lettre de Pierre, lorsqu'il affirme que, dans les souffrances, il ne s'agit pas seulement de supporter, mais de « résister et d'être fermes ». Or, cela est possible parce que « les mêmes souffrances sont réservées à [nos] frères qui sont dans le monde » (cf. 1P 5,8–9). Le lien entre souffrance et résistance prend forme ici, dans la perspective du Corps formé par la communauté des disciples (cf. Cavanaugh, 1998), de sorte que c'est dans la résistance de ce Corps, que la souffrance, qui est en elle-même insensée, peut trouver du sens.

Toutefois, ce possible sens ne peut se révéler que selon une approche christique. En effet, ce n'est pas la souffrance en elle-même qui a du sens, mais ce qu'elle désigne. Or, témoigner de Jésus-Christ, c'est faire le récit d'une vie livrée pour les autres, une vie attentive au soin des autres, faisant passer le souci des autres avant son propre intérêt et qui attend chacun et le rejoint là où il est[5]. Se manifeste ici une force de résistance qui se loge là où peut-être on l'attendait le moins : dans la patience, qui, selon son étymologie, signifie aussi bien souffrance qu'endurance, courage que résignation, fermeté qu'obéissance[6]. Cette proposition peut heurter ceux qui justement sont impatients et n'en peuvent plus d'attendre, que ce soit face aux restrictions sanitaires actuelles ou face aux injustices sociales, bien plus durables. Cette patience de Jésus à l'égard de chacun peut être discernée notamment dans son silence devant ses accusateurs, où l'on perçoit les liens possible entre la souffrance, la patience aussi à entendre comme persévérance, la fidélité éprouvée et expérimentée et l'espérance qui ne trompe pas (cf. Rm 5,3–5a). La patience est active, expérientielle, à la fois éprouvante et faisant preuve, et ouvre à une espérance solide.

3. Une espérance qui donne déjà forme au présent

La troisième étape commence en s'interrogeant sur l'espérance[7] issue de cette patience : une espérance qui ne manque pas d'ancrage, qui n'éloigne pas du concret, qui ne se réduit pas à une simple projection future de désirs et d'hypothèses, et donc qui se déploie déjà dans le moment présent. En effet,

> celui qui pense qu'avec la mort tout est fini, parce que le temps de l'homme ne se prolonge réellement pas, parce que ce temps qui a eu un commencement doit bien aussi finir un jour, parce qu'enfin un temps qui se dévide à l'infini dans la vanité de sa course vers un toujours nouveau qui ne cesse d'annuler l'ancien est proprement irréalisable, et serait même plus effroyable que l'enfer, celui-là succombe au schème représentatif de notre temporalité empirique [...] (Rahner, *ibidem*).

---

5 Les réflexions autour de la pastorale d'engendrement et de la foi élémentaire vont en ce sens.

6 Les termes, patience, passion, passif, viennent du même verbe latin *pati* qui signifie à la fois endurer et supporter.

7 Bien que le triplet défendu dans ce colloque (cf. Wallenhorst, 2019, p. 137s) comporte en 3ème place la catégorie d'utopie, il nous semble préférable, dans une approche théologique, d'utiliser le terme d'espérance.

Si, avec Rahner, nous pouvons prendre acte que, d'un point de vue chrétien, le temps est appelé à radicalement finir (« la mort met fin à l'homme tout entier » et les temps sont supprimés) et que c'est une bonne nouvelle (« car un temps qui se déviderait à l'infini [serait] plus effroyable que l'enfer »), la question est alors : comment vivre vraiment ce temps, seulement intermédiaire et appelé à disparaître ? Alors que de nombreuses propositions philosophiques ou religieuses insistent sur la vacuité du temps présent, car trop éphémère et parce que la « vraie » vie serait ailleurs, ce que d'ailleurs la pastorale chrétienne a pu également faire, la confession chrétienne affirme qu'en Christ la mort est déjà vaincue et qu'ainsi le caractère passager et inquiétant du temps est surmonté. Il est alors possible, et même raisonnable, d'être plein d'espérance dans le temps présent. Dans notre période si marquée par la mort, qui semble être la maîtresse du jeu, comment vraiment penser concrètement que la mort est déjà vaincue et que donc l'espérance est possible ? Comment ne pas en faire une illusion rassurante ?

A partir de la promesse vétérotestamentaire selon laquelle Dieu « fera disparaître la mort pour toujours [et qu'il] essuiera les larmes sur tous les visages » (cf. Is 25,8), promesse au futur, Paul construit une proposition à la fois au futur et au présent. Au futur, lorsqu'il affirme que « cette parole s'accomplira » (cf. 1Co 15,54), ce qui l'autorise à ironiser : « ô mort, où est ta victoire ? » (1Co 15,55). Mais aussi au présent, car, puisque « la mort n'a plus d'empire sur [le Christ] » (Rm 6,9b), en conséquence ceux qui suivent Jésus dans les tribulations et les détresses, baptisés dans sa mort, peuvent dès à présent participer à sa résurrection, et « mener une vie nouvelle » (Rm 6,4) car ils sont dès maintenant « des vivants revenus de la mort » (Rm 6,13), non que la mort ne serait plus réelle ou douloureuse autour de soi et pour soi, mais parce que, vaincue par le Christ, elle peut dès à présent être traversée : le disciple est bien celui qui, à la suite du Christ, est déjà « revenu » de la mort. La promesse, encore au futur, n'est pourtant pas oubliée, car « le dernier ennemi qui *sera* détruit, c'est la mort » (1Co 15,26) mais elle permet de quitter le registre de l'utopie (aussi bien au sens courant qu'au sens apocalyptique[8]) pour s'ancrer dans l'expérience présente de la grâce dans le Christ.

[8] Les principes herméneutiques de l'eschatologie défendus par Rahner sont éclairants : certes « l'eschatologie chrétienne parle d'un avenir de l'homme », mais « ce que nous savons sur [elle est] ce que nous savons sur l'état actuel de l'homme du point de vue de l'histoire du salut ». C'est ici que se joue « la différence entre eschatologie réelle et apocalyptique, celle-ci entendue comme une utopie déterminée de nature théologique » (Rahner, p. 478), alors que « l'eschatologie est le regard que

Dernier point et non des moindres : on le sait, la tradition judéo-chrétienne a relié mort et péché, la mort étant le « salaire » (cf. Rm 6,23) du péché, au point, d'une part, de soutenir l'absence de mort dans l'état de justice originelle et, d'autre part, de développer une idée de la rétribution recherchant, à la manière des amis de Job, quel pouvait être le péché qui pourrait expliquer la souffrance et le malheur. L'une et l'autre de ces pistes sont des impasses, ce qui n'empêche pas que le lien péché/mort soit pertinent. On le sait, le péché consiste à suspecter la générosité et le caractère gracieux de l'offre de Dieu, qui propose une vie dans la confiance, la limite, la vulnérabilité, l'espérance. Or, refuser cette offre est précisément être déjà comme mort, non certes de la mort biologique (vie/*bios*), mais d'une mort qui éloigne de Dieu, source de la Vie (vie/*zoé*). Et être libéré de cette manière de jauger l'offre de Dieu est l'œuvre du Christ et a pour effet la réconciliation avec Dieu et la communion. Pourtant, un tel événement qui sauve, s'il a bien eu lieu une fois pour toutes (cf. He 9), et, en ce sens, n'est pas une illusion, n'est pas encore pleinement manifesté, et, en ce sens, est une espérance. L'apôtre Paul ne craint pas d'affirmer que la preuve de tout cela sera la résurrection de tous à la fin des temps et, pour maintenant, la foi en cette résurrection (cf. 1Co 15). Cette vie nouvelle, éternelle, encore à-venir, sera bien sans plus aucune mort, c'est-à-dire dans la pleine communion avec Dieu, mais sera aussi sans confusion entre Dieu et les humains, c'est-à-dire entre l'infini qu'est Dieu et le fini créé dans lequel se trouve l'humanité, de sorte que la finitude soit comprise comme une définitive bonne nouvelle.

Alors que les conditions présentes de la pandémie nous confrontent tous à la mort, individuellement et collectivement, dans des expériences directes et indirectes, les hommes, à la sensibilité métaphysique, peuvent renouveler leur réflexion sur la mort. Les ressources chrétiennes en la matière sont consistantes et peuvent être mobilisées selon des points de vue à la fois critique, résistant et d'espérance. Le parcours chrétien proposé ici sur le thème de la mort permet de revenir sur des thématiques comme la vulnérabilité, l'incertitude, le consentement comme force de résistance dans le réel et pas seulement face au réel, la finitude, la souffrance, la patience comme forme d'espérance au quotidien, le péché dominé et engage dans la vie présente un autre rapport à la mort. En raison de cette espérance, nous pouvons combattre cette pandémie qui

---

l'homme projette à partir de son expérience de salut vécue comme son présent dans la grâce et dans le Christ » (Rahner, 1983 [1976], p. 479).

n'est évidemment pas un fléau venu du ciel. En raison de cette résistance, nous pouvons entrer dans la patience des changements de nos modes de vie[9]. En raison de cette critique, nous pouvons interroger notre compréhension de ce que c'est qu'être un humain et, au vu du propos défendu ici, à le faire à partir de qui est le Christ, et notamment de son rapport à la patience, à la souffrance et à la mort. Il s'agit finalement de porter (et pas seulement de supporter) le moment présent (et pas seulement « l'après »), dans un geste d'imitation, ou pour parler de manière plus contemporaine de suivance, du Christ, cela se jouant dans le corps, à la fois personnel et communautaire.

Références bibliographiques

Abel, O. (2018). Un philosophe au Chambon-sur-Lignon. Dans Heinich, N. (2018). *Ecrivains et penseurs autour du Chambon-sur-Lignon (1925–1950)*, Éd. Impressions nouvelles.

Cavanaugh, W. T. (1998). *Torture and the Eucharist: Theology, Politics, and the Body of Christ*. Blackwell Publishing (tr. Fr. en 2009).

Rahner, K. (1983 [1976]). *Traité fondamental de la foi. Introduction au concept du christianisme.* Centurion, tr. Fr. Jarczyk, G.

Ratzinger, J. (1994 [1977/1990]). *La mort et l'au-delà.* Fayard (6ème éd. Augmentée).

Wallenhorst, N. (2019). Critique, résistance, utopie : trois fonctions d'une pédagogie de la résonance en Anthropocène in Wallenhorst, N. & Pierron J.-P. (dir.). *Éduquer en Anthropocène.* Le Bord de l'eau, pp. 137–146.

9 D'un point de vue concret, les positions soutenues par le pape François – rencontre des autres et fraternité (*Abou Dhabi, Fratelli Tutti*), pédagogie divine (*Amoris Laetitia*), sauvegarde de la maison commune (*Laudato Si'*), accueil de tous et notamment des migrants, joie due à la rencontre personnelle de Jésus-Christ (*Evangelii Gaudium*), etc. – forment la trame du style de vie du chrétien.

4.
« Ils seront comme les anges dans le ciel »

Jean-Marc Moschetta

Introduction

Avec l'essor des nouvelles technologies de communication : réseaux sociaux, internet, etc., la société contemporaine semble avoir peu à peu congédié le corps biologique au point que seule *l'image* du corps compte désormais dans les relations sociales. Avec un soin jaloux, les jeunes générations entretiennent leur avatar ou leur « profil » en y consacrant parfois plus de temps qu'à leur propre corps. Cette élision du corps s'est accentuée avec l'effet des mesures de confinement qui ont chargé nos corps de chair du péché de transmettre la maladie et la mort – ce dont ils ont d'ailleurs toujours été coupables – et donnant une force nouvelle à l'image de nos corps, plutôt qu'à nos corps eux-mêmes. Cette assignation à résidence de nos corps biologiques ne va pas sans réinterroger l'anthropologie chrétienne qui trouve son origine dans le mystère de l'Incarnation, c'est-à-dire dans le mystère de l'union personnelle de l'immatériel avec un corps de chair. Ainsi, par l'effet combiné de la digitalisation croissante de nos sociétés et des injonctions sanitaires, le corps de chair apparaît désormais comme une contingence problématique et dépassée pour l'homme contemporain. Comment revigorer, dans ce contexte, une prédication crédible de l'anthropologie chrétienne, soucieuse de réconcilier les dimensions spirituelles et corporelles de la personne ?

Notre hypothèse est que la pensée chrétienne a réussi très tôt cette réconciliation en thématisant la notion d'êtres spirituels que sont les anges, des êtres immatériels capables de se donner un corps pour les besoins de leur mission. Et puisqu'en effet le monde virtuel nous permet aujourd'hui de revêtir provisoirement une identité en adoptant à l'envi un « pseudo » ou un corps « apparent », nous proposons de relire la théologie des anges avec un regard contemporain imprégné par la question des nouvelles technologies et dont les effets dématérialisants se sont accentués récemment par la crise sanitaire. La théologie des anges nous servira ainsi de guide pour repenser ce qui arrive à notre monde devenu « digital » où les personnes se présentent les unes aux autres sous une forme « angélique », prenant la forme d'un corps apparent soigneusement apprêté, mais au fond dénué de leur authentique fragilité et ne délivrant aucun message divin ni aucune Bonne Nouvelle, si ce n'est le souci de donner une image maîtrisée de soi.

Après une brève revue de la théologie des anges, nous remarquerons que la position des premiers Pères apologistes se fondait sur une anthropologie qui leur permettait d'attribuer une sorte de corps aux anges. Nous prendrons alors acte de cette anthropologie pour en montrer la cohérence par rapport à la foi en la Résurrection des corps. Enfin, nous établirons que la notion du corps « spirituel » promis à la Résurrection fait signe dès ici-bas à nos corps existentiels et permet ainsi de réenchanter un avenir pour notre société contemporaine.

1. L'angélologie au secours de l'anthropologie

Les anges reviennent à la mode : ils resurgissent des anciens catéchismes, le fidèle catholique est désormais enjoint de prier son ange gardien, on célèbre volontiers les Saints Anges, des enseignements, et même des recollections sur les anges sont de nouveau proposées[1]. La notion d'ange gardien conforte une théologie du salut retranchée autour d'une dimension nettement individuelle, pour laquelle il s'agit de bénéficier d'un *coach* aidant chacun à accumuler des points, en vue de sa comparution au grand procès post-mortem[2]. Cela étant, en critiquant l'utilisation qui est faite de la piété angélique par une certaine partie de l'Église, nous ne voulons pas ici faire

---

1 Ce goût renouvelé pour l'angélologie dépasse les frontières de la seule Église catholique (cf. Couture A. & Allaire, N., 1996). La montée du traditionalisme permet d'expliquer facilement ce regain d'intérêt pour ces sympathiques créatures spirituelles qui deviennent des marqueurs différenciants de l'orthodoxie catholique contre-réformiste. Les anges, et en particulier les anges gardiens, permettent d'éloigner un peu plus en transcendance le Dieu ineffable et prennent, en définitive, la place de l'Esprit Saint. Grâce à ces créatures intermédiaires, plus à notre niveau, notre relation à Dieu devient aussi plus humble et obéissante.

2 Selon Jean Delumeau : « L'essor du culte de l'ange gardien personnel a accompagné en occident la montée de l'individualisme. Il l'a tout à la fois exprimé et favorisé » (cf. Delumeau, 1989, pp. 39–43). Cependant, dans les évangiles, Jésus lui-même accorde positivement une certaine importance aux anges gardiens pour souligner la relation singulière et personnelle de Dieu envers chacun de ses enfants. Voir par exemple Mt 18,10.

le procès de l'angélologie, ni mettre en doute l'existence des anges, pas plus que leur utilité pastorale dans le paysage chrétien, mais, bien au contraire, en profiter pour répondre aux défis contemporains sur la place du corps. Même si l'invocation des anges paraît un peu datée pour redonner du lustre à notre théologie, nous pensons qu'elle est au contraire bienvenue, dans la mesure où elle a su se montrer à l'avant-garde de débats qui nous font face aujourd'hui dans le contexte du confinement des corps et de la digitalisation du monde social.

Comme l'écrit justement Emmanuel Falque (1995) : « L'ange ouvre des possibles en théologie que la phénoménologie semble aujourd'hui paradoxalement retrouver ». Cela, à condition de remonter à l'angélologie préscolastique. En effet, l'angélologie de la patristique stoïcienne a été riche de profondes réflexions au sujet de la nature des anges en leur corps. L'ancien débat sur la « chair des anges », qui rejoint effectivement les résultats de la phénoménologie contemporaine, s'est paradoxalement soldé par une éviction de la thèse de la corporéité des anges, thèse pourtant largement acceptée par la quasi-totalité des théologiens jusqu'au XIIIe siècle. Notre point de départ sera donc ici que la capacité du christianisme à penser une créature rationnelle dénuée de corps *matériel* peut nous servir à penser l'avenir dans les termes d'une transformation de l'être en un « corps *spirituel* » et dispose l'anthropologie chrétienne à refonder un futur pour l'humanité.

Pour cela, il faut tout d'abord prendre acte de quelques théologies des anges des premiers Pères latins, en particulier celles de Tertullien et Augustin.

2. « *Corpus non caro* »

La formule éblouissante d'Augustin à propos des anges : « *Cum essent corpus, non caro* »[3] (leur corps n'est pas un corps de chair) permet de bien

[3] Voir Augustin, *Sermon 362*, n. 108. La phrase complète est : « Aussi quand elle est incorruptible et qu'elle conserve sa forme, ce n'est plus chair, c'est corps qu'elle s'appelle ; ou bien, si elle porte encore le nom de chair, ce n'est point dans le sens propre, c'est par analogie. C'est ainsi que, par analogie encore, nous disons des anges, apparaissant aux hommes sous une forme humaine, qu'ils ont un corps de chair, quoique leur corps ne soit pas un corps de chair [*Sicut possumus forte propter eamdem similitudinem, etiam Angelorum carnem dicere, cum sicut homines apparuerunt hominibus ; cum essent corpus, non caro*], parce qu'ils n'éprouvent ni dépérissement ni besoin » (voir Dolbeau, 2021).

distinguer les deux termes : « corps » et « chair » – la notion de chair ne recouvrant qu'une certaine forme de corps, mais qui n'épuise pas à lui seul le concept de corps. Pour Augustin en effet, les anges sont équipés d'un corps, mais il ne s'agit pas d'un corps que l'on qualifierait aujourd'hui de biologique ou de matériel. Les anges ont, de tout temps, été considérés comme des créatures purement spirituelles, donc immatérielles. En revanche, il a existé un vrai débat théologique au cours de l'histoire de la pensée chrétienne quant à la question de leur *corporéité*. L'attribution d'une certaine forme de corps aux anges a été la doctrine commune chez les Pères apologistes, à l'exception de Tatien. Il s'agissait de bien affirmer l'existence des anges, mais aussi de permettre de circonscrire leur action dans le monde matériel, en un temps et un lieu précis. Pour Tertullien par exemple : « Tout ce qui est, est corps en son genre particulier (*suis generis*) ; rien n'est incorporel sinon ce qui n'est pas » (Tertullien(a), 1975, XI, 4). Pour exister, une créature doit pouvoir bénéficier d'une certaine forme de corporéité, comprise comme un *nexus* relationnel qui permet à l'être d'exister. Sans aucune instance de médiation avec ce qui n'est pas soi, l'être ne peut pas être réputé concerné par l'existence. Exister, c'est être en relation avec autrui. Ce principe s'applique à la fois aux anges, aux hommes et à Dieu lui-même. Tertullien l'envisage : « Qui niera que Dieu soit corps, bien que Dieu soit esprit ? L'esprit en effet est un corps d'un genre propre dans une forme propre » (Tertullien(b), 1852, VII, 8)[4]. Le concept de corps manipulé par Tertullien est ici parfaitement indemne de toute dimension matérielle. Il recouvre une signification plus profonde qui est immédiatement liée à l'existence.

L'ontologie de Tertullien n'est pas fondée sur l'idée de l'être, mais sur celle de l'existence, c'est-à-dire du déploiement de l'être dans une relation et une histoire (ek-sister, c'est sortir hors de soi, s'inscrire dans des relations et un devenir). Il s'agit pour Tertullien de manifester que l'enjeu du corps est la réalité de l'existence, par-delà toute dimension matérielle de la réalité. Et c'est précisément parce que Dieu n'est pas un être irréel, qu'il importe qu'il ait une sorte de corps. Du reste, la notion de corps du Christ telle qu'elle s'est manifestée à la Cène, lorsque Jésus désigne le pain et le vin comme son corps et son sang, indique que Dieu se donne à nous comme un corps, sous une forme corporelle, qu'il se fait corps et qu'il nous vient dans une relation

---

4 Notons que la doctrine chrétienne de la Trinité situe la *relation* au cœur même de la définition de Dieu comme Être. Comme le rappelle le pape François dans la lettre encyclique *Laudato Si'* : « Les personnes divines sont des relations subsistantes » (§ 240).

corporelle qui consiste à le recevoir en nourriture, sans que cela ne puisse être confondu avec une quelconque apologie de l'anthropophagie. En définitive, c'est la corporéité qui devient le signe de la réalité ultime, laquelle est plus « réelle » que la réalité matérielle.

Comme le relève Jean-Pierre Mahé dans son commentaire de Tertullien : « Le *corpus* est seulement la réalité correspondant à une forme (*effigies*) perçue par les sens ou par l'entendement : il n'est donc pas nécessairement matériel » (Tertullien(a), 1975, p. 372). La notion de corps dont il s'agit ici correspond à ce qui apparaît aux sens, à ce que Merleau-Ponty appellera plus tard « corps phénoménal » (Merleau-Ponty, 1945, p. 195) et que nous désignons ici par corps relationnel ou, mieux, corps *existentiel*. Ce corps existentiel est ce par quoi l'individu se construit comme personne singulière, sans être pour autant la réalité biologique – ou même simplement matérielle – qui supporte son existence. En cela, la théologie patristique des anges anticipe bien, ou du moins rejoint de manière étonnante, la notion de corps telle qu'elle a été élaborée avec Husserl et la phénoménologie contemporaine (Moschetta, 2019). Pour autant, de cette subtile distinction entre corps et chair, il ne reste curieusement plus rien dans le *Catéchisme de l'Église Catholique* de 1992 qui mentionne laconiquement que les anges sont des « êtres spirituels, non corporels » (canon n. 328, p. 77)[5]. Autant la question de la nature spirituelle des anges n'a jamais fait débat dans l'histoire de la pensée chrétienne, autant la question de leur nature incorporelle paraît plus difficile à trancher (Bonino, 2007)[6]. C'est notamment avec Thomas d'Aquin que la situation change et que les anges vont devenir incorporels. A première vue, la *Somme Théologique* semble d'ailleurs confondre la corporéité des anges avec leur matérialité, même si Thomas d'Aquin reconnaît

---

5 Le Catéchisme précise : « L'existence des êtres spirituels, non corporels, que l'Écriture Sainte nomme aussi habituellement les anges, est une vérité de foi. Le témoignage de l'Écriture est aussi net que l'unanimité de la Tradition ». Cette unanimité ne saurait cependant se justifier que pour la question de l'existence, mais pas en ce qui concerne le caractère incorporel des anges qui n'a jamais été unanimement proclamée.

6 L'ouvrage de référence de S.-T. Bonino (2007) ne permet pas de conclure nettement à ce sujet. La leçon VI consacrée au statut métaphysique des anges, fait état des nombreux témoignages en faveur de la corporéité des anges : Tertullien, Augustin, Jean Cassien, Grégoire le Grand, Origène, Irénée, Grégoire de Nazianze, Grégoire de Nysse, Jean Damascène, etc. Seuls Tatien ou Denys l'Aréopagite, dans *La Hiérarchie Céleste*, peuvent être invoqués en faveur d'une incorporéité stricte des anges. Curieusement, la réflexion s'arrête au seuil de la scolastique avec une brève référence aux *Sentences* de Pierre Lombard qui affirme encore la corporéité des anges.

que les anges peuvent, pour les besoins de leur mission, être amenés à l'occasion à « assumer un corps »[7]. Dans ce cas, « L'ange et le corps qu'il assume ne sont pas en rapport de matière à forme, mais l'ange est pour le corps comme un moteur que ce corps mobile ne fait que représenter » (Thomas d'Aquin, *ST Ia*, q. 51, a. 2)[8]. Pour Thomas d'Aquin, ce corps d'emprunt relève de la pure représentation, de l'image à donner pour accomplir sa mission, il n'appartient pas en propre à l'ange qui l'assume. On est donc très proche de ce qui se joue dans les phénomènes de représentations du corps sur les réseaux sociaux où le corps devient artificiel et interchangeable. Or, ce qui fait ici difficulté, c'est de penser l'individualité de l'ange sans le munir *a minima* d'un corps relationnel, comme le faisaient les premiers Pères de l'Église. La position thomasienne est plus radicale : elle envisage une nature à la fois incorporelle et strictement *intellectuelle* de l'ange, dont on ne voit pas très bien comment elle parviendrait à se construire et à s'individualiser en tant que personne, si elle n'est pas pourvue d'une forme de corps relationnel, c'est-à-dire nourrie par des relations avec d'autres anges ou avec le reste de la création. Au demeurant, cette amputation du corps aura pour effet de retirer les anges de l'histoire du salut. La théologie classique qui a hérité de cette conception incorporelle distingue ainsi des anges bons et des anges mauvais dont le sort est définitivement scellé (en bien ou en mal). Les anges seraient immortels, puisque non pourvu d'un corps de chair, et comme soustraits à la capacité de participer à un avenir leur permettant de se convertir. L'angélologie héritée de la conception thomasienne et formulée dans les catéchismes traditionnels a ainsi conféré aux anges un statut à part dans l'ambitus cosmique du salut : en définitive, la nature incorporelle des anges les a privés de l'avenir puisque leur avenir est comme déjà réalisé dans leur état présent.

Dans *Les Ailes du Désir*[9], Wim Wenders met en scène un ange amoureux d'une trapéziste de cirque pour laquelle il renonce à l'immortalité

---

7 Cette vision rejoint ainsi la position augustinienne pour laquelle « ange » désigne la fonction et non la nature de ces êtres spirituels. Aujourd'hui, on dirait plutôt « messagers ». Ainsi : « Le nom d'ange est un nom de fonction, non de nature [...] Du fait qu'il est, il est esprit, du fait qu'il agit, il est ange ». cf. Augustin, *Enarrationes in Psalmos 103*, 1, 15 ; CCL 40, p. 1488.

8 L'angélologie de Thomas d'Aquin va le conduire à répondre par l'affirmative à la question « Les anges sont-ils les moteurs des corps célestes ? ». Il le fera en recourant à la notion de « contact virtuel » (*contactum virtutis*) pour justifier une action des anges sur le mouvement des corps célestes.

9 Wenders, W. (réalisateur). *Les ailes du désir.* (titre orig. *Der Himmel über Berlin),* WDR, 127 min.

afin de la rejoindre avec un corps de chair. L'histoire peut se lire comme une réflexion sur le mystère de l'Incarnation, mais aussi comme une méditation purement anthropologique. La difficulté de la relation amoureuse entre l'ange et la femme n'est pas tant due à l'absence de corps de chair du côté de l'ange, mais à sa difficulté à entrer en relation, donc à se doter d'un corps relationnel. Ce film réalisé en 1987 a anticipé une situation devenue banale aujourd'hui où des relations amoureuses durables et sérieuses se fondent parfois dans une relation non charnelle via les sites de rencontre, montrant que presque tout peut déjà se jouer dans le corps relationnel avant la confrontation à l'autre dans son corps de chair. D'une certaine manière, l'observation traditionnelle de l'abstinence sexuelle pendant le temps des fiançailles ne signifiait rien d'autre.

Ainsi, l'angélologie patristique, rejointe par la phénoménologie contemporaine, nous ont conduit à retrouver le chemin d'une définition du corps qui ne s'en tient pas à sa seule détermination biologique, mais qui valorise sa dimension relationnelle et existentielle. Une telle définition rend possible l'agrégat d'éléments totalement artificiels, tels que des prothèses ou des implants technologiques, sans que ces prolongements puissent être valablement déplorés, du moment qu'ils permettent à la personne de lui ouvrir de nouveaux chemins de conversion.

3. Du corps existentiel au corps « spirituel »

Le débat précédent sur l'angélologie nous a permis d'apercevoir le danger d'une réduction strictement incorporelle des êtres immatériels que sont les anges. Cette observation se conjugue au fait que dans le monde virtuel des nouvelles technologies de l'information, le principal danger n'est pas tant le mépris de la chair ou « l'adieu au corps » (cf. Le Breton, 1999), mais plutôt le rétrécissement du corps relationnel. Que faire de cet enseignement pour rénover une anthropologie chrétienne soucieuse de discerner les signes du Royaume dans notre monde virtuel ? Il nous faut pour cela redonner le sens de l'histoire au salut chrétien, le réinscrire dans une épopée à la fois individuelle et collective, dont les récits d'apparitions post-pascales nous disent la subtile vérité.

Après le désastre du Golgotha, Jésus apparaît à ses disciples de manière étrange. Le corps de Jésus n'est pas d'emblée reconnu par les disciples comme celui du Crucifié, alors même que ceux-ci partageaient encore son quotidien quelques jours auparavant. A l'occasion,

Jésus fait irruption dans une pièce verrouillée (Jn 20,19) ou disparaît soudain alors qu'il vient d'être reconnu à la fraction du pain (Lc 24,31). Lorsque Marie-Madeleine tente de s'approcher de lui, Jésus se dérobe par le fameux : « *Noli me tangere* » (Jn 20,17) : « Ne me retiens pas » ou « Ne me touche pas », car désormais, c'est dans une relation intérieure que l'on pourra s'approcher de Jésus. On le voit parfois manger du poisson grillé (Lc 24,43) et l'apôtre Thomas aura le privilège de s'approcher des plaies de Jésus, cependant, le récit ne précise pas s'il y eut contact (Jn 20,27–29). Tous ces éléments convergent vers l'idée que le corps du Ressuscité n'est pas de même nature que notre corps matériel : il assume certes le corps biologique de Jésus, mais il n'en dépend pas. L'apôtre Paul parlera ainsi du « corps spirituel » (1Co 15,44 : *soma pneumatikon*) pour désigner le corps qui nous est promis après la Résurrection : un corps existentiel profondément transformé qui aura été « consumé par la vie » (2Co 5,4).

L'enjeu véritable de la résurrection de la chair n'est pas le sort réservé aux particules de matière qui ont, à un certain moment de notre vie biologique, traversé pour ainsi dire notre enveloppe corporelle, mais le destin de notre corps existentiel, dont l'unité est exprimée traditionnellement à travers le concept d'âme qu'il serait bon aujourd'hui de réhabiliter. Ainsi, la théologie chrétienne de la Résurrection dynamise le corps existentiel en le projetant vers un avenir d'accomplissement comparable à ce que vivent déjà les bons anges. C'est bien dans ce sens que Jésus déclare : « A la résurrection, en effet, on ne prend ni femme ni mari, car on est comme des anges dans le ciel » (Mt 22,30[10]). Il n'y a là nul dégoût pour la chair, mais plutôt proclamation de la nature spirituelle du corps ressuscité. La perspective d'une résurrection du corps existentiel qui assume la chair, sans s'y enfermer, permet donc d'élargir la perspective du salut aux « corps augmentés »[11]. La doctrine de la résurrection des corps n'est donc pas bouleversée par la technologisation des corps biologiques ni incompatible avec elle. En revanche, la perspective de la résurrection dépend de ce que le corps a vécu dans sa dimension relationnelle, que ces relations aient été physiques ou virtuelles. Notre « corps spirituel » se construit donc dès maintenant à travers le soin que nous portons à la fraternité de nos relations. C'est pourquoi seul le corps existentiel est

---

10 Certaines traductions privilégient le futur : « Ils seront comme des anges dans le ciel » (trad. Louis Segond, 1910).

11 Ces corps augmentés sont déjà ceux de l'homme contemporain bardé de prothèses, d'implants et dont le système immunitaire a été amélioré grâce aux vaccins.

susceptible de projeter l'homme vers son avenir, qui est de devenir le corps mystique du Christ, lorsque « Dieu sera tout en tous » (1Co 15,28).

4. Conclusion

L'angélologie post-scolastique, en proclamant un être de nature purement intellectuelle, dépourvu de chair, mais aussi dépourvu de « corps », illustre et anticipe parfaitement la tragédie dans laquelle la digitalisation des relations sociales et le confinement sanitaire risquent de plonger insensiblement l'homme contemporain. Privé de chair et de corps existentiel, l'ange est aussi privé de l'aventure de l'existence et se voit refuser l'accès à l'histoire. L'absence de matérialité des anges, qui peut apparaître de prime abord comme un scénario de sortie plausible au sempiternel problème de la fragilité de la chair et de la finitude, n'est, comme telle, d'aucun inconvénient théologique, tant que subsiste une dimension relationnelle ou existentielle à leur « corporéité ». En revanche, privés purement et simplement de corps existentiel, les anges post-scolastiques se sont privés de l'histoire et ont dû renoncer à prendre part au *kairos*, c'est-à-dire à l'événement du Royaume de Dieu, qui est l'autre nom de *l'avenir* dans la théologie chrétienne. Ces « anges », aux corps interchangeables – et donc victimes d'agnosticisme sexuel – ressemblent à s'y méprendre à l'homme contemporain, de plus en plus digitalisé et sevré de ses relations sociales structurantes. Ils l'avertissent, par-delà l'ancienneté des débats théologiques, que faute d'engager une relation authentique à l'autre en assumant sa part de fragilité, les *Techno Sapiens* numériques finiront comme les anges post-scolastiques : des êtres peut-être biologiquement immortels, peut-être même purement intellectuels, mais devenus anhistoriques et sans perspective de salut.

Or, si le Dieu des chrétiens est un Dieu qui a « le futur comme propriété ontologique »[12], selon l'éblouissante formule d'Ernst Bloch, c'est que son projet de salut se dit et se révèle pleinement au futur, à l'horizon

---

12 Cette expression d'Ernst Bloch est citée, sans référence, par Jürgen Moltmann : « Le Dieu dont on parle ici n'est pas un Dieu intramondain ni extramondain : il est le "Dieu de l'espérance" (Rm 15,13), un Dieu avec "le futur comme propriété ontologique" (E. Bloch), tel qu'il s'est fait connaître par l'Exode et la prophétie d'Israël. On ne peut donc jamais l'avoir en soi ou au-dessus de soi ; à proprement parler, on ne peut jamais l'avoir que devant soi [...] Aussi une bonne théologie devrait-elle être pensée à partir de son but à venir. L'eschatologie ne devrait pas être sa fin, mais son commencement » (Moltmann, 1970, p. 12–13).

de l'histoire. Cette propriété proleptique de Dieu explique et motive une anthropologie chrétienne qui doit réinstaller en son centre un accomplissement pensé non à l'origine et qu'il s'agirait désespérément de restaurer, mais *au terme* de l'existence (1Jn 3,2). Seul le corps existentiel permet d'inscrire l'homme dans l'histoire du salut. Ainsi, ce n'est pas tant la détestation de la chair que doit redouter l'homme à l'ère du numérique que le flétrissement de son corps existentiel, lui ôtant l'accès à l'avenir d'accomplissement auquel il est destiné en Jésus-Christ.

Références bibliographiques

d'Aquin, Th. (*circa* 1265–1273). *Somme théologique.* Cerf. Augustin, *Enarrationes in Psalmos 103*, 1, 15 ; CCL 40, p. 1488.

Bonino, S.-T. (2007). *Les Anges et les démons. Quatorze leçons de théologie catholique.* Parole et Silence.

Catéchisme de l'Église Catholique (1992). Mame.

Couture, A. & Allaire, N. (1996). *Ces anges qui nous reviennent.* Coll. « Rencontres d'aujourd'hui » n° 23, Fidès.

Delumeau, J. (1989, mai). L'ange gardien à l'ombre de ses ailes, *Notre Histoire*, vol. 56, pp. 39–43.

Dolbeau, F. (2021). Les sermons d'Augustin 361 et 362 sur la résurrection des morts. Édition critique. *Revue d'Etudes Augustiniennes et Patristiques*, 66 (2), pp. 213–292.

Falque, E. (1995). L'altérité angélique ou l'angélologie thomiste au fil des *Méditations cartésiennes* de Husserl. *Laval théologique et philosophique*, 51 (3), pp. 625–646.

David Le Breton, D. (1999). *L'adieu au corps.* Coll. « Traversées », Éd. Métailié.

Merleau-Ponty, M. (1945). *Phénoménologie de la perception.* Gallimard.

Moltmann, J. (1970). *Théologie de l'Espérance. Études sur les fondements et les conséquences d'une eschatologie chrétienne.* Cerf-Mame, tr. fr. Thévenaz, F. & J.-P.

Moschetta, J.-M. (2019). Penser le corps augmenté à partir du concept de "corps spirituel". *Revue d'Éthique et de Théologie Morale*, n° 302, pp. 59–71.

Tertullien(a), (1975). *La Chair du Christ.* Texte critique, trad. Et commentaire de J.-P. Mahé, J.-P. coll. « Sources Chrétiennes » n° 216–217, Cerf.

Tertullien(b), (1852). *Contre Praxéas.* In *Les œuvres de Tertullien.* Tr. fr. de Genoude, M. Éd. Louis Vivès, t. 3.

5.
Le défi du spectacle vivant : incorporer et penser l'avenir

Pauline Boivineau

Avec la crise sanitaire due à la covid-19, on a pu voir surgir de toutes parts, sous d'innombrables formes, des propositions culturelles et artistiques qui permettent de formuler la nécessité et l'*essentialité*[1] de la culture dont la fragilité, l'incertitude et l'immédiateté dessinent des lignes de potentialités qui ne cessent de s'actualiser. Ainsi se pose explicitement la question de « comment poursuivre » avec le lot de tensions que l'on sait, politiques, économiques (Sagot-Duvauroux & Jérôme, 2020) et artistiques (Roques, 2020). La continuité et la recomposition culturelles ont montré non seulement la grande précarité des artistes du spectacle vivant confrontés à l'arrêt brutal de leurs activités en mars 2020 (résidence, diffusion…) mais aussi un désir partagé de poursuivre la pratique, la création et la diffusion artistique. Les théâtres, face au coup d'arrêt de leurs programmations se sont attelés à maintenir une offre culturelle, usant du numérique et d'une large mise à disposition de captations, de créations partagées et collaboratives réalisées à distance ou encore avec le déploiement de dispositifs inédits allant de la diffusion de journaux de confinement d'artistes aux rendez-vous téléphoniques individuels, « consultations poétiques »[2] proposées par le Théâtre de la Ville en passant par une foultitude de projets, d'événements, de laboratoires, nés de l'urgence d'agir. Ces dispositifs ne font que confirmer la nécessité du lien social et culturel alors que l'isolement des corps s'impose.

L'enjeu est de comprendre les ressorts de la culture empêchée, son impérieuse nécessité et ses stratégies de contournement afin d'envisager non seulement un temps présent mais aussi un avenir. Il ne s'agira pas de

---

1 https://toutelaculture.com/actu/la-culture-pas-essentielle/.

2 https://www.theatredelaville-paris.com/fr/spectacles/theatre-partage/les-consultati ons-poetiques-et-scientifiques/les-consultations-poetiques-par-telephone.

faire une tentative d'exhaustivité des propositions majeures par ailleurs recensées par l'Observatoire des politiques culturelles[3] mais d'approcher le sujet par un terrain spécifique au territoire nantais. Entendues au sein d'enjeux partagés par les acteurs culturels, les problématiques imposées par la pandémie et l'isolement qui en découlent seront contextualisées non pas tant dans une logique de rupture que dans celle d'une accélération de problématiques *déjà là*. La démarche est ici celle d'une observation participante muée au fil des mois en recherche action partagée avec les acteurs culturels. Invitée avec d'autres chercheurs à participer au groupe de réflexion qui s'est constitué au Théâtre Universitaire (TU) de Nantes lors du confinement de mars 2020, cet article propose d'en problématiser les débats dans une compréhension plus large des enjeux du secteur en se focalisant plus particulièrement sur les questions écologiques. Cette immersion au cœur des débats internes permet de mettre au jour l'invisible du travail des artistes et des lieux institutionnels au regard d'une question essentielle : comment faire art ensemble et comment penser l'art et le monde de demain ?

D'une vision à l'échelle nationale à son effectivité sur le territoire nantais, nous retenons deux problématiques majeures : celle du sens de l'art et du paradigme relationnel étroitement liée à la soutenabilité de l'acte créateur dans un écosystème régit par le politique. Le regroupement d'artistes au TU à l'initiative de Perrine Mornay est ici exemplaire au regard des débats engagés. De cette question plurielle en découle une seconde : celle de l'enjeu écologique à différent niveau, de l'écologie du corps aux enjeux de développement durable tel que le propose le projet Slow danse.

1. Enjeux partagés : penser-faire art entre mouvements et corps assignés à résidence

De l'isolement radical durant les périodes de confinement au retour dans l'espace public, le corps demeure assigné à résidence à force de distanciations sociales matériellement imposées. Le miroir de l'autre s'effrite laissant apparaitre sa profonde nécessité. Les habitudes, les usages les plus courants tels que s'embrasser ou serrer une poignée de main

---

[3] Voir également le recensement fait par le ministère de la Culture avec l'opération #CultureChezNous, dispositif pour répertorier « répertorier les initiatives permettant de faire venir la culture à domicile ».

disparaissent devant cet autre devenu une menace potentielle. Débordant largement du champ artistique et culturel les problématiques de solitude et de violence s'actualisent et laissent éclater les impasses des systèmes politiques et socio-économiques capables de s'effondrer avec une rapidité insoupçonnée. La crise est vécue à même le corps en tant que réceptacle qui capitalise les perceptions du monde. Le flou est aussi bien culturel qu'artistique. La pandémie convoque d'autres modèles de corps clivant/clivé face au potentiel contaminateur de ce dernier et recompose les dominations, définit des frontières à même la peau sans se soucier du genre (voir B. Préciado)[4]. Ce corps qui va nous intéresser ici est celui des artistes pour lesquels il est à la fois objet, médium et sujet en prise avec un système qui laisse ouvert le postulat – comme la nécessité – d'un nouvel usage du corps (Martin-Juchat, 2020). Bien plus qu'un simple reflet sociétal, l'art chorégraphique construit et envisage un rapport au monde contextuel tourné vers l'avenir dans un flux d'interpénétrations de temporalités, de vécus et de visibilités plurielles. En 2020, le rapport à la mortalité résulte d'une autre histoire, engagé par un virus à l'échelle de la mondialisation. Comment les recompositions du rapport à l'autre, à nos espaces relationnels, au toucher, à l'affect dans toute sa proximité, ainsi que celle du flux entre l'individuel et le collectif vont-elles travailler les consciences et les imaginations ? Comment faire de l'altérité un allié sans éprouver le poids de la menace ? Comment la pensée et la mise en œuvre artistiques peuvent-elles s'articuler avec une réflexion politique du spectacle vivant dans un contexte aussi flou qu'incertain ? Comment la pandémie peut-elle être un accélérateur des mutations artistiques en cours autant que source de créativité ?

L'acuité de l'expérience sensible, du toucher et plus largement des territoires de la relationalité artistique (Bourriaud, 1998 ; Volvey, 2016) en prise avec le réel met au travail les artistes confrontés de manière concomitante aux questions de leur pratique, du sens de l'art et de leur statut précaire d'artiste du spectacle vivant. De nombreux groupes de travail ont engagé des réflexions portant un mouvement collectif, riche d'expérimentations et de projet pour un meilleur avenir artistique. Plus d'une quarantaine de groupes[1][5] où se retrouvent artistes, compagnies, structures, sont identifiés en France à l'été 2020. Ce réseau né d'initiatives

---

4 https://www.lemonde.fr/podcasts/article/2020/05/29/paul-b-preciado-cette-crise-du-covid-19-a-invente-un-nouveau-corps_6041125_5463015.html

5 https://sceneweb.fr/actu-une-carte-des-territoires-en-reflexion/

indépendantes entend s'ouvrir à l'expérimentation et au développement de modèles œuvrant au « monde de demain ».

L'engagement des acteurs du spectacle vivant durant le confinement a témoigné d'un investissement fort sur la mise en chantier d'un « penser-faire » art vivant collectivement avec une démarche prospective. Ce dynamisme réflexif prend acte de « l'urgence d'agir »[6] et de la nécessité de penser des communs en réactivant les questions écologiques, relationnelles, étroitement liées aux conditions de création de l'écosystème du spectacle vivant. Autant de chantiers engagés par le groupe de réflexion accueilli au TU, lui-même moteur du dispositif.

2. Le Théâtre Universitaire de Nantes : espace de réflexion et d'agir

Cette organisation rhizomique est née de solidarités et du besoin de partager ses craintes et ses interrogations. Nolwenn Bihan, directrice du Théâtre Universitaire (TU)[7] de Nantes a rendu possible le rassemblement d'artistes d'esthétiques différentes (chorégraphes, danseurs, comédiens, plasticiens…) et de chercheuses afin de poser un certain nombre d'enjeux du secteur, à commencer par la connaissance mutuelle. Plusieurs groupes de travail ont émergés autour des thématiques des lieux et du paradigme lieuitaire (Saives, Charles-Pauvers, Schieb-Bienfait, Michel, 2016)[8], de l'agir et du travail. Le « groupe travail » a cherché à montrer les disfonctionnements de l'écosystème et les leviers qui pourraient être activés par une réévaluation des politiques publiques, notamment en ce qui concerne la surproduction des compagnies liées aux sources de financements fléchées sur la production alors que la diffusion reste faible dans le spectacle vivant. La question de l'éthique éco-responsable transversale est rapidement apparue[9], donnant lieu à la réflexion d'une charte de coopération culturelle pour une responsabilité partagée en

6 Cf. Titre du film éponyme de David Mambouch (2018) sur le travail engagé de Maguy Marin et en particulier celui de *May B.*

7 https://tunantes.fr/

8 La lieuité entendue comme la propriété d'un lieu d'être/faire lieu pointe le double questionnement de l'événement comme lieu et du lieu de l'événement.

9 CR de la réunion du 11/06/2020.

écho à la Charte Économie Solidaire de l'Art[4][10] et à l'éthique de la création et des corps au plateau (Fortin, Rail, 2009). Renverser l'invisible et déjouer l'insularité du travail des artistes, permettre l'émergence, fédérer des solidarités intersectorielles et promouvoir une éthique en acte en mobilisant des leviers incitatifs pour favoriser des comportements vertueux figurent parmi les enjeux majeurs. La soutenabilité du travail des artistes commence par la possibilité d'un espace de dialogue et de temps de rencontres et de pratiques collectives. Par des parcours commentés thématisés, des pratiques somatiques, des tables rondes, des temps de *garbage talk*[11], une rencontre bilan le 2 juillet 2020 au TU a reposé les enjeux par le dire autant que par le faire dans une démarche innovante invitant à poursuivre le travail.

À l'échelle du TU, la première action menée à la rentrée 2020 est celle d'un *Terrain Utile* offrant des espaces de rencontres et de monstrations du travail. Il se poursuit par quatre résidences d'artistes émergents[12][1] sous forme de laboratoires et propose une résidence de création, des ateliers avec des amateurs pour travailler la matière de la pièce, des inscriptions dans des dispositifs EAC et des temps de réflexion coconstruits avec des chercheuses veillant à déployer un « bricolage » méthodologique (Rouleau, 2016) pertinent faisant de l'ensemble de ce dispositif une création en plusieurs temps. L'absence d'ouverture des lieux au public a encouragé à repenser les projets au regard d'un désir d'ouverture sur le quartier Nord de la ville. Ainsi Laurent Cebe propose une danse à partager via des affiches invitant à suivre le chorégraphe-dessinateur dans une série de mouvements. Accrochées dans les halls d'immeubles et visibles au gré des déambulations dans Nantes, elles invitent à se familiariser avec l'idée même du mouvement et d'une poétique que chaque individu peut s'approprier et incarner au gré de ses envies. Poïétique de premiers pas non intrusifs vers une relation qui ne demande qu'à s'incarner, ce projet donne à voir la nécessité de relations intermédiales et partagées à partir du corps créateur de relationalité. Jouant du corps réel et virtuel, dessiné, les espaces de rencontres sont au travail. De l'intention, passer à l'action et tenter de relever le défi intègre également une pensée écologique.

---

10 http://www.economiesolidairedelart.net/charte-economie-solidaire-de-lart/. Carole Douillard, membre du groupe du TU est à l'origine de cette charte de 2016 concernant le champ des arts visuels.

11 Consiste en un flux ininterrompu de paroles spontanées de quelques minutes.

12 Laurent Cebe, Louise Em*ö*, Jean Lepeltier, Elise Lerat.

Attentif à la relation avec l'humain comme le non-humain, au senti comme au perçu, les artistes conscientisent leur rapport kinesthésique au monde qui implique une réflexion sur l'écologie du corps et de la création.

3. De l'écologie du corps à l'écologie de la création

Il est important de rappeler que les artistes n'ont pas attendu les alertes du XXIe siècle et que l'écologie (NDD, 2020) est une préoccupation fondatrice de la danse contemporaine grâce aux pionniers tels que Laban. Elle prend aujourd'hui un essor sans précédent en incluant les pratiques somatiques (Feldenkrais, Body-Mind Centering® …) – (Jay, 2014). Le sujet est largement étudié par Joanne Clavel (2012), d'Isadora Duncan pratiquant une « danse libre » à Simone Forti en passant par Anna Halprin. Loin de ne toucher que la danse, l'*Art écologique* émerge dans les années 1960 et entretient d'étroites relations avec les sciences donnant naissance à une nouvelle « esthétique verte » (Fel, 2009). La réhabilitation du corps comme médiation sensible avec son environnement s'invente y compris en dehors des plateaux par des expériences et des créations *in situ*. La diffusion d'une pensée écologique influence le regard social et permet le développement de nouveaux paradigmes à la rencontre de l'engagement, l'éthique et de l'esthétique (Blanc, 2008).

Aujourd'hui plus que jamais d'actualité, le sujet déborde largement d'une question esthétique pour prendre en considération l'ensemble de l'écosystème du spectacle vivant. En effet Jérôme Bel, artiste reconnu comme figure tutélaire de la danse conceptuelle engage en 2019 l'acte radical de refuser tout déplacement en avion pour des raisons écologiques alors qu'il travaille avec un réseau international. Si les problèmes de circulation des artistes et l'absence de rationalisation des déplacements sont réels, l'action de Jérôme Bel fait un buzz médiatique rendu possible par sa notoriété. L'intérêt se situe dans le débat soulevé bien plus que dans les polémiques autour de son exemplarité qui ne peut s'ériger en norme[13][1]. Il s'agit également d'éprouver la résistance de l'art comme l'analysait déjà Nicolas Bourriaud (1998) et poser la question d'un art social dont le concept apparaissait déjà à la fin du XIXe siècle. Le sens est à trouver à la rencontre de la création et de l'économie dans laquelle elle s'insère. À ce

---

13 https://next.liberation.fr/theatre/2019/09/30/jerome-bel-en-vert-et-contre-tout_1754579

titre, il peut sembler confondant de voir à quel point répétitions en visioconférence et autres dispositions de Jérôme Bel semblent avoir anticipé la période pandémique actuelle.

Dans ce contexte et pour revenir à l'échelle nantaise, émerge le projet *Slow danse* mené par Aurore Stalin[14] à Vigneux de Bretagne près de Nantes. Il participe de cette conscience collective passant le cap du dire à celui du faire. Chargée de production, Aurore Stalin tend à faire rayonner son projet à la croisée des opérateurs scientifiques, territoriaux et culturels tout en s'inscrivant dans la dynamique de réflexions collectives, notamment au sein du groupe de réflexion du TU. Du personnel au politique, les questions de son quotidien sont venues se frotter à sa pratique professionnelle et prennent forme à la suite de sa réponse à un appel à projet lancé par Open Lande[15] afin d'accompagner des projets, des collectivités territoriales, des entrepreneurs dans leurs démarches de transition écologique. Aurore Stalin annonce « développer la question de l'utilité sociale de la danse contemporaine dans ce milieu rural, en proposant des ateliers ou des workshops avec des chorégraphes. J'ai aussi envie de travailler sur les façons dont les artistes révèlent les enjeux environnementaux et comment on peut inclure leurs réflexions et démarches au sein des services environnement des communes, des plans climats et des plans d'alimentations territoriales » (Stalin, 2019, p. 22–26).

Slow Danse[16] suscite l'intérêt et des demandes de résidence. Au-delà de la création attentive à son environnement, la structure entend préparer les compagnies à la transition écologique au sein même des montages de projets et donc des montages financiers. Si les aides publiques pour le spectacle vivant ne sont pas encore écoconditionnées, le postulat est qu'elles le seront dans un futur proche, à l'instar du CNV (Centre national de la chanson, des variétés et du jazz) qui intègre cette variable dans l'évaluation des dossiers de demande de subventions. Le questionnement de l'écosystème touche la communauté et les manières de travailler ensemble notamment via la création de SCIC (Société coopérative d'intérêt collectif). La projection éco-responsable en passe par la prise en considération de la transition écologique par les lieux et par la sensibilisation des équipes, l'affiliation des structures à des AMAP, l'organisation de résidences d'artistes de proximité, la mutualisation et rationalisation

---

14 Entretien personnel le 12/06/2020 à Nantes.

15 https://openlande.co/

16 https://www.slowdanse.org/

des déplacements pour les compagnies plus lointaines… La manière de penser les déplacements peut être un levier pour impulser une nouvelle synergie sur le territoire.

Slow danse comme son nom l'indique résiste à l'accélération exponentielle de nos sociétés (Lebreton & Gibout & Andrieu, 2020) et pose de manière concomitante la question écologique et du *slow*, alors qu'Estelle Deléage et Guillaume Sabin (Deléage & Sabin, 2014), se demandent s'il est possible de résister à l'ère du temps accéléré offrant aussi son lot de fascinations. Se tourner vers l'avenir entend être attentif aux expériences innovantes de décélération par l'émergence d'une « slow culture » (Rymarski, 2012) qui agit comme un acte de résistance tant individuelle que collective. Outre les questions pragmatiques d'écologie, le *slow* amène aussi à penser l'axe de l'écologie corporelle (Andrieu, 2014) au sein même de la création. L'attention à soi et aux autres semble bien être un axe de travail et de recherche de la danse contemporaine, au plus près du corps, de l'expérience haptique et d'une sensibilité empathique (Andrieu, Thomas, 2017).

Cette empathie et cette sollicitude sont au cœur de l'éthique du *care* historiquement pris en charge par les femmes (Laugier, 2011). L'éthique du *care* considère des relations sociales orchestrées par la dépendance et la vulnérabilité. Concept développé par Gilligan (1982) le *care* acte une division morale du travail où les activités de soin sont dévalorisées et donne aujourd'hui à penser « la sollicitude et le soin, la question des dispositions et des pratiques » (Brugère, 2010). Basée sur l'interdépendance – le fait que nous soyons tous l'autre de quelqu'un – la pensée du *care* s'affirme comme une préoccupation sociétale accélérée par la crise de la covid-19. Le « prendre soin » implique une conception différente du lien social en mettant les relations avec ce que cela suppose de vulnérabilités au cœur de l'attention et permet à tous d'être aidant et aidé tour-à-tour. En effet, la pandémie a rendu criante la segmentation entre soignant et soigné et invite à penser les logiques de soin au sein d'un projet politique de société où le champ artistique a toute sa place. Sans le formuler ainsi le *contact improvisation* développé par Steve Paxton dans les années 1970 travaillait déjà une poïétique de l'attention (Banes, 2005) par un contact physique permanent des danseurs. « S'offrant mutuellement des appuis, innovant, ils méditent sur les lois physiques liées à leurs masses : la gravité, l'impulsion, l'inertie et la friction. Ils ne s'efforcent pas d'atteindre des résultats mais bien plutôt cherchent à accueillir une réalité physique constamment changeante par une manière appropriée de se placer et de diriger leur énergie » (Paxton, 1979). La filiation avec le *care* se pense à l'aune de de problématiques qui resurgissent sur le devant de la scène. A cet égard, le travail de Mélanie Perrier est éloquent. L'artiste cherche à mettre en œuvre les potentialités d'une telle éthique par sa création *CARE* dès 2016[17]. Elle nourrit ses recherches sur l'interdépendance et l'altérité. Initiant son travail à partir du porté – porter et être porté – elle pose son regard sur le soutien, l'attention et l'interdépendance des relations. La vulnérabilité peut s'envisager comme une force et ouvrir la communication en recomposant la positionnalité de chacun en créant ce que l'artiste nomme un « corps relationnel au travail » avec l'espace, les partenaires et la chorégraphe, « où il convient alors d'écouter le corps pour ne plus le *mettre au travail* mais le laisser *être travaillé*, transformé par les relations »[18]. Les questions transversales de l'écologie, du *slow* et du *care* se rejoignent dans une pensée de l'attention à l'autre, humain et non humain.

Le contexte pandémique agit comme un accélérateur d'une quête de sens de l'art et de l'urgence de (re)considérer l'usage du corps et de la pensée en acte. Celle-ci s'est manifestée par le regroupement d'acteurs du spectacle vivant, ce qui a permis de mettre en débat des sujets dont l'ancrage politique, social et artistique a pu être appréhendé grâce à une recherche action en cours au TU. Nous avons pu montrer que l'attention particulière accordée à l'écologie procède d'enjeux préexistants touchant particulièrement le champ chorégraphique mais également l'ensemble de l'écosystème du spectacle vivant. Visible dans des projets singuliers tel que *Slow danse*, le sujet s'affirme au cœur d'une scène artistique rhizomique aux enjeux prospectifs partagés et à l'aune de l'urgence d'agir du temps présent. Ainsi l'écologie de la production est-elle étroitement liée à une écologie corporelle attentive à l'altérité et au *care* mettant en perspective la problématique du *slow*. En retour le « prendre soin » agit une esthétique et une éthique de la création. Ne pas perdre les solidarités nées du confinement et prolonger les groupes de travail alors que chacun est de nouveau happé par les exigences personnelles, la nécessité économique de « rebondir », conserver ces paradigmes du *care*, du *slow* et d'écologie au sein des différentes strates de l'écosystème du spectacle vivant est un défi à l'épreuve du quotidien.

---

17 https://www.maculture.fr/entretiens/melanie-perrier-care/.

18 *Idem.*

Références Bibliographiques

Andrieu, B., Thomas, C. (2017). *Entre les corps. Les pratiques émersiologiques aujourd'hui (cirques, marionnettes, performance et arts immersifs).* L'Harmattan.

Andrieu, B. (2014). Les fondateurs de l'écologie corporelle : immerseurs-naturiens-émerseurs. *Sociétés,* 125(3), 23–34. DOI : https://doi.org/10.3917/soc.125.0023

Andrieu, B. (2020). *Manuel d'émersiologie, Apprends le langage du corps,* Mimesis.

Banes, S. (2005). *Terpsichore en baskets,* Chiron.

Blanc, N. (2008) *Vers une esthétique environnementale,* Quae.

Brugère, F. (2010). L'éthique du *care* : entre sollicitude et soin, dispositions et pratiques. In : Lazare Benaroyo éd., *La philosophie du soin : Éthique, médecine et société* (pp. 69–86). PUF, DOI : https://doi.org/10.3917/puf.hanle.2010.01.0069

Bourriaud, N. (1998). *L'esthétique relationnelle,* Les presses du réel.

Clavel, J. (2012). L'art écologique : une forme de médiation des sciences de la conservation, *EDP Sciences.* 20(4), 437–447. DOI : https://doi.org/10.1051/nss/2012044

David Mambouch (2018). L'urgence d'agir ; film.

Deléage, E. & Sabin, G. (2014). Peut-on résister à l'ère du temps accéléré ?. *Écologie & politique,* 48(1), 13–21. DOI : https://doi.org/10.3917/ecopo.048.0013

Fel, L., (2009), *L'Esthétique verte. De la représentation à la présentation de la nature,* Champ Vallon.

Fortin, S. & Rail, G. (2009). Incorporations différenciées au carrefour des discours de la danse et de la santé. *Corps,* 2(2), 65–71. DOI : https://doi.org/10.3917/corp.007.0065

Gilligan, C. (1982). *In a Different Voice,* Havard University Press.

Jay, L. (2014). Pratiques somatiques et écologie corporelle. *Sociétés*, 3(3), 103–115. DOI : https://doi.org/10.3917/soc.125.0103

Laugier, S. (2011). Le *care* comme critique et comme féminisme. *Travail, genre et sociétés*, 26(2), 183–188. DOI : https://doi.org/10.3917/tgs.026.0183

Lebreton, F., Christophe Gibout, C., Bernard Andrieu, B. (2020*). Vivre Slow Enjeux et perspectives pour une transition corporelle, récréative et touristique.* PUN.

Martin-Juchat F. (2020), *L'aventure du corps. La communication corporelle, une voie vers l'émancipation*, Fontaine, PUG.

Paxton, S. (1979), A Definition, Contact Quarterly.

Roques, S. (2020), « Entre dystopies et utopies artistiques : la création au temps du coronavirus », *Recherches & éducations*. DOI : https://doi.org/10.4000/rechercheseducations.9993

Rouleau, J. (2016). « Bricolage méthodologique : autoethnographie et recherche-création », *COMMposite*, 19(1), 95–113.

Rymarski, C. (2012). « Science, slow food, slow city... : les mouvements slow », *Sciences humaines*, 239(7), 6–6. DOI : https://doi.org/

Sagot-Duvauroux, D. et Jérôme G. (2000). « Les artistes au défi du confinement ou la survivance des lucioles », *AOC. Analyse, Opinion, Critique.*

Saives, A.L., Charles-Pauvers, B., Schieb-Bienfait, N., Michel, B. (2016). Lieuité et socialisation organisationnelle : les raisons du lieu pour les travailleurs de très petites entreprises créatives et culturelles. *Management international = International management = Gestión internacional*, HEC Montréal et Université Paris Dauphine, 21(1), 41–57. DOI : https://doi.org/10.7202/1052496ar

NDD : Nouvelles de danse (2020). Dossier « La danse face aux défis écologiques », n°78.

Stalin A. (2019). « Slow danse, entretien avec Aurore Stalin », *Journal de l'ACD*, ACD, 22–26.

Volvey, A. (2016). « Sur le terrain de l'émotion : déconstruire la question émotionnelle en géographie pour reconstruire son horizon épistémologique », *Carnets de géographes*. DOI : https://doi.org/10.4000/cdg.541

6.
L'assemblée liturgique, esquisse d'une anthropologie sacramentelle

Olivier Praud

Introduction

De multiples déplacements anthropologiques impactent le rapport à la pratique cultuelle dans le monde contemporain. Certains en viennent à fragiliser la dimension communautaire de la liturgie. La pandémie de la covid-19 a particulièrement mis en lumière la crise d'un des invariants de la liturgie : l'assemblée. Entre impossibilité de se rassembler et célébrations virtuelles, elle est un reflet d'une difficulté plus fondamentale qui s'attache à la capacité ou l'incapacité de vivre aujourd'hui en commun. Paradoxalement, ces difficultés mettent également en lumière comment la liturgie peut être un miroir, un lieu de résistance et une force de proposition face à l'avenir et à des représentations réductrices de la foi chrétienne. Dès lors, interroger les présupposés qui rendent possible cette triple approche désigne, pour une part, la tâche d'une théologie de la liturgie pour les temps actuels. Car, ce qui est en jeu, c'est bien la façon dont le réel est saisi et exploité en liturgie comme « lieu du salut », et comment ces représentations influent sur l'intelligence de celle-ci :

> Si la matière dans tous les sens du mot, la *res sensibilis* et, pour nous, le corps de l'homme, est la première composante essentielle du sacrement, une intelligence différente de la matière influera sur l'intelligence du sacrement. (Chenu, 1974, p. 92).

Cependant, si certaines des fondations de la liturgie semblent fragilisées, pour autant celle-ci dispose de moyens pour « inventer des nouvelles pratiques de l'humain » (Prétot, 2017). La corporéité désigne une des voies possibles pour cette invention – il faut l'entendre au sens de l'archéologie, c'est-à-dire de ramener à la lumière des ressources oubliées – dans la mesure où elle met en lumière une approche singulière de l'anthropologie par la liturgie. Cette dernière met en mouvement le corps, non seulement comme « chose » mais comme représentation d'un « devenir humain », dont la forme de vie liturgique de la foi est à la fois l'objectif et le chemin.

Il s'agit donc de prendre en considération l'épaisseur de l'expérience humaine, et d'en recueillir les fruits pour une telle intelligence théologique de la liturgie, comme l'évoque Dom Festugière, un moine de Maredsous :

> Composée avant tout de rite sacrificiel, de sacrements, de sacramentaux et des textes inspirés, voix et action du corps mystique du Christ, la liturgie, prise dans toute la complexité de son organisme, forme un vaste sacramental qui porte en soi – plus ou moins strictement, suivant les éléments considérés – la grâce ; qui enveloppe dans ses plis de grâce toute l'humanité, individuelle et sociale ; et qui saisit et emporte dans un engrenage et un courant de grâce toute l'existence humaine. (Festugière, 1914, p. 79).

Si la capacité de vivre en commun est aujourd'hui remise en question, l'assemblée liturgique, que la liturgie va proposer d'expérimenter selon le registre de la foi et de l'alliance, représente un bon exemple pour la recherche d'une sociabilité nouvelle. La vie en commun qu'elle propose n'est pas ordonnée par la sélection ou la juxtaposition des individus. Elle est fondée sur la base de l'adoption et de la communion. Aussi, en reprenant la question dans laquelle s'inscrit cet essai, « Dans quel corps vivons-nous ? », le culte chrétien, met en forme cette corporéité au cœur de l'agir liturgique d'une communauté rassemblée. Pour le dire autrement, l'assemblée liturgique esquisse une sociabilité nouvelle pour un monde hypermoderne.

C'est pourquoi, d'une certaine manière, l'intelligence des sacrements ou de la liturgie issue de l'*aggiornamento* de Vatican II apparaît en défaut devant l'impossibilité de se rassembler, de « faire corps ». La focalisation sur l'agir sacerdotal qui en résulte, mais aussi l'inefficacité apparente de la prière qui semble sans effet sur le réel de la pandémie engendrent de nouveaux questionnements sur la nature de la liturgie (Praud, 2020). Cependant, alors même que l'intelligence de la sacramentalité se trouve à nouveau questionnée, ne devrait-on pas, en contrepoint, essayer de penser une anthropologie liturgique à partir de l'assemblée ?

Pour cela, cet essai cherchera donc à montrer comment la dimension anthropologique n'est pas un obstacle, mais au contraire le garant d'une sacramentalité de l'assemblée à même de mettre en contact avec le mystère. Après avoir désigné certaines ressources anthropologiques de la liturgie, il sera possible, dans un second temps, de montrer comment la cérémonialité met en jeu un mode de connaissance anthropologique du mystère de Dieu.

Enfin, dans une troisième partie conclusive, la liturgie pourra apparaître comme une forme de vie de la foi dont l'assemblée est une figure.

1. La dynamique anthropologique de la liturgie

Parce qu'elle le met en action et le transforme tout à la fois, la liturgie déploie une approche de l'homme en relation avec Dieu. Dans le même temps, elle le place devant son propre mystère.

C'est dès 1947, dans un article programmatique, que le théologien dominicain M.-D. Chenu exposait les enjeux et la nécessité d'une anthropologie conséquente. Pour cela, il évoquait une cohérence anthropologique de la liturgie reposant sur trois conjonctions ou dialectiques : entre le supra-rationnel (mystère) et l'infra-rationnel (symbole), entre l'individu et la collectivité, entre l'inspiration et la discipline. Puisant avec une grande finesse dans l'héritage thomiste, il présentait la liturgie comme « le milieu vital où la foi peut s'élaborer rationnellement, sans réduire les éléments irrationnels de son "initiation" » (Chenu, 1947, p. 59).

À travers ces trois aspects, il orientait ainsi vers la nouvelle synthèse proposée par l'*aggiornamento* conciliaire. Celle-ci conjugue les retrouvailles avec la catégorie de « mystère », le déploiement de la nature ecclésiale de la liturgie et, par-là, celui d'une nouvelle normativité appuyée sur la participation active. En indiquant que « liturgie, ecclésiologie et christologie sont homogènes » (Chenu, 1967, p. 161), M.-D. Chenu permet de saisir la fondation anthropologique qui anime le culte chrétien. Il en définit également sa visée, tel que l'expriment les premiers mots de *Sacrosanctum concilium* : « exprimer et manifester aux autres le mystère du Christ et la nature authentique de la véritable Église » (*SC*, n° 2). Dès lors, la dimension proprement humaine du culte n'apparaît plus comme une sorte de concession, mais elle constitue le lieu du culte véritable que Paul appelle de ses vœux dans l'épître aux Romains (Rm 12,1). Elle devient le reflet d'une existence polarisée par le mystère de Dieu qui lui donne sa forme et son achèvement. Une telle anthropologie devient un principe d'intelligibilité pour la liturgie, tout en rendant plus manifeste qu'elle est un miroir des déplacements de l'intelligence de l'homme a de lui-même : « Puisqu'elle assume les requêtes et les ressources de l'homme, de la communauté chrétienne en prière, la liturgie implique, confirme et consacre une anthropologie » (Chenu, 1947, p. 65). Trois capacités anthropologiques apparaissent alors décisives pour le vivre ensemble dont l'assemblée est la figure.

Tout d'abord, la liturgie ne présente pas une anthropologie sous la forme d'un discours préalable, dont elle serait une traduction pratique. Elle fait plutôt, dans celui qui la vit, émerger la question fondamentale : qu'est-ce qu'être humain selon le cœur de Dieu ? La réponse qu'elle propose est une manière de vivre humainement la foi dont l'agir liturgique est l'épiphanie. Cet *homo liturgicus* (Prétot, 2015) est, en quelque sorte, toujours en devenir. M.-D. Chenu ne se contente pas d'une approche positive afin de déterminer la part singulière de la liturgie, mais il met en lumière une anthropologie de l'action. Parler ainsi c'est signifier que si la liturgie expose une anthropologie, c'est au double sens du génitif. D'une part, au sens objectif, parce qu'elle s'enracine dans la tradition chrétienne de l'homme appelé au Salut de Dieu. Et d'autre part, au sens subjectif, parce qu'elle fait agir l'homme d'une manière déterminée qui exprime cette vision salutaire :

> Dans une économie où l'Incarnation et l'assomption humaine que celle-ci réalise sont devenues le prototype de tout acte chrétien, la vérité et la puissance d'une liturgie résident dans un régime « sacramentel », c'est-à-dire dans des ensembles symboliques où la grâce s'exprime et se transmet en des actes humains ritualisés à cet effet. (Chenu, 1947, p. 53).

De ce fait, la liturgie ne porte pas seulement une vision anthropologique liée à une culture déterminée, mais parce qu'elle manifeste la présence du Christ au monde et à l'Église, elle rend visible un nouveau type d'homme, réconcilié avec Dieu, avec lui-même et avec les frères. L'assemblée liturgique en sera une figure éminente, et le donnera à vivre concrètement, par exemple, lors de l'échange du signe de paix où l'on ne choisit pas ceux à qui on la donne !

Un second aspect de cette dynamique anthropologique est l'articulation entre symbole et mystère. En soulignant la consistance anthropologique de la liturgie, M.-D. Chenu situe cette articulation à partir de la théologie thomiste de l'incarnation : « Dieu pourvoit à chaque réalité selon son mode d'être. » (Chenu, 1974, p. 86).

Sans réduire le sacramentel à une simple manifestation d'ordre anthropologique, cette approche vise à honorer le mouvement même de la Révélation divine. Le chiffre christologique est décisif afin de comprendre la manière dont la liturgie (*SC*, n° 7), et par là le sacrement, assure la mise en contact avec le mystère divin (*SC*, n° 102–§ 3). Il appelle à prendre au sérieux, non seulement la matière, mais « l'homme » dans toute l'intensité de son acception : « nous ne pouvons engager le sacrement qu'en consubstantialité avec l'homme » (Chenu, 1974, p. 88). Ce dynamisme anthropologique ne peut donc se penser qu'à partir du symbole, compris non seulement comme un processus de connaissance de la réalité, mais de communion avec le mystère lui-même. Et cette dimension mystérique tient au processus rituel qui fait advenir la foi comme position devant Dieu et devant le monde :

> La foi prend appui sur ces appareils cultuels [les symboles rituels] pour les dépasser dans une transmutation « chrétienne ». Elle réalisera un « culte spirituel », qui n'est certes pas une désincarnation, ni une désacramentalisation, mais bien la communion au mystère du Christ, ainsi visiblement témoigné par le peuple de Dieu, communion nourrie de représentations efficaces, dans une présence au monde. (Chenu, 1967, p. 175).

Pour l'assemblée, en conséquence, cela demande de subvertir son mode apparent de constitution. Elle ne conditionne pas son appartenance à la vérification d'un niveau supposé de la foi, mais rend manifeste que c'est Dieu qui croit en nous. C'est la croix, dont nous sommes marqués au début de la célébration, en écho de notre baptême, qui devient le signe de reconnaissance et de rassemblement.

Enfin, la liturgie déplace l'articulation entre anthropologie et théologie dont A. Grillo a désigné l'écart entre les deux, voire l'opposition, qui s'est progressivement établie durant la période contemporaine (Grillo, 2019, p. 34). Pour M.-D. Chenu, la liturgie propose en effet une voie qui peut réconcilier ces deux dimensions :

> La rationalité théologique, embrayant sur une anthropologie, confère au mystère, ou plutôt au sacrement, une cohérence complète avec le réalisme humain. Autrement dit l'ensemble du mystère, y compris sa sacramentalité, trouve son réalisme à partir de l'homme. Contre tous les spiritualismes, l'être total de l'homme ; contre les individualismes, l'être social ; contre le hors-cosmos, l'homme maître du monde. (Chenu, 1974, p. 99).

Sans confondre ni opposer anthropologie et théologie, il s'agit de faire jouer une polarisation qui les établit dans un dialogue réciproque. Dès lors, si « plus Dieu est Dieu, plus l'homme est homme » (Chenu, 1974, p. 88), parce que la liturgie met en mouvement l'homme dans toutes ses potentialités, cette mise en présence ne sera ni un amoindrissement de Dieu, ni un effacement de l'homme, mais l'épiphanie du salut dans la figure de l'*ecclesia*. Le dynamisme anthropologique de la liturgie offre ainsi de saisir la sacramentalité au niveau le plus adéquat de l'existence humaine où Dieu se révèle.

Ainsi, la liturgie n'est pas un obstacle, mais bien plutôt le garant d'une sacramentalité d'un contact adéquat avec le mystère de Dieu. L'assemblée liturgique en porte la marque : elle est le lieu de l'adoption filiale et non celui de la sélection, d'une communion selon l'Esprit saint et non celui d'un simple humanisme, d'un salut communautaire et non pas individuel.

2. La cérémonialité, épiphanie de la présence

Cette dynamique anthropologique de la liturgie est rendue manifeste par ce qui en est sa plus haute visibilité, c'est-à-dire la cérémonialité des choses. Ici le terme de chose ou *res* est à entendre à la manière dont J.-Y. Hameline le propose dans *Petite Poétique des arts sacrés* :

> En fin de compte, ce mot le plus banal dit par sa banalité même à la fois l'exercice de l'intelligence et de sa fonction d'orientation dans un univers d'êtres et de situations, et une certaine impossibilité d'en démêler toutes les variables, autrement que par un suffisamment juste et significatif usage. (Hameline, 2014, p. 21).

Il faut noter que ces « choses » peuvent être aussi bien des personnes que des objets, des lieux ou des attitudes et des paroles. Outre le fait que cette approche singulière suppose de retrouver une confiance dans la matière comme médiation, elle repose sur la prise en compte du « faire » et de la « manière de faire ». En d'autres termes, parce que la liturgie met en jeu des « choses » afin de réaliser l'épiphanie du mystère de Dieu, elle apparaît véritablement comme un lieu matriciel pour la foi. Cette mise en présence se traduit non pas d'abord en idées, mais par des déplacements, des attitudes et des manifestations vocales :

> Le « culte extérieur » n'est pas un culte qui *est* à l'extérieur, mais une action de culte qui se produit, ou même qui produit son extériorité comme *signe, témoignage, exercice.* (Hameline, 2006, p. 45).

En élaborant la notion de « site cérémoniel », J.-Y. Hameline permet d'approcher les divers processus qui conduisent liturgiquement de l'action rituelle à l'expression de la foi (Hameline, 1997, pp. 93–123). Pour cela, il prend en considération les ressorts anthropologiques de l'homme dans leurs différentes dimensions, aussi bien psychologique que sociale, aussi bien temporelle que spatiale. En s'intéressant à l'économie comportementale de la liturgie, il met en évidence l'*ethos* qu'elle engendre et les représentations croyantes qu'elle suscite. Il s'agit bien de « faire foi » comme l'exprime l'anamnèse eucharistique : « *Mysterium fidei* ». Cette acclamation n'a pas pour but de désigner un objet sacré digne d'adoration ou de respect, mais de dévoiler la mise en relation qui s'opère par la Prière eucharistique de l'Église. Cette mise en contact avec le mystère de Dieu est également celle de l'homme devant Dieu, dans la figure du Christ :

> L'homme cherche dans la liturgie consciemment ou inconsciemment l'épiphanie, l'apparition lumineuse de la réalité sainte dans l'événement cultuel, la résonance de la Parole éternelle dans des paroles et des chants, la présence de l'Esprit-Saint dans des réalités « charnelles » saisissables. (Guardini, 1954, p. 90).

Connaître Dieu en liturgie ne relève pas alors de la transmission d'un discours selon une modalité pratique. Au contraire, en déployant une authentique épiphanie du mystère, la cérémonialité offre un mode de connaissance de Dieu, conjointement homogène au mystère de Dieu et au mystère de l'homme. Ceci ne tient pas seulement au fait que la liturgie est une pratique cultuelle, mais parce qu'en elle se « réalise » la relation humano-divine. Cette polarisation du réel conditionne la manière dont la vie liturgique conduit à participer au mystère de Dieu. La synthèse de *Sacrosanctum concilium* vient dépasser une conception vériste de la participation active (il faut faire quelque chose) ou la réduction à un être là de « spectateur étranger et muet » (*SC*, n° 48). Ainsi les signes de la liturgie, en tant que celle-ci actualise dans la vie de l'Église et du monde le passage du Christ de la mort à la vie, ne sont pas seulement un mode de connaissance par le sensible, mais une dynamique de participation au mystère, aussi bien individuellement que collectivement.

L'assemblée, par les différents comportements qui la font devenir elle-même, fait hospitalité au mystère de Dieu : elle le rend visible dans le monde (avec toute sa puissance critique, d'abord sur nous-mêmes). Déplacements, processions, échange de regards et de paroles, occupation de l'espace, cette cérémonialité de l'assemblée manifeste qu'elle est l'épiphanie de l'Église en prière, c'est-à-dire du mystère de la rencontre en Dieu qui parle et son peuple qui lui répond. Dès lors, pour dépasser l'usure de la vie collective, les pratiques « humanisantes » de la liturgie permettent de renouveler notre vivre en commun, où « l'étendue y devient un lieu, l'endroit une place, l'individu un officiant, le temps une durée "musicalisée", le son un indice de présence » (Hameline, 1997, p. 168).

3. Une liturgie pour une forme de vie de la foi : une nouvelle sociabilité

Prendre la porte d'entrée de la célébration du culte chrétien, pour penser l'avenir entre critique, résistance et utopie, conduit à interroger les ressources propres de la liturgie face aux troubles dans la définition de l'humain et de la vie collective. Une anthropologie sacramentelle, qui fait droit à la liturgie comme fondation, permet de donner consistance à une forme de vie de la foi qui n'en reste pas à un pur déploiement rituel (Prétot, 2017). Au contraire, elle manifeste que la foi est plus qu'un style d'existence, mais une vie qui n'est jamais séparée de sa source (Chenu, 1967, p. 165).

Comme agir total, la liturgie ne se résume pas à un programme rituel ou à un discours théologique. Cette approche implique une recomposition du lien entre action rituelle et participation, à partir du réel. S'il s'agit de viser une participation active, pleine et entière (*SC*, n° 14), il faut en retour que l'action liturgique ne soit pas réduite à un *ordo* rituel, mais soit comprise comme l'épiphanie d'une présence, qui est celle de Dieu. Elle se présente donc, et cela, de part en part, comme une réalité théologale qui donne à la vie chrétienne une forme adéquate au mystère. Pour cela, elle engage un processus qui situe le croyant au cœur du réel et à l'intérieur d'une tradition croyante (Chenu, 1967, p. 176). En ramenant la foi sur cet axe fondamental (Hameline, 1997, p. 11), c'est-à-dire anthropologique, la liturgie définit un lieu où le sujet croyant est replacé devant son propre mystère (personnel *et* communautaire) tout comme celui de Dieu, par l'écoute de la Parole de Dieu et l'action de grâce. Cela offre d'une part, de tenir l'irréductibilité de l'événement pascal que rien ne peut « prévoir » en l'homme et, d'autre part, de ne pas réduire le christianisme à une sagesse religieuse des plus élaborée. La « foi sur son axe fondamental » est cette capacité originaire de l'homme à connaître Dieu selon la polarité de la croix et de la Résurrection du Christ.

L'assemblée chrétienne devient ainsi le modèle et l'apprentissage de cette nouvelle sociabilité commune selon le registre de l'alliance. Non seulement en ce qui concerne les critères pour en faire partie, mais également par l'exercice des divers ministères qui la structurent, ce vivre en commun se vit sur l'horizon de son ordination baptismale. Le chant en sera le signe le plus éminent : articulant aussi bien la voix de tous comme de quelques-uns, voire d'un soliste, il manifestera la hiérarchie proprement chrétienne de toute assemblée.

Au terme de cet essai, les ressources anthropologiques de la liturgie sont une aide précieuse à l'âge de l'anthropocène, dans la mesure où elles invitent à revenir à un réel toujours plus « réel ». En lui demandant d'agir rituellement les « choses » du monde comme un moyen de se relier à nouveau avec soi-même, avec Dieu et avec les autres, la liturgie propose à l'homme contemporain de se réapproprier son avenir « dans » le monde. Dans un moment culturel et sociétal où le réel semble nous échapper ou que nous fuyons dans la virtualité, l'anthropologie sacramentelle impose d'y revenir et de le recevoir à nouveau comme un « lieu de vie ». Honorer le réel, c'est-à-dire comme une ressource pour devenir soi-même devant Dieu et les autres, désigne cette limite ultime de la sacramentalité chrétienne.

Finalement, c'est la vie humaine elle-même qui est apparue comme le cadre fondamental pour penser à frais nouveaux une théologie sacramentaire. Si la liturgie permet de considérer la vie chrétienne comme une forme de vie de la foi, c'est en raison de sa capacité à mettre chacun en présence du Christ selon le régime de l'Alliance :

> [Dans cette anthropologie du culte], le culte, la religion, le mystère de l'*Homme*-Dieu de l'histoire, saisiront l'homme dans sa nature sociale. La surface humaine de la liturgie sera une assemblée. C'est dans une assemblée que s'accomplit le mystère. L'Église est un peuple, et non un agrégat de saluts individuels. L'absolu personnalisme de la foi et de l'amour ne sera pas plus mis en échec par ce collectivisme, que la dignité de la personne ne sera menacée par la socialisation, partout où elle est vraie. (Chenu, 1967, p. 176).

Ainsi, la relation croyante apparaît dans sa vérité intégrale, comme communion et fraternité, et pas seulement ou d'abord comme individualité. L'accomplissement du culte dans la charité deviendra alors l'horizon ultime de la forme de vie de la foi, afin de « devenir humain » à l'âge de l'anthropocène.

Références bibliographiques

Chenu, M.-D. (1947). Anthropologie et liturgie. *La Maison-Dieu*, *4*(12), pp. 53–65.

Chenu, M.-D. (1967). Anthropologie de la liturgie. Dans Congar, Y. & Jossua, J.-P. (dir.). *La liturgie après Vatican II. Bilans, études, prospectives.* Cerf, pp. 159–177.

Chenu, M.-D. (1974). Pour une anthropologie sacramentelle. *La Maison-Dieu*, *3*(114), pp. 85–100.

Festugière, M. (1914). *Qu'est-ce que la liturgie ? Sa définition, ses fins, sa mission*. Gabalda.

Grillo, A. (2019). La signification anthropologique de la liturgie : rite, corps et sens. *Lumen Vitae*, *1*(LXXIV), pp. 33–42.

Guardini, R. (1954). *Les sens et la connaissance de Dieu*. Cerf.

Hameline, J.-Y. (1997). *Une poétique du rituel*. Coll. « Liturgie » 9, Cerf.

Hameline, J.-Y. (2006). À la recherche d'une économie posturale. *La Maison-Dieu*, *3*(247), pp. 37–59.

Hameline, J.-Y. (2014). *Petite poétique des arts sacrés*. Coll. « Lex Orandi – nouvelle série » 3, Cerf.

Praud, O. (2020). Manque de liturgie ou liturgie du manque. Célébrer à l'heure de la Covid-19, journée d'étude de la Faculté de Droit Canonique de l'Institut Catholique de Paris : « L'Église en état d'urgence ». Article en cours de publication.

Prétot, P. (2015). À la recherche de l'*homo liturgicus* postmoderne. *Revue de l'Institut Catholique de Paris – Transversalités* (sup. n.3), pp. 67–91.

Prétot, P. (2017). Pour inventer des nouvelles pratiques de l'humain : penser des « formes de vie ». *Revue de l'Institut Catholique de Paris – Transversalités*, *4*(143), pp. 97–112.

Partie III. Quelles politiques de l'avenir ?

1.
Le droit révélateur et acteur de l'avenir. Approche par la loi

Marc Dupré

Introduction

Il y a toujours un paradoxe dans le regard qui est porté sur le droit et sur les juristes. On qualifie volontiers ces derniers de conservateurs, voire de réactionnaires, termes qui se réfèrent essentiellement au passé, alors que leur matière entretient avec le temps un rapport des plus complexes et des plus riches parmi les sciences sociales (Ost, 2004).[1] La réflexion sur la temporalité y est d'autant plus importante que le droit, en tant que régulateur d'un nombre conséquent de rapports sociaux, notamment conflictuels, est en permanence confronté à des situations qui naissent dans le passé (une naissance, un mariage, un contrat, un conflit, une infraction, etc.), déploient leurs effets dans une temporalité parfois très longue (la constitution d'un patrimoine conjoint, le développement d'une société, un préjudice, une instruction criminelle) et impliquent une modification de l'avenir (les conséquences d'une réforme législative, d'un divorce, d'une rupture de contrat, d'une condamnation, d'un décès).

Le juriste serait-il alors atteint de schizophrénie, se méfiant du changement tout en pratiquant une matière en perpétuelle évolution ? Force est de constater que les outils à sa disposition sont tous concernés par la nécessité d'appréhender le temps (Hébraud, 1979).

L'article 2 du Code civil expose, par exemple, que : « La loi ne dispose que pour l'avenir ; elle n'a point d'effet rétroactif ». Ce qui a été n'a plus à être car la nouvelle loi est présumée meilleure que l'ancienne. Mais l'article L. 112–1, alinéa 3 du code pénal le contrarie en partie en disposant que : « Toutefois, les dispositions nouvelles s'appliquent aux infractions commises avant leur entrée en vigueur et n'ayant pas donné

---

1 « On peut penser qu'il s'agit là d'une des fonctions les plus essentielles du droit ».

lieu à une condamnation passée en force de chose jugée lorsqu'elles sont moins sévères que les dispositions anciennes ». La loi nouvelle moins sévère s'applique donc rétroactivement au bénéfice des libertés civiles du citoyen. Et la jurisprudence n'est pas en reste pour considérer que, malgré une nouvelle loi, les contrats demeurent par principe soumis à la loi applicable au jour de leur naissance (par exemple, Cass. Civ. 1ère, 12 juin 2013, n° 12–15688).[2] Il y aurait des effets redoutables à ce que l'accord des parties pour louer, prêter ou donner un bien soit remis en cause trop facilement par un changement de loi par définition imprévisible au jour de la conclusion du contrat. Le contrat est d'ailleurs classiquement envisagé comme un acte de « prévision » (Hauriou, 1910 ; Lécuyer, 1999 ; Penin, 2012). Il vise donc l'avenir, mais un avenir qui se veut rassurant et ordonné, dans lequel chacun connaît ses obligations. L'article 5 du Code civil défend par ailleurs « aux juges de prononcer par voie de disposition générale et réglementaire sur les causes qui leur sont soumises » (Portalis J.-E.-M., 1er pluviôse an IX).[3] Le juge français n'a ainsi pas pour fonction de créer une norme pour l'avenir mais de déclarer le droit sur un conflit qui naît dans le passé. Pourtant, le respect du droit à un procès équitable impose une certaine prévisibilité et une modulation dans le temps des effets des décisions rendues par les juges (CJCE, 8 avr. 1976, aff. n° 43/75, *Defrenne, Rec. CJCE*, p. 455 ; CEDH, 12 juill. 2018, *Allègre c. France*, req. n° 22008/12 ; CE, Ass., 16 juillet 2007, « Société Tropic Travaux Signalisations », n° 291545, *Rec.* p. 360 ; Cass. Ass. plén., 21 décembre 2006, n° 00-20493 ; *Bull. Ass. plén.*, n° 15). Cela est d'autant plus important lorsqu'il prend l'envie aux juges de la Cour de cassation ou du Conseil d'État de bouleverser par un revirement de jurisprudence leur approche antérieure d'un point de droit (Libchaber, 2002). Il apparaît en effet délicat pour le demandeur en cours de procès, parfois depuis plusieurs années, qui s'appuie sur une jurisprudence constante de la Cour de cassation ou du Conseil d'État dans son argumentation, de voir toute la cohérence de sa position bouleversée du jour au lendemain par un arrêt évoluant radicalement sur le point de droit qui l'occupe. Sa future situation juridique en dépend. Le Code civil lui-même, résolument tourné

---

[2] Les exceptions à l'exception se multiplient néanmoins avec l'importance prise par les lois nouvelles relevant de l'ordre public ou la notion d'effet légal du contrat.

[3] « Ce qui est interdit au juge par l'article 5 du Code civil, c'est de se tenir lié pour l'avenir par la règle qu'il pose afin de résoudre l'espèce qui lui est soumise [ce qui diffère de l'arrêt de principe], ou de motiver sa décision particulière par la seule référence à ce qu'il a jugé antérieurement, comme s'il était tenu de s'y conformer. »

vers l'élaboration d'une nouvelle société à l'époque de sa promulgation, a désormais plus de deux siècles (Martin, 2003). Et pourtant l'idée d'une réforme générale de son contenu soulève toujours autant le débat (Beignier, 2019 ; Revet, 2019 ; Piédelièvе, 2019 ; Jamin, 2019 ; Cabrillac, 2019). On préfère en pratique des réformes partielles – et nombreuses – en vue de sa modernisation : droit des personnes, de la famille, des obligations contractuelles et demain des obligations extracontractuelles. Mais demeure malgré un contenu renouvelé cet effet prophylactique des termes « Code civil » inscrits sur la couverture de l'ouvrage (Rouvière, 2019).[4]

Le rapport du droit au temps est donc permanent et complexe. Un auteur remarque que (Ost, 2004) « se laisse entrevoir une scansion en quatre temps à laquelle le droit prend une part décisive : lier et délier le passé, lier et délier l'avenir ». Le juriste perçoit bien la nécessité des évolutions du droit mais également de l'impératif de réfléchir aux bouleversements occasionnés par ces évolutions (Association française de philosophie du droit, 1985 ; Fleury-Le Gros P. (dir.), 2010).

Bien évidemment, le sujet du rapport entre droit et avenir ne peut pas être traité dans son intégralité dans ce seul chapitre. Chacun des outils du droit nécessiterait une étude particulière. L'un d'eux apparaît néanmoins plus pertinent à analyser dans l'optique de cette étude par l'importance symbolique et sociale dont il dispose. Il s'agit de la norme écrite, et plus particulièrement de la loi. Si la loi énonce bien du droit, elle présente la particularité d'être d'origine gouvernementale ou parlementaire, traduisant ainsi des choix politiques pour l'avenir de la société. Elle est d'autant plus pertinente à analyser qu'elle est l'objet d'une crise. Cette crise n'est pas qu'institutionnelle ou formelle (concurrence entre la loi et le règlement, lois trop nombreuses, textes à la rédaction critiquée). Elle est également liée aux objectifs assignés traditionnellement dans notre système juridique à la norme écrite : construire un avenir de progrès.

Nous essaierons d'établir que la vision d'une loi au service d'un progrès optimiste de l'avenir (I) trouve aujourd'hui ses limites (II). Une prise salutaire de conscience de la finalité du droit pourrait sans doute donner des pistes pour des rapports plus sereins entre avenir et droit (III).

---

4 Le professeur Rouvière, affirmant face à un éventuel déclin du droit civil, que « son avenir est entièrement tissé dans son passé ».

1. La loi comme acteur de l'avenir

Le rapport du juriste au temps, et notamment à l'avenir, peut en premier lieu dépendre de son approche de la nature du droit. De manière simplifiée, deux visions coexistent : la première, que nous appellerons positiviste, consiste à faire du droit un ensemble de normes hiérarchisées et sanctionnées par une autorité ; la seconde, que nous nommerons jusnaturaliste, consiste à accorder une finalité particulière au droit, lequel viserait un idéal qui dépasse la simple application des règles techniques.[5] Le rapport au temps et plus spécialement à l'avenir s'y avère différent.

Pour les tenants de l'approche positiviste, l'étude de l'influence sociale du droit sur l'avenir ne relève pas directement du juriste, lequel se charge avant tout d'appliquer une norme. Autrement dit, le rapport du juriste au temps est celui de la mise en œuvre des normes applicables pour gérer la temporalité du droit positif. Son approche de l'avenir est relative aux outils techniques dont il dispose et non au jugement moral sur le contenu substantiel de la règle. Le droit est d'abord un construit, produit d'une volonté, dans l'idéal de Kelsen issu d'une procédure inscrite dans l'État de droit. S'il peut porter un regard moral, éthique ou religieux sur le système juridique dans lequel il s'inscrit, ce regard est extérieur à la science du droit (Lochak, 1989 ; Troper, 1989 ; de Béchillon, 1997).[6] Paradoxalement, cette approche amorale du droit n'en revient pas moins à inscrire dans cette régulation particulière des rapports sociaux une idéologie des temps que traverse le juriste (Jestaz, 2007).

Le rapport entre le droit et les conséquences sociales de son évolution est plus prégnant pour les tenants d'une approche jusnaturaliste. Que le droit vise la paix, l'ordre, l'attribution, l'amitié, le respect des droits et libertés fondamentaux ou toute autre finalité, le juriste appréciera

---

[5] Chacune des deux options présente en effet une multitude de nuances qui en font toute la richesse. Il y a sans doute peu à voir entre l'approche aristotélico-thomiste et la pensée de Grotius et, bien au-delà de la pensée normativiste de Kelsen, le positivisme se déploie dans de nombreuses directions.

[6] Face aux critiques apportées au positivisme amoral (Lochak, 1989), un courant s'est développé pour tenter d'expliquer que le juriste ne peut se retrancher derrière l'existence d'une règle « froide » et « neutre » pour refuser de porter un jugement moral, éthique ou religieux sur l'évolution des normes qui s'appliquent à lui (Troper, 1989). V. de Béchillon, 1997 : « Juriste ou pas, un être humain n'en est pas moins gardien des valeurs qui sont les siennes, quel que soit l' "ordre" dans lequel elles ont leur siège (la morale, l'éthique, la religion, etc.). Car ces valeurs n'ont de sens qu'appliquées à nos actions, y compris juridiques, y compris universitaires. »

la construction de son système juridique au regard de cet objectif qui influencera le contenu des règles qu'il promouvra. Dans cette optique, le juriste devient légitime en tant que tel à porter un regard critique sur le contenu du droit positif et sur ses effets dans l'organisation future de la société.

Néanmoins, ces deux conceptions ne sont que partiellement opposées et relèvent parfois plus de la démarche argumentative du juriste que de son rapport au temps. Il n'est pas rare en pratique d'observer d'ardents défenseurs du positivisme invoquer l'évolution des valeurs sociales pour justifier ou refuser une évolution du droit positif et de constater que les tenants d'une finalité propre du droit usent facilement des textes en vigueur pour appuyer le maintien d'une solution existante.

Une autre ligne de fracture peut être avancée. Elle consiste à opposer le droit comme un outil au service d'un ordre à découvrir, dont la temporalité n'est qu'un élément parmi d'autres, à un droit qui se donne pour fonction de construire l'avenir.

Il faut reconnaître que c'est la seconde optique qui prédomine, notamment depuis l'importance prise par la notion de « Progrès », comprise dans le sens d'une avancée positive de l'histoire en opposition au conservatisme ou à la réaction.

De nombreux discours parlementaires célèbres témoignent de cette opposition entre l'avant et l'après, d'un nouveau droit qui abolit ce qui était pour construire ce qui sera. Robert Badinter dans son discours à l'Assemblée Nationale du 17 septembre 1981 (Badinter, 1981) « regarde la marche de la France ». Il évoque également que : « Si l'on considère l'histoire de notre pays, on remarquera que l'abolition, en tant que telle, a toujours été une des grandes causes de la gauche française. Quand je dis gauche, comprenez-moi, j'entends forces de changement, forces de progrès, parfois forces de révolution, celles qui, en tout cas, font avancer l'histoire. » Christiane Taubira opère la même démarche dans son discours en faveur du mariage entre personnes de même sexe en décembre 2013 (Taubira, 2013) : « Mais vos enfants et vos petits-enfants les incluent déjà et les incluront de plus en plus. Et vous serez bien mal à l'aise lorsque par curiosité ils viendront voir les comptes rendus de nos débats. » Elle fustige également ceux qui conservent « le regard obstinément rivé vers le passé ».

Si ces exemples sont relativement récents, ils prennent racine dans une révolution copernicienne opérée notamment au XVIIIe siècle et consacrée par la Révolution française. Il s'agit de la victoire, au moment des débats sur la rédaction de la Déclaration des droits de l'homme et du citoyen, de ceux qui estiment que la loi construira le respect des droits contenus dans celle-ci (Rials, 1988).[7] La loi libératrice devient source de progrès et de réalisation des objectifs contenus dans la Déclaration. Cette approche n'a pas été sans conséquences, en France notamment, sur les rapports du droit et du temps. Le « vrai » droit, assimilé largement à la norme législative, devient un moyen de progrès. Le droit doit construire l'avenir par la loi (Millard, 2006).[8]

Faut-il en déduire que cette conception a définitivement vaincu ? Rien n'est moins certain.

2. La loi comme révélateur d'un avenir incertain

Toute l'ambiguïté du terme « Progrès » réside dans un postulat contestable : l'abolition de ce qui a été ne construit pas nécessairement un avenir meilleur, pas plus que les solutions reposant sur des idéaux généraux et impersonnels à atteindre ne donnent forcément des résultats probants. Le progrès présente en effet une face positive (qui serait contre un progrès ?), mais il ne faut pas oublier la possibilité d'effets négatifs ou imprévus. Par ailleurs, le terme même de progrès est sans doute devenu polysémique. La loi en tant qu'acteur important de l'avènement du progrès en subit les conséquences et révèle un avenir incertain.

Une première difficulté tient ainsi au discours sur le progrès. Si la loi peut être source de progrès, force est de constater que le mythe du progrès est en crise. On perçoit ici la limite d'un droit écrit au service d'un avenir idéalisé.

La question écologique apparaît comme une illustration topique de cette crise et, par contrecoup, de la crise du rapport moderne entre la règle légale et l'avenir. Lorsque la loi du 8 août 2016 a été promulguée (Loi n° 2016–1087 du 8 août 2016 pour la reconquête de la biodiversité, de la nature et des paysages. *JORF* du 9 août 2016), il y était affirmé à l'article 125 que : « L'utilisation de produits phytopharmaceutiques contenant une ou des substances actives de la famille des néonicotinoïdes

---

7 « Les trompettes du progrès par la loi ne couvrent certes pas tout à fait les bassons modérés de la conservation par la même loi. Mais le centre de gravité des Constituants n'est guère douteux : les bassons forment l'appoint indispensable mais ils sont moins nombreux que les trompettes. »

8 L'auteur y analyse le droit comme « un discours qui change le monde ».

et de semences traitées avec ces produits est interdite à compter du 1er septembre 2018. » Dans la tradition d'une loi perçue comme un outil au service d'un avenir de progrès, Barbara Pompili, lors des débats au Sénat le 10 mai 2016, énonçait à l'appui de son argumentation que (Pompili, 2016) : « L'écologie n'est pas un retour en arrière ; nous pouvons nous appuyer sur le génie humain, préparer l'avenir. » Pourtant, voilà le gouvernement contraint d'annoncer un projet de loi en vue d'accorder des dérogations pour certaines cultures (Ministère de l'agriculture et de l'alimentation, 2020). Faut-il y voir un retour en arrière ou la nécessité de prendre en compte la complexité des enjeux sur cette question ? À notre sens, c'est bien cette dernière explication qui prévaut. Si le droit peut être perçu comme un outil pour le progrès, si son langage est en grande partie performatif, cet outil ne peut appréhender ni même changer tout le réel (Sériaux, 2020).

Si le progrès d'un environnement sain pour l'avenir est souhaitable, il ne peut se passer de la prise en compte d'autres enjeux qui ont leur légitimité : productivité des agriculteurs, rémunérations de ces derniers, avancée de la recherche scientifique pour des produits de substitution. Le droit dans son évolution témoigne ici de la complexité du réel et de la nécessité de tenir compte de plusieurs facteurs dans son élaboration.

Une seconde crise de la loi comme outil du progrès réside ensuite dans le contenu de l'objectif à accomplir. Les grandes déclarations de droit sur lesquelles reposent notre idée du Progrès social par l'État de droit sont aujourd'hui questionnées dans leur universalité : souvent occidentales, elles trouvent de plus en plus de critiques à leur encontre dans un monde en mutation (Delmas-Marty, 2005 ; Supiot, 2009). Cette remise en question de l'universalité des droits fondamentaux interroge alors l'idée d'une loi au service d'un avenir nécessairement meilleur. L'interprétation des principes contenus au sein des déclarations par les juges chargés d'en appliquer le contenu ajoute à ce relativisme (Fabre-Magnan, 2018). Fondé sur le consentement de la personne, le nouveau progrès vise bien souvent la satisfaction de l'individu ou de groupes aux intérêts partagés et non plus l'humanité toute entière.

Le droit au sens large doit désormais garantir la possibilité de réaliser les désirs des personnes : changement de sexe à l'état civil, mariage pour tous, procréation médicalement assistée, gestation pour autrui sont autant d'illustrations d'un droit au service des volontés individuelles. Cette évolution n'est pas sans soulever d'importantes difficultés quant à la possibilité de construire un avenir fondé sur des bases universelles par la loi. La contractualisation des rapports humains, le recul de l'approche d'un droit au service d'un idéal de société ouvrent une crise de légitimité de la loi à être un vecteur de progrès universel.

Outil mis au service d'un avenir que l'on souhaite meilleur, la loi illustre aujourd'hui toutes les difficultés et les limites de cette vocation qui lui est assignée.

3. La loi comme révélateur et acteur d'un autre avenir ?

Si, *in fine,* la loi vise à participer à l'élaboration d'une société dans laquelle les personnes trouvent leur épanouissement, il faut peut-être envisager qu'elle n'est ni la traduction d'un idéal coupé de la complexité du réel, ni un outil au service des seuls intérêts particuliers. Comment sortir de ces impasses ?

Cela impose une certaine lutte contre une forme d'*hubris*. Non plus souhaiter un monde tel qu'il devrait être, mais tel qu'il est. Un retour à l'étude d'une cosmogonie apparaît ainsi à même de concilier le réel par l'étude de sa complexité, l'universel par la recherche de l'organisation des rapports qui existent dans notre monde, mais aussi l'avenir par les conséquences de l'adéquation entre la recherche de cet ordre et les moyens mis en œuvre pour en tenir compte. Le droit, et particulièrement la loi, y a sa part.

Ces rapides considérations engagent alors à revenir à des concepts anciens, mais finalement toujours d'actualité et sans doute plein d'avenir. « *Suum quique tribuere* » affirme le Digeste, en référence à la finalité du droit (Ulpien, Celse, d'Aquin Th. a., 1275–1273).[9] Le droit vise à attribuer à chacun ce qui lui revient, il vise le juste. Dans cette approche s'opère à notre sens la réconciliation d'un droit fondé sur le réel et au service d'un avenir meilleur.

On ne peut demander au droit, et *a fortiori* à la loi, de transformer en profondeur le réel par la seule force de son langage ou par la contrainte qu'il opère sur les citoyens. La loi est d'abord un outil au service des distributions et des commutations dans la société. Si elle peut avoir une influence sur les comportements, cette influence demeure contrainte par

[9] Ulpien : « *Suum quique tribuere* » ; Celse : « *Jus est ars aequi et boni* ».

la réalité complexe qui l'entoure. Si elle peut viser de nobles objectifs, on ne peut lui demander de résoudre des problèmes économiques, environnementaux, sociaux par la seule force de son langage et de la contrainte qu'elle exerce.

Il demeure cependant dans son champ de compétence de tenter le pari du juste (d'Aquin Th.b.).[10] Un pari qui repose sur la prise en compte d'une double réalité. Outil passif, la loi est un révélateur de l'avenir. Elle témoigne par son langage de la volonté du créateur de la norme de modifier ce qui était pour construire ce qui vient. Outil actif, elle participe concrètement à l'apparition de cet avenir. Mais dans les deux cas, elle doit accepter de subir un examen critique de son contenu.

En amont de sa création, elle nécessite l'usage de la prudence, de la prise en compte de l'ensemble des circonstances en vue d'évaluer l'effet qu'elle aura sur l'avenir (Albertini, 2015). En aval, elle doit accepter les ajustements nécessaires à sa mission civilisatrice d'une société où chacun se voit attribuer ce qui lui revient. Refuser cet examen critique c'est se priver de vérifier la correspondance entre l'outil et sa fin, c'est utiliser ce formidable outil de façon dogmatique et critiquable. Ce n'est qu'à cette double condition, toujours remise sur l'ouvrage, que la loi offrira la possibilité d'un monde plus juste pour l'avenir.

Références bibliographiques

Albertini, P. (2015). *La crise de la loi. Déclin ou mutation ?* LexisNexis Essais, p. 167 s.

Association française de philosophie du droit. (1985). *Le droit et le futur.* Trav. Univ. Paris II.

Badinter, R. (1981, 17 septembre). L'abolition de la peine de mort. *JORF (18 septembre 1981).* p 1138.

Beignier, B. (2019). Pour un nouveau code civil. *Recueil* Dalloz. p. 713.

Cabrillac, R. (2019). Un nouveau Code civil ? *Recueil Dalloz.* p. 2149.

de Béchillon, D. (1997). *Qu'est-ce qu'une règle de droit ?* Odile Jacob. p. 257.

[10] La loi est définie par l'Aquinate comme « une certaine mesure du juste ».

Delmas-Marty, M. (2005). *Vers un droit commun de l'humanité.* Textuel.

Fabre-Magnan, M. (2018). *L'institution de la liberté.* PUF. p. 179.

Fleury-Le Gros, P. (dir.) (2010). *Le temps et le droit.* LexisNexis Colloques et débats.

Hauriou, M. (1910). *Principes de droit public.* Sirey. p. 199.

Hébraud, P. (1979). Observations sur la notion du temps dans le droit civil. Dans *Études offertes à Pierre Kayser*, vol. 2. Presses universitaires d'Aix-Marseille. pp. 1–58.

Jamin, Ch. (2019). Des juges sans droit civil. *Recueil Dalloz.* p. 1705.

Jestaz, Ph. (2007). *Le droit (*5ème éd). Dalloz Connaissance du droit. p. 44.

Lécuyer, H. (1999). Le contrat, acte de prévision. Dans *Mélanges François Terré. L'avenir du droit.* PUF-Dalloz-JC. p. 643 s.

Libchaber, R. (2002). La rétroactivité des revirements de jurisprudence. *RTD civ.* p. 17.

Lochak, D. (1989). La doctrine sous Vichy ou les mésaventures du positivisme. Dans *Les usages sociaux du droit.* Curapp-Puf. p. 252.

Martin, X. (2003). *Mythologie du Code Napoléon.* Dominique Martin Morin.

Millard, E. (2006). *Théorie générale du droit.* Dalloz.

Ministère de l'agriculture et de l'alimentation (6 août 2020). Communiqué. *https://agriculture.gouv.fr/filiere–betterave–sucre–plan–de–soutien–gouvernemental–pour–faire–face–la–crise–de–la–jaunisse*

Ost, F. (2004). Temps (Point de vue de philosophe). Dans Cadiet, L. (dir.) (2004). *Dictionnaire de la Justice* (1ère éd.). PUF. p. 1283.

Penin, O. (2012). *La distinction de la formation et de l'exécution du contrat – Contribution à l'étude du contrat acte de prévision.* préf. Lequette, Y. LGDJ. BDP. t. 535.

Piédelièvre, S. (2019). Du passé, ne faisons pas table rase. *Recueil Dalloz.* p. 1547.

Pompili, B. (2016, 10 mai). Déclaration au Sénat. *Compte rendu analytique officiel du 10 mai 2016. http://www.senat.fr/cra/s20160510/s20160510_som.html.*

Portalis, J.-E.-M. (1er pluviôse an IX), *Discours préliminaire sur le projet de Code civil.*

Revet, Th. (2019). À propos de l'article de Bernard Beignier « Pour un nouveau code civil ». *Recueil Dalloz.* p. 1011.

Rials, S. (1988). *La déclaration des droits de l'homme et du citoyen.* Hachette Pluriel. p. 371.

Rouvière, F. (2019). L'avenir du droit civil. *RTD civ.* p. 451.

Sériaux, A. (2020). *Le droit comme langage.* LexisNexis. p. 41 s., not. n° 29 et 30.

Supiot, A. (2009). *Homo juridicus : Essai sur la fonction anthropologique du Droit.* Points Essais.

Taubira, Ch. (29 janvier 2013). Présentation du projet de loi sur le mariage homosexuel. *JORF (30 janvier 2013).*

Troper, M. (1989). La doctrine et le positivisme. Dans *Les usages sociaux du droit.* Curapp-PUF.

2.

La protection civile non-armée : une utopie ? Anatomie d'une pratique qui défie l'équation sécuritaire moderne

Cécile Dubernet

« Les missions devraient faire tout ce qui est en leur pouvoir pour mettre en valeur et exploiter les pratiques non violentes et les capacités des communautés locales et des organisations non gouvernementales, afin d'appuyer la création d'un cadre de protection. »

ONU, 2015

Introduction

Depuis les fondations de la science politique moderne, il est entendu que l'État protège ses citoyens. Qu'il le fasse ou non, la protection reste sa raison d'être, au cœur de la rhétorique des gouvernants. Il est aussi accepté que protéger relève de capacités (militaires, économiques, etc.) et de la volonté de les mobiliser. Or cette équation sécuritaire peine, non seulement parce que de nombreux États sont défaillants, mais aussi parce que la sécurité reste envisagée de façon étroite, politico-militaire. Or l'augmentation spectaculaire des inégalités a fragmenté les nations. Des crises à répétition mettent en exergue un décalage criant entre le discours sécuritaire des gouvernants et l'insécurité économique, sociale, environnementale des populations. La défiance croissante envers les élites traditionnelles a permis l'émergence de leaders populistes et ce contexte dégradé limite les initiatives multilatérales de protection des civils dans les zones de guerre. Et ce, d'autant plus que les aventures militaires au nom de la sécurité ou de la démocratie (Afghanistan, Irak, Mali, Libye, etc.) se sont avérées désastreuses. Après 20 ans de « guerre contre la terreur », les concepts et outils de la protection doivent être repensés.

Ce texte explore ce que les initiatives civiles de protection non-armée nous apprennent de la sécurité. Ces innovations locales, souvent soutenues par des réseaux internationaux, sont construites sur quelques principes : non-violence, multi-partialité, priorité donnée aux acteurs de terrain (Muller, 1997). Elles peuvent être efficaces localement (Mahony, 2006 ; Furnari, 2016) et s'avèrent complémentaires de solutions institutionnelles, mais aussi critiques de ces dernières. En effet, l'idée même de protéger sans menace induit une approche large et plutôt horizontale de la sécurité. Elle reconnaît à chaque humain un rôle de protecteur. Protéger s'y envisage moins en termes de ressources matérielles mobilisables à court terme que de compétences relationnelles inscrites dans le temps long. Ces expériences nous donnent donc des clés pour envisager l'avenir de la protection humaine. Néanmoins, chacune est unique et n'offre pas de solution réplicable dont sont avides experts et universitaires (Dubernet, 2018). La protection civile non-armée existe donc, elle n'est pas une utopie. Mais, compte tenu des paradigmes dominants en géopolitique, sa diffusion à grande échelle en reste encore une.

1. La protection civile non-armée, une pratique ancrée dans du réel

Les initiatives de protection non-armée se diffusent depuis quelques décennies sur différents continents (Beitel 2015 ; Janzen 2020). Elles vont de pair avec des mouvements de résistance et de défense des droits humains, de l'environnement ou de la démocratie.

La protection par la présence non-armée

« Interventions civiles de paix », « observatoire des libertés », « accompagnement international », les noms et types d'initiatives civiles varient. Le cœur du travail néanmoins reste la protection par la présence *via* quatre techniques reconnues : l'observation, l'accompagnement, la médiation locale et l'interposition. Bien que différentes, les ONG qui les pratiquent partagent des valeurs fondamentales telles que la défense des droits, la lutte contre l'impunité, la non-violence. Elles ont en outre un objectif précis : la dissuasion d'attaques, d'arrestations arbitraires, de torture, d'expulsions, de dénis de justice. Il s'agit de défendre la réalité d'un état de droit en observant les agissements des acteurs armés, en accompagnant des membres de la société civile (juristes, journalistes, syndicalistes, etc.) menacés quand ils exercent leur liberté d'association, de presse, de mobilité. Les intervenants travaillent aussi à la création d'espaces/temps de rencontre et dialogue entre des parties en tension. En zone de conflit armé, ils se positionnent pour limiter les violations du Droit humanitaire international (Comité international de la croix rouge, 2013 ; UNITAR et Nonviolent Peaceforce, 2016).

Cette protection se joue donc dans une présence tierce continue auprès de personnes en danger. Contrairement aux Casques bleus onusiens, les intervenants ne sont pas armés, même pour se défendre. Contrairement aux travailleurs humanitaires, ils n'apportent aucune aide matérielle sur la zone de conflit. L'impact des activités des équipes humanitaires en matière de protection est reconnu. Mais peu d'ONG ont pour mandat principal de protéger par un usage stratégique de leur présence. Peu sont dans « l'être avec » plutôt que dans le « faire pour » ou « faire avec ». Enfin, le travail diffère aussi de celui d'ONG comme *Amnesty International* ou *Human Rights Watch*. Ces dernières extraient des pays de violence des informations pour les diffuser à l'international et exercer ainsi une pression médiatique et politique sur les acteurs violents. Les ONG de protection civile non-armée, elles, restent sur zone et gèrent l'information de façon plus confidentielle. Par leur constante circulation, leurs observations et mises en lien, elles influencent de l'intérieur du territoire, de l'intérieur des structures de pouvoir. Dernier point, l'intervention se construit sur demande explicite de la société civile locale. Si de grandes institutions (UE, OSCE, ONU) ont développé des compétences en observation électorale, en monitorat de cessez-le-feu, si elles déploient parfois des observateurs non-armés, elles ne travaillent guère avec des demandes locales (Autessere, 2014). C'est donc dans cet angle mort de l'action internationale, la sûreté quotidienne des populations, que des ONG telles que les *Christian Peacemaker Teams, les Peace Brigades International* ou encore *Nonviolent Peaceforce*, tentent de nouvelles approches de la sécurité humaine. Dans ce contexte, la protection s'envisage moins comme ressource apportée de l'extérieur que comme des compétences construites dans la synergie entre partenaires locaux et internationaux.

Des initiatives en expansion depuis la fin de la guerre froide

C'est à partir des années 1980 que des citoyens se sont saisis de la question de la protection d'autres civils notamment en Amérique centrale, puis Latine (Weber, 1996). Ils ont emprunté aux techniques d'ONG classiques de défense des droits humains. Ils se sont également inspirés de la dimension non-matérielle du travail du Comité international de la croix rouge et d'expériences de résistances non-violentes. Au fil des années, se sont ainsi développées des innovations en techniques d'observation, de patrouille, de communication, d'accompagnement (parfois 24/24), de contrôle des rumeurs, de médiation navette, etc. Les questions sensibles (confidentialité, management, risques, etc.) font l'objet de débats permanents (Furnari, 2016 ; Dubernet 2018). Une base de données canadienne a recensé 68 organisations engagées dans ce champ depuis 1990, dont 48 actives en 2020 (Janzen, 2020).

Cette expansion est une conséquence de défaillances étatiques. L'État se révèle absent lors de guerres civiles, incapable d'assurer une protection minimum aux citoyens de nombreux pays (OCDE, 2018). Il est abusif lors de coups d'État (Égypte, Honduras, Mali), dans des démocraties non-libérales et corrompues (Russie, Turquie, Gabon, Biélorusse, Nigéria) mais aussi dans des démocraties plus établies aux prises avec le racisme structurel des forces armées (France, États-Unis) ou leur non-respect du droit international, par exemple de la Convention sur les Réfugiés. Dans ces contextes, des groupes locaux se mobilisent en réseaux. La grande majorité de ces mouvements reste non-violente. Ce fut le cas lors de créations de villages de la paix en Colombie (*San Jose de Apartado*), au Soudan du Sud (*Kuron Peace Village*), lors d'initiatives d'observation de check-points en Israël, d'observation des passages de frontières européennes par des migrants, la création de *Women Peacekeeping teams* au Soudan du Sud, les efforts de sécurité communautaires au Nicaragua ou au Kenya, ou encore les médiations de San Egidio.[1] Ce sont aujourd'hui des milliers de volontaires qui se portent présents auprès d'autres en danger, menacés du fait de leur résistance, ou même de leur existence.

1 Plus d'information sur les projets cités se trouvent sur les sites des organisations suivantes : Peace Brigades International (www.pbi.org), Eccumenical Accompaniment Programme in Palestine and Israël (www.eappi.org), Nonviolent Peaceforce (www.nonviolentpeaceforce.org), Acompagnimiento International (www.acoguate.org), The community of Santegidio (www.santegidion.org). Plus de projets ont été listés dans Quaker Council for European Affairs (2018). *Construire la paix ensemble.*

2. La protection civile non-armée : marginale utopie, dangereuse dystopie ?

Ce travail est novateur car il s'ancre dans des mouvements de résistance locaux et dessine des formes de solidarité basées sur la présence plutôt que sur l'apport matériel. Pourtant, alors qu'il renouvelle la dignité humaine, il reste marginal et invisible dans les études sécuritaires. La petite taille des opérations et le manque de connaissance de ces pratiques n'expliquent qu'en partie ce silence. Au fond, l'approche est marginalisée car elle semble utopique, parfois même dangereuse.

Une approche invisible car immatérielle

Chacun des exemples mentionnés ci-dessus implique des dizaines, au plus quelques centaines de personnes actives sur site. Ces projets sont de petite taille, fragiles financièrement. Ils n'emploient qu'une fraction des personnels des institutions internationales. Ils souffrent également de la baisse des financements des ONG de défense des droits humains. En particulier depuis la crise financière de 2008, la priorité est donnée aux projets humanitaires ou de développement. Il est plus aisé de soutenir une campagne de vaccination contre la polio qu'une campagne de dénonciation de la corruption. La première cible semble simple, l'opération matérielle, la temporalité contrôlable, les résultats mesurables. La corruption par contraste est une cible complexe et immatérielle, la lutte est à long terme et facilement instrumentalisée, les résultats peu tangibles. Même pour des projets plus ciblés sur des violences physiques, l'impact de la prévention est complexe à évaluer, et donc les programmes de dissuasion difficiles à financer.

Enfin, l'accompagnement international est un engagement de deuxième rang, en soutien d'initiatives locales. Par conséquent, ces opérations, dont l'objet est de préserver l'espace de la transformation, de prévenir les actes de blocage, d'intimidation ou de représailles, attirent peu d'attention. Des pionniers comme les *Peace Brigades international* sont plus connus des réseaux locaux et diplomatiques que du grand public. Ce manque de visibilité limite la reconnaissance du travail en dehors de cercles spécialisés et, par conséquent, son déploiement.

Pratique dérangeante ? Dystopique ?

Ces dernières années, un nombre croissant d'États (y compris des démocraties reconnues comme l'Inde, Israël, la Hongrie) ont accentué leurs mesures bridant la liberté de la presse, la défense de l'environnement, la lutte contre la corruption. Les ONG locales sont vilipendées (accusations d'espionnage, de corruption, de traitrise, de délits de solidarité, etc.), et leurs réseaux de soutien vus avec grande suspicion. Les visas peuvent être refusés, les intervenants étrangers plus facilement expulsés. Blocages et délais administratifs vont croissant. La présence civile est souvent entravée par les autorités étatiques en charge de la protection. De fait, ces réseaux qui agissent en réponse à un appel local dérangent car ils mettent en exergue des failles des acteurs étatiques.

Que les gouvernements ciblés s'inquiètent de cette « ingérence » dans des luttes locales se comprend. Mais, force est de reconnaître que les démocraties établies, qui ont initialement soutenu ces formes d'action au nom des droits humains, s'en méfient aussi lorsque leurs intérêts sont touchés (projets industriels ou interventions militaires). Depuis les guerres en Afghanistan et en Irak, les États dominants cherchent à encadrer toute action civile, au nom même de la sécurité des intervenants. L'idée de protection civile surprend et dérange donc les États même libéraux.

Du côté de la recherche, beaucoup d'attention est portée aux initiatives humanitaires et aux résistances armées et violentes. Peu de politistes explorent ce qui se joue dans la protection non-armée de résistances non-violentes. Pourtant un nombre croissant de rapports institutionnels note l'efficacité de ce travail (ONU, 2015 ; MEAE, 2018 ; Wall et Hedlund, 2017). Dans un monde où des chefs d'État n'hésitent pas à manipuler les élections et à assassiner leurs opposants, Michel Forst, le rapporteur des droits de l'homme auprès des nations unies en 2018, avait lui aussi souligné l'effectivité de l'accompagnement international des défenseurs des droits humains (Forst, 2018).

Au fond, l'idée qu'une présence peu institutionnalisée et non-armée contribue à la sécurité humaine, reste une énigme en géopolitique. Chaque prise d'otage, largement médiatisée, renforce l'idée que seule la menace et la violence peuvent dissuader des rebelles, voire des gouvernements, d'actes inhumains contre des civils. Les « artisans de paix » restent perçus comme des idéologues naïfs, peu rationnels, des touristes au comportement irresponsable dans des zones de danger. Cette suspicion profonde des analystes s'ancre dans les axiomes anthropologiques qui fondent la Science politique moderne.

3. Une critique de l'équation sécuritaire moderne

Silence et tentatives de criminalisation témoignent de l'inconfort des autorités politiques et scientifiques face à l'idée subversive de protéger sans arme. L'existence, même marginale, de tels projets questionne. Ils s'offrent comme compléments de l'approche dominante. En même temps, ils en sont une critique. Non pas une « déconstruction argumentaire », mais une critique au sens de « démonstration du contraire ». Bien que fragiles, ces alternatives illustrent un autre possible. Elles donnent à repenser la protection, comme une dynamique entre subsidiarité, connectivité et vulnérabilité.

La protection : une question de subsidiarité

Même les populations les plus démunies des zones de conflit anticipent et imaginent des stratégies pour contrer le danger. Elles se risquent à protester, à réclamer plus d'accès humanitaire, plus de justice ou d'éducation. Elles pensent leur vulnérabilité et agissent face aux dilemmes (Lederach, 2005). Lors de désastres environnementaux, les voisins sont les premiers sauveteurs. Dans les migrations forcées, les communautés régionales sont immédiatement sollicitées. Reconnaître que ces personnes sont expertes de leurs vies compliquées et premières protectrices dans l'urgence relativise l'apport d'experts et de militaires. L'expertise s'avère parfois moins pertinente que la connaissance locale. Or se mettre au service de ce local exige de repenser l'architecture sécuritaire axée sur la sécurité nationale ou, pour l'ONU, sur la responsabilité de protéger. Ces approches ignorent encore les perspectives, rôles et responsabilités des « protégés ». Elles restent verticales, imposant une dépendance aux acteurs régaliens dans le schéma étroit du triangle de Karpman (persécuteur – victime – sauveur). Au contraire, les expériences de protection civile montrent qu'un engagement vers plus de résilience se joue dans la subsidiarité des modes de protection et la prise de responsabilité des personnes en danger.

La sécurité : une affaire de liens

« Subsidiarité » ne signifie pas pour autant « armer les citoyens ». Les remontées du terrain engagent plutôt à repenser la nature du terme sécurité. Dans des contextes troublés, il se décline en accès fondamentaux (air, eau, nourriture, logement, soins, sûreté) qui permettent aux corps de vivre, mais aussi en besoins sociaux et politiques (libertés fondamentales, éducation, justice) qui engendrent le meilleur de l'humain. Or le simple encadrement militaire d'un territoire pour en éliminer rebelles et terroristes n'apporte que restrictions et dangers pour les populations. Au Mexique, au Nigéria, en Libye, en Irak, au Mali, la militarisation des conflits a empiré la sécurité humaine via des spirales de défiance et représailles.

La notion de « sécurité humaine », telle que formulée par le Programme des nations unies pour le développement (PNUD), capture les aspirations populaires en temps de crise mieux que celle de « sécurité nationale ». Mais la prise en compte des dimensions sociales, économiques, environnementales de la sécurité ne suffit pas. Ce que l'expérience montre, ce sont des interactions complexes qui se nouent entre volets de la sécurité : entre mobilité et sécurité alimentaire, entre accès à la justice et accès au logement, entre environnement et spiritualité. La sécurité ne résulte pas de la satisfaction de besoins selon une échelle héritée de Maslow, allant de la survie à la production de sens. Les politiques pyramidales, séquencées et spécialisées, capturent de façon trop schématique l'articulation des besoins qui sont, en fait, une toile : le lien à la terre est lien à la nourriture, mais aussi à la famille et à la spiritualité. Le lien à l'école est gage de compétences mais aussi de socialisation. Les liens à l'employeur, comme à la famille ou à la tribu sont des assurances pour le futur (Lederach, 2005). La sécurité est donc affaire de liens, l'insécurité de liens brisés. Protéger, dans ce contexte, implique renouer du fil positif, structurant entre humains, communautés, institutions. Quelles stratégies nous sont proposées à cet effet ?

Menace et vulnérabilité

En géopolitique, on mise beaucoup sur la violence, la menace et le contrôle. Tout repose sur les capacités relatives et la volonté de nuire. Même lors d'opérations de maintien de la paix onusiennes, on dissuade les opposants armés par la menace afin de donner aux acteurs civils et humanitaires le temps de reconstruire. Or cette approche, si elle est parfois nécessaire, produit rarement des équilibres stables. Elle induit des dynamiques de luttes pour les ressources. Elle tend à engendrer des confrontations binaires qui réduisent à néant les espaces tiers propices au dialogue. Les approches par le contrôle militaire ignorent souvent la réalité des populations qui, elles, négocient constamment des relations, des passages, des garanties avec tous les acteurs. Ces approches nient le fait que de nombreux civils préfèrent négocier une vie sous la coupe des talibans, ou de gangs mexicains, plutôt que sous le joug de leur propre État corrompu. Enfin, elles pensent peu « l'autre loi de la jungle », la coopération. Contrairement aux postulats hobbesiens dominants en Science politique, la coopération reste une composante essentielle de la sécurité, surtout en temps difficiles (Servigne & Chapelle, 2017).

C'est ce tissu relationnel et ses règles complexes que les intervenants civils de paix labourent au quotidien. A priori vulnérables, ils ne peuvent être déployés dans des contextes trop violents (Dubernet, 2016). Ceci posé, l'ONU demande depuis plusieurs années leur présence en complément de ses opérations militaires, même dans des situations aussi extrêmes que le Soudan du sud (ONU, 2015). Ce paradoxe s'explique : la sûreté des équipes d'accompagnement dépend de la qualité des liens tissés avec tous les acteurs de la zone. Leur fragilité les oblige à une très grande prudence, une écoute attentive des signaux faibles et un discernement constant. En même temps, cette combinaison de présence continue et de vulnérabilité engendre une qualité relationnelle inédite avec tous, y compris avec les acteurs armés qui n'ont rien d'immédiatement violent à craindre. On connecte plutôt qu'on ne sépare. La force de cette posture est donc d'une autre nature. Elle tient de sa cohérence intrinsèque : défendre le droit par le droit, la paix par la non-violence, l'émancipation par l'écoute du local, la fraternité par la prise de risque conjointe.

Une analyse objective des conditions d'efficience d'interventions armées et non-armées manque encore. Dans les deux cas, les succès francs sont difficiles à établir. Mais il est reconnu que les aventures ultra-militarisées de ces dernières décennies se sont avérées ineffectives et incroyablement coûteuses (Bilmes, 2008 ; Crawford, 2018). Par ailleurs, les forces onusiennes peinent à quadriller des régions immenses comme la République démocratique du Congo, ou la République centrafricaine faute de ressources. D'où l'impasse stratégique actuelle tant que les alternatives ne sont pas exploitées.

Conclusion : utopie ? Le défi au paradigme

Bien que fragile, la protection civile non-armée donne à voir des clés de la protection humaine à venir. Elle pointe notre attention vers des mouvements de résistances non-violents et dignes qui se multiplient et se connectent sous les radars de nos médias et chercheurs obsédés par la violence. Elle nous engage à questionner la défaillance étatique structurelle et les limites de l'équation implicite entre « sécurité nationale » et « sécurité humaine ». Enfin, ces expériences, avec toutes leurs limites, ouvrent des pistes concrètes d'action et de réflexion. Si le déploiement d'équipes civiles non-armées est limité, il l'est moins par les conditions du terrain que par notre imaginaire de la protection.

Références bibliographiques

Autesserre, S. (2014). *Peaceland: Conflict Resolution and the Everyday Politics of International Intervention (Problems of International Politics).* Cambridge University Press.

Beitel, G. (réalisateur). (2015). *In Pusuit of Peace* (Film documentaire), IMDb.

Bilmes, L. (2008). *The Three Trillion Dollar War: The True Cost of the Iraq Conflict* (52788th éd.). W. W. Norton & Company.

Comité international de la croix rouge. (2013). *Standards professionnels pour les activités de protection.* https://www.icrc.org/fr/doc/assets/files/other/icrc-001-0999.pdf (Consulté le 20/01/2021).

Crawford, N. (2018). *United States Budgetary Costs of the Post-9/11 Wars: Through FY2019: $5.9 Trillion Spent and Obligated.* https://watson.brown.edu/costsofwar/files/cow/imce/papers/2018/Crawford_Costs%20of%20War%20Estimates%20Through%20FY2019.pdf (Consulté le 03/02/2021).

Dubernet, C. (2016). Sans arme face à la violence : l'intervention civile de paix. *Silence*, 446. https://www.revuesilence.net/numeros/446-Quelle-non-violence-en-temps-de-guerre/sans-arme-face-a-la-violence-l-intervention-civile-de-paix (Consulté le 28/11/2020).

Dubernet, C. (2018). Paroles d'intervenants civils de paix : repenser l'impartialité comme espace paradoxal. *Terrains/Théories* [En ligne], 9, 2018, DOI : 10.4000/teth.1642

Forst, M. (2018). La situation des défenseurs des droits humains. *Colloque sur les droits humains,* Pax Christi, Paris, 10 décembre 2018.

Furnari, E. (dir.) (2016). *Wielding Nonviolence in the Midst of Violence, Case Studies of Good Practices in Unarmed Civilian Protection*, Nordestedt, BoD.

Janzen, R. (2020). *Unarmed civilian peacekeeping database.* Research at Selkirk College. https://selkirk.ca/unarmed-civilian-peacekeeping-database

Lederach, J. P. (2005). *The Moral Imagination: The Art and Soul of Building Peace.* Oxford University Press.

Mahony, L. (2006). *Proactive Presence: Field Strategies for Civilian Protection.* Centre for Humanitarian Dialogue.

Ministère de l'Europe et des Affaires Etrangères. (2018). *Prévention, Résilience et paix durable (2018–2022), approche globale de réponse à la fragilisation des États et des Sociétés.* https://www.diplomatie.gouv.fr/IMG/pdf/meae_strategie_etatsfragiles_bd_web_cle091a27.pdf (Consulté le 18/01/2021).

Muller, J.M. (1997). *Principes et méthodes de l'intervention civile de paix.* Desclée de Brower.

UNITAR & Nonviolent Peaceforce. (2016). *Unarmed Civilian Protection, strengthening civilian capacities to protect civilians against violence.* UNITAR.

OECD. (2018). *States of Fragility.* https://www.oecd.org/dac/conflict-fragility-resilience/docs/OECD%20Highlights%20documents_web.pdf (Consulté le 28/12/2020).

ONU. (2015). *Uniting our Strengths for Peace Politics, Partnership and People,* Report of the High Independent panel of Peace Operations. A/70/95, S/2015/446.

Quaker Council for European Affairs. (2018). *Construire la paix ensemble, un guide pratique.* http://www.qcea.org/wp-content/uploads/2019/08/Building-Peace-Together_FR_footnotes.pdf (Consulté le 07/01/2021).

Servigne, P., & Chapelle, G. (2017). *L'entraide (tp) : L'autre loi de la jungle.* LLL – Poche.

Wall, I., & Hedlund, K. (2017). *Localisation and Locally-led Crisis Response: a litterature review.* https://www.local2global.info/wp-content/uploads/L2GP_SDC_Lit_Review_LocallyLed_June_2016_revisedJan_2017_online.pdf (Consulté le 24/01/2021).

Weber, T. (1996). *Gandhi's Peace Army: The Shanti Sena and Unarmed Peacekeeping (Syracuse Studies on Peace and Conflict Resolution)* (1st éd.). Syracuse University Press.

3.
La vulnérabilité du monde qui vient : quel imaginaire pour quelle société ?

David Doat

Introduction

Depuis le début de la crise liée à la covid-19, les outils numériques d'aide au suivi de contacts ont soulevé bien des débats sociaux. Les polémiques ont porté principalement sur les limitations techniques de l'efficacité du traçage numérique, et sur les craintes que le suivi de contacts soulève, face aux risques d'atteinte au respect de l'autonomie individuelle et aux droits individuels dont elle dépend (U. Gasser, M. Lenca & J. Scheibner, 2020 ; M.J. Parker, C. Fraser, & L. Abeler-Dörner, 2020). De telles craintes sont alimentées par l'un des imaginaires techno-sociaux les plus prégnants dans notre expérience collective de la crise : l'imaginaire des sociétés de surveillance. Cet imaginaire conduit à interpréter toute technologie de traçage comme un outil au service d'une conception plutôt négative de la surveillance et du contrôle populationnel, susceptible de détruire nos libertés individuelles, notre vie privée et notre anonymat, bref de mettre en danger les principes et valeurs fondamentales sur lesquels se fondent notre éthique et notre droit contemporains du numérique.

Cependant, l'imaginaire des sociétés de surveillance n'est pas le seul imaginaire mobilisé dans la crise sanitaire actuelle. Depuis ses débuts, d'autres imaginaires s'invitent dans nos représentations et nos grilles de lecture des rapports sociaux et des technologies en temps de crise : l'imaginaire des grandes épidémies meurtrières, l'imaginaire de la guerre, l'imaginaire du grand complot, l'imaginaire de nos relations avec la nature, l'imaginaire du soin, etc. En fonction des imaginaires mobilisés comme références symboliques dans une crise comme celle de la pandémie de covid-19, nos relations aux technologies, en particulier aux outils de traçage numérique comme moyen de lutte contre la pandémie, peuvent être interprétées, appréciées et régulées très différemment. En prenant en exemple les effets divergents des imaginaires de la guerre et du soin sur nos perceptions et nos évaluations des technologies numériques dans la crise pandémique, l'objectif du présent chapitre est de souligner l'importance d'une critique des imaginaires et d'une mobilisation publique en faveur d'une gouvernance et d'une éthique des technologies numériques adaptées aux enjeux de la crise sanitaire et du monde qui vient.

A cette fin, nous introduisons à quelques réflexions philosophiques sur la notion d'imagination et le rôle des imaginaires dans le monde social, en nous appuyant sur les travaux de John Searle, Paul Ricœur et Cornelius Castoriadis. Nous soulignons ensuite l'impact des imaginaires sociaux dans l'acceptation ou le refus d'une technologie. Par contraste avec l'imaginaire de la guerre, nous indiquons enfin l'intérêt particulier que revêt l'imaginaire du soin dans la crise actuelle, en tant qu'il réinterroge les bases du droit et de l'éthique classique du numérique à la lumière d'une conception plus sociale et solidaire de la gouvernance des données et des technologies numériques.

1. Imagination : une définition

Avant de nous pencher sur les relations qu'entretiennent nos imaginaires avec nos technologies, il n'est pas inutile de commencer cette étude en précisant le statut de l'imagination et son sens dans nos vies humaines, car la notion prête à de nombreuses acceptions et risquerait de rester vague et flottante faute de définition.

Qu'entendons-nous donc par imagination ? On y reconnaît en général la faculté de former en soi ou de se représenter en esprit des notions abstraites ou des images, de produire, de reproduire ou de combiner de façon plus ou moins ressemblante, fidèle ou remaniée à l'envi, une quantité indéfinie de contenus de perceptions ou d'idées abstraites que nous délivrent nos sens ou nos intuitions. La faculté d'imaginer est bien sûr essentielle à toute activité créative et artistique ; en puisant dans les images et les idées qu'elle nous permet de produire, nous érigeons des histoires et des mondes imaginaires, des visions du monde, capables de nous émouvoir temporairement, ou d'affecter parfois profondément les significations que nous attribuons à nos existences, à nos expériences et au monde qui nous entoure. Nous conservons, nous cultivons et nous partageons ces imaginaires avec d'autres par la médiation d'un grand nombre de supports et de relais matériels de mémoire et de transmission, comme la voix, le livre, la radio, la télévision, le cinéma, nos téléphones, serveurs et disques durs, les médias sociaux et l'internet mondialisé, etc.

Au fond, nous pourrions dire que notre milieu d'existence naturel en tant qu'être humain est tissé d'idéalités, d'objets imaginaires et d'histoires. De là vient peut-être d'ailleurs notre passion pour les mythes, les religions, la science, la littérature, le cinéma, toutes formes d'élaborations qui requièrent l'imagination et qui entretiennent avec la réalité et la question de la vérité des formes de relations à chaque fois différentes.

Ceci dit, il est fréquent d'opposer l'imagination et ses produits à ceux de la raison et de la science, comme on oppose idéalisme et réalisme, fait et fabulation, ou comme l'on distingue l'accessoire de l'essentiel, ou le mensonge de la vérité. Mais cette forme de classification binaire des choses atteint vite certaines limites, en réduisant l'imagination à l'illusion ou la fantaisie, en ne voyant dans l'imagination qu'une faculté productrice de tromperie. Car quand on y regarde de près, il apparaît assez clairement que ce que nous considérons comme réel, comme la vérité même, est toujours déjà traversé d'idéalité et de formes imaginaires portées par quelque communauté humaine. Certes, l'imagination peut être fabulatoire, productrice d'illusions et trompeuse. Mais sa fonction ne se réduit pas à ces possibles. L'imagination est aussi schématisante, productrice et génératrice d'idées douées de véracité.

Ainsi du domaine des sciences : pour cerner certaines dimensions du réel qui nous entourent, nos connaissances scientifiques les plus poussées ne peuvent se passer de modèles théoriques, ni de recourir à des idées abstraites qui n'ont jamais été observées comme des faits bruts dans la nature, telle une probabilité, une courbe statistique ou un nombre en mathématique. Il est certain que certaines abstractions, certaines représentations des choses, concordent mieux avec notre expérience que d'autres, et que toutes les théories au service de la recherche scientifique, produites au moyen de notre intelligence, de notre imagination, n'ont pas la même valeur épistémique. Il n'empêche que, même en science, notre accès au réel est médiatisé par des entités idéales ou des objets non matériels mais hautement signifiant, produits par les pouvoirs de l'imagination. Aucun discours scientifique n'échappe à certaines représentations du réel, toujours susceptibles d'être contestées ou modifiées, au travers desquelles nous interprétons les événements du monde, ou en découvrons de nouveaux.

2. Monde social et imaginaires sociaux

S'il ne pourrait y avoir de sciences sans imagination, production indéfinie de théories et représentations du monde, l'imagination tient également un rôle essentiel dans le champ social, institutionnel et politique.

Dans *The construction of social reality* (Searle, 1995), John Searle, un des grands philosophes du langage et de l'esprit de ces dernières décennies, pose la question suivante : comment expliquer qu'il puisse exister dans un monde fait de champs de forces et d'entités physiques, dont certaines s'organisent en êtres vivants, des réalités telles que des élections, de l'argent et des matchs de tennis ? Searle soutient que la réponse est à chercher dans nos capacités cognitives de partager des intentions collectives et d'accorder une existence symbolique à des objets ou des représentations imaginaires que nous produisons, instituons et reconnaissons comme structurants dans notre existence sociale. Il distingue ainsi la réalité physique, telle qu'elle fait l'objet d'une description par les sciences naturelles, de la réalité sociale objective telle qu'elle est construite par l'homme.

Searle prend souvent l'exemple de l'argent pour illustrer sa théorie : un morceau de papier bleu ne fonctionne pas comme un billet de 20 euros en vertu de sa composition physique, mais en vertu de l'accord collectif des membres d'une communauté pour lui faire jouer, au sein d'un imaginaire collectivement partagé (un système d'échange monétaire), le rôle d'un billet de 20 euros. Searle codifie cette capacité d'assignation collective de fonctions et statuts idéaux à des faits bruts sous la forme logique de la règle :

> « X compte comme Y dans le contexte C »
>
> Une feuille de papier (fait brut) compte comme billet de banque (statut et fonction imaginaires institués)
>
> dans le contexte C (système monétaire international)

Les États, les personnes morales, l'argent, tout système de règles d'ordre juridique, culturel, éthique,économique ou religieux, etc., toutes ces entités socialement instituées qui structurent et organisent nos rapports humains, présupposent ainsi une capacité humaine de produire des imaginaires collectifs, de les transmettre, de les partager et d'attribuer à certains d'entre eux des propriétés instituantes de formes d'organisations sociales et d'objets abstraits qui n'existeraient pas sans les pouvoirs humains de l'imagination. On retrouve des analyses analogues chez d'autres philosophes comme Cornelius Castoriadis ou Paul Ricœur.

Pour Castoriadis (1975), toute société humaine est une forme d'institution imaginaire, un produit de l'imagination collective de ses membres. Castoriadis y voit même une différence majeure par rapport aux sociétés animales : « [...] le monde humain, écrit [...] Castoriadis, est caractérisé dès le départ par quelque chose qui crée un abîme avec la naturalité et l'animalité [...], c'est-à-dire l'apparition chez les humains de l'imaginaire aussi bien au niveau de l'être humain singulier (imagination) qu'au niveau social (imaginaire social ou imaginaire instituant). » (Castoriadis, 1996, p. 20) L'imagination participe de la constitution de toute réalité sociale. Moyen terme et opérateur de liaison entre signifiants et signifiés, elle apparaît pour Castoriadis au fondement de toute réalité symbolique.

La question de l'imaginaire social dans l'œuvre de Paul Ricœur (1997), se construit pour sa part au décours de ses travaux sur l'idéologie et l'utopie. Dans son ouvrage du même nom, *L'idéologie et l'utopie*, il souligne comme Castoriadis que les imaginaires ne s'ajoutent pas à des réalités humaines qui les précéderaient, mais qu'ils participent de la constitution de ces réalités elles-mêmes. Si l'on n'admet pas cela, il n'y aurait autrement « aucun moyen, écrit Ricœur, de comprendre comment nous vivons, faisons des choses et projetons ces activités dans des idées, pas de moyen de comprendre comment la réalité peut devenir une idée ou comment la vie réelle peut produire des illusions : elles ne seront toutes que des événements mystiques et incompréhensibles » (1997, pp. 25–26).

3. Critique des imaginaires : idéologie et utopie

Ceci étant dit, Castoriadis et Ricœur ne sont pas dupes : les imaginaires sociaux peuvent être pervertis par des intérêts de classe, comme Marx l'a montré ; ils peuvent être machiavéliquement mobilisés et manipulés à des fins de subjugation des masses, ou servir bien des formes d'intérêts criticables. Bien qu'étant constitutifs de toute vie en société, ils peuvent être encore en eux-mêmes (et non seulement du seul fait de leur instrumentalisation) générateurs de souffrance sociales, de méprises et d'injustices. Ils peuvent encore s'avérer incohérents, voire dévastateurs, quand les événements d'une époque ou d'une situation donnée soulignent leur inadéquation et appellent des changements de systèmes de règles, de modèles ou de visions du monde. Bref, tant pour Ricœur que pour Castoriadis, les imaginaires sociaux et leurs usages ne sont pas immunisés de toute critique dans l'ordre de la science, ou de toute évaluation normative au plan éthique.

C'est ce qui conduit ainsi Ricœur à proposer une typologie critique des imaginaires sociaux. Il distingue ainsi lesimaginaires idéologiques qui relèvent soit de la dissimulation ou de la distorsion des réalités humaines, du moyen de domination ou de légitimation, ou qui permettent – en un sens ici positif et structurant – de fonder un ordre, d'asseoir des règles et des identités sociales. A côté de ces imaginaires idéologiques dont la fonction peut être éthiquement neutre, positive ou problématique, Ricœur distingue encore les imaginaires subversifs de l'ordre présent, et les classe sous le registre de l'utopie. Il différencie ainsi entre les imaginaires qui convient à l'émergence d'une société alternative, les utopies qui remettent en question l'organisation et la distribution du pouvoir, ou les imaginaires utopiques qui consacrent la logique binaire du « tout ou rien », au profit de la quête d'un ailleurs ne pouvant se satisfaire d'aucun compromis avec d'autres formes d'imaginaires et de réalités sociales. Tout se passe enfin pour Ricœur – comme pour Castoriadis d'ailleurs – comme si les cadres imaginaires qui structurent nos sociétés reposaient sur une double tension, tension dynamique d'une part entre une fonction de stabilisation (l'idéologie) et une fonction de subversion, de transformation et d'évolution sociale (l'utopie), et tension axiologique d'autre part entre les intérêts particuliers (potentiellement générateur d'inégalités, de souffrances sociales et morales) et la visée du bien commun.

4. Imagination et technique : entre accordance et déphasage

Quel rapport ces premières analyses philosophiques sur l'imagination et les imaginaires sociaux entretiennent-elles avec la question de nos relations aux technologies numériques dans la crise pandémique ? Que nous apprennent-elles au sujet de nos conceptions et de nos évaluations des technologies ?

Elles permettent de souligner tout d'abord que toute technologie est un objet social dont l'invention, la forme, l'usage et les fins sont de part en part transis d'imaginaires qui, soit déterminent sa constitution, soit définissent son niveau d'acceptabilité sociale ou les motifs a priori de son rejet. Or, les imaginaires constitutifs des technologies ne sont pas toujours en phase avec les imaginaires de leurs destinataires, qui en modulent l'acceptabilité ; ils sont accordés quand concepteurs, intermédiaires et usagers partagent un même imaginaire qui plonge une technologie dans un même horizon de conception et d'usage. L'offre, la disposition ou l'attente, et le cadre imaginaire qui les rassemble, se rencontrent. Mais des situations de désaccordances ou d'inadéquation peuvent se produire.

A titre d'exemple, le cas de la campagne publicitaire pour la 5G lancée en mars 2020 par l'opérateur belge de télécommunications Proximus, en plein premier confinement de la pandémie de covid-19, est paradigmatique. Cette campagne, menée sur un ton triomphal, était accompagnée d'un teaser[1] qui présentait la 5G comme une promesse d'accélération de l'internet des objets, de satisfaction quasi-immédiate des besoins de consommation, de confort pour ses usagers et d'accroissement de la productivité et du temps du travail. Le teaser se scénarisait sur fond d'objets connectés, d'IA omniprésente et de voitures autonomes dans une dominante générale d'impressions, de flashs et de couleurs bleu océan. Loin d'apparaître comme un imaginaire désirable et utopique à son public, la campagne fut l'objet de quantités de critiques émanant notamment des jeunes générations, et apparut davantage comme l'expression d'un imaginaire idéologique pseudo-futuriste, en réalité particulièrement conservateur. Indéniablement, la période du premier confinement était loin de constituer un environnement favorable à l'accueil d'un tel teaser. Mais plus profondément, les imaginaires sociaux qui, il y a cinq ou dix ans, pouvaient encore apparaître partagés entre concepteurs, intermédiaires et consommateurs comme des propositions d'utopies futuristes indiscutablement progressistes et structurantes pour le monde social, semblent se retrouver aujourd'hui, avec la crise environnementale, sur un point de bascule. Ces imaginaires pourraient être en passe d'être bientôt jugés comme des idéologies dépassées, au profit de nouveaux imaginaires sociaux, valorisant la technologie dans des habillages aux colorations plus vertes et verdoyantes, promouvant de nouvelles formes, de nouveaux usages et de nouvelles valeurs directrices dans nos relations aux technologies.

A ce titre, l'imaginaire dont le *Green Deal* européen s'est paré est peut-être en voie de faire mouche, en tout cas d'exprimer une mutation des imaginaires qui pourrait préparer de profonds changements sociétaux – si l'utopie-projet ne finit pas sa course en idéologie-dissimulation et simulacre (*green washing*).

Castoriadis et Ricœur insistent tous deux sur la tension et l'évolutivité historique et événementielle des imaginaires sociaux entre la permanence et le changement. Entre les idéologies conservatrices, gardiennes de l'ordre, et les utopies progressistes, révolutionnaires ou porteuses

---

1 Voir https://www.youtube.com/watch?v=VUtQ4OZqdUU (consulté le 10 janvier 2021)

d'aspirations nouvelles, entre la critique et l'adhésion, il n'y a parfois qu'un pas qui conduit à leur subversion ou leur inversion dans leur contraire.

5. Les conditions imaginaires de l'acceptabilité sociale des technologies

Les péripéties de la campagne 5G de Proximus sont exemplaires sur deux points qui peuvent être appliqués aux enjeux des technologies numériques dans la gestion de la pandémie.

Le premier point concerne la question fondamentale de l'acceptabilité sociale des technologies. Il y a là un écueil à éviter, qui serait de négliger l'impact des représentations sociales et des imaginaires collectifs dans les enjeux de réception, d'acceptation, de refus ou d'adhésion aux technologies en cette période de crise. Une telle négligence repose sur une erreur de jugement technocratique classique, qui revient à opposer au réel l'apparente légèreté et la frivolité des imaginaires sociaux, bref à considérer comme secondaire ou négligeable les productions imaginaires d'une société, pour ne considérer que son infrastructure technico-économique comme seul objet de réalité digne d'expertise. Dans l'opération, les imaginaires qui la traversent, qui la constituent même, sont d'emblée rangés aux registres de l'illusion et de la fantaisie. Or, en commettant cette erreur de jugement, en réduisant tout imaginaire social au statut d'épiphénomène négligeable, en oubliant qu'en société, n'est réel que ce qui est idéal, et n'est idéal que ce qui est réel, on ne fait pas l'effort de comprendre l'impact des imaginaires sociaux dans l'acceptation ou le rejet des technologies qui pourraient être mises au service d'un but – et, dans le meilleur des cas, d'un bien – commun. Pour que des technologies puissent servir une telle fin, il faut que les cadres imaginaires qui les accueillent soient travaillés, critiqués, souvent transformés dans le dialogue collectif entre concepteurs, intermédiaires, et représentants de toutes les parties prenantes, pour avoir quelque chance d'innervation aux activités sociales.

Pour le dire autrement, l'acceptabilité sociale d'une technologie ne repose pas seulement sur le fait qu'une technologie soit largement accessible, efficace, explicable ou aisément employable (intuitive) pour un large public, ni sur les précautions techniques qui l'accompagnent. Pour qu'une technologie soit acceptable et acceptée, encore faut-il qu'elle réponde aux réquisits et aux idéaux imaginaires de son public. Parmi ces réquisits, certains apparaîtront secondaires voire tout à fait négligeables, d'autres doivent être nécessairement rencontrés. Tel est par exemple le cas de notre imaginaire anthropologique, notre conception normative de l'humain, en particulier notre idée d'humanité héritée de nos héritages gréco-judéo-chrétiens et des Lumières, avec tout ce qui s'en déduit et s'en traduit dans nos systèmes occidentaux de droit, nos valeurs et nos principes démocratiques. Lorsque des doutes dans un public émergent quant à l'inadéquation d'une technologie avec ces systèmes et imaginaires idéologiques structurants, une telle technologie s'expose tôt ou tard, soit au risque de disparaître, soit à l'obligation de sa mise en conformité, en tout cas à son adaptation sincère ou malheureusement parfois seulement apparente. Si un soupçon de cette nature persiste dans un public, la technologie qui en fait l'objet peut rapidement devenir aux yeux de ce public un repoussoir idéal, l'objet-symbole ou l'instrument d'un imaginaire social à tendance dystopique ou idéologiquement totalitaire.

Nous sommes ici en présence d'un risque auquel s'expose toute forme de technologie de traçage numérique, par exemple quand l'illisibilité de ses procédures de contrôle et de soumission à nos idéaux fondateurs de nos libertés et valeurs démocratiques, conduit une partie du public à les associer au totalitarisme, aux imaginaires des sociétés de la surveillance généralisée, ou aux spéculations d'un complot mondial des uns contre les autres.

Pour éviter ces dérives et œuvrer à expurger les technologies du traçage numérique des imaginaires unilatéraux et parfois diaboliques qu'on leur affuble, bref pour en maîtriser l'usage, leur imposer des limites et un contrôle démocratiquement sécurisant, une bonne gouvernance de telles technologies est absolument nécessaire. Cette gouvernance devrait impliquer la société civile, une représentation de sa diversité et de ses corps intermédiaires. Elle devrait être démocratique, participative et inclusive. En vue du développement d'une politique technologique appropriée, elle devrait enfin s'inscrire dans un cadre imaginaire et une vision de l'avenir souhaitables par toutes les parties concernées.

Qu'ils prennent les formes positives de l'idéologie structurante ou d'une utopie-projet, quels pourraient être ce cadre et cette vision d'avenir ?

6. Entre guerre et soin : les technologies de traçage au risque des imaginaires

Dans une précédente étude parue en août 2020 (Davet & *al.*, 2020), nous avions repéré six grands imaginaires techno-sociaux qui conditionnent symboliquement notre lecture de la crise pandémique et l'acceptabilité sociale des technologies de traçage numérique pour lutter contre la covid-19 : l'imaginaire des grandes épidémies meurtrières, l'imaginaire de la guerre, l'imaginaire des sociétés de surveillance ou du grand complot, l'imaginaire de nos relations avec la nature, et l'imaginaire du soin. Nous montrions par ailleurs que dans le cadre de ce dernier, la notion de surveillance n'était pas d'emblée considérée négativement comme « menaçante » ou « mauvaise », mais comme un moyen de prévention contre certains risques. Surveiller, s'inscrit d'ailleurs originellement dans la sémantique du soin ; étymologiquement, surveiller c'est veiller sur, protéger, mettre à l'abri du danger. La surveillance garantit un espace de sécurité. Au plan politique, la surveillance constitue dans sa référence au soin, un moyen légitime d'assurer l'ordre public et un devoir confié dès ses origines à l'état de droit, qui se doit de garantir aux citoyens, en contrepartie de la session de leur puissance, leur protection et les meilleures conditions possibles d'exercice de leurs droits et libertés fondamentales.

Du point de vue d'un imaginaire du soin, des technologies de traçage peuvent donc revêtir un sens bien différent de celui qu'elles reçoivent dans un imaginaire guerrier qui puise aux registres métaphoriques et menaçants de l'ennemi qui s'infiltre, de la filature, de l'espionnage et du contrôle populationnel. De ce point de vue, en recourant régulièrement de façon ambivalente aux deux imaginaires de la guerre et du soin, les langages politiques et médiatiques sollicitent dans la crise pandémique des imaginaires qui imprègnent nos technologies de traçage de significations et de symboles contradictoires. Dans le cadre d'une gouvernance inclusive des technologies en contexte pandémique, cette question des imaginaires mobilisables, de leur pertinence et de leur conséquence, devrait être sérieusement interrogée.

7. La correspondance aux événements comme critère de discernement

Cette interrogation nous conduit au seuil d'un second point de réflexion, d'ordre épistémologique. L'enjeu n'est plus ici celui de l'acceptabilité sociale ou éthique d'une technologie, mais de la valeur de vérité des imaginaires en présence dans nos rapports aux technologies. Autrement dit, la question que nous devons nous poser est celle du niveau d'adéquation ou de distance des imaginaires qui conditionnent nos relations aux techniques, par rapport aux situations, aux processus ou aux événements historiques du champ social où ces techniques sont prévues.

Face à une situation historique, tous les imaginaires en présence ne se valent effectivement pas. Il est peu vraisemblable, par exemple, que l'imaginaire de la guerre soit pleinement adéquat aux types d'interactions, d'entraide et de confiance dans les technologies dont nous avons besoin dans une crise de nature pandémique. On objectera que ce n'est là qu'un langage métaphorique judicieusement employé dans le discours politique pour secouer et mobiliser les troupes. Mais un imaginaire, une métaphore, sont performatifs, ils conditionnent nos pouvoirs d'agir et de faire. « Dis-moi quel est ton langage, je te dirai dans quel monde tu vis. » La métaphore guerrière est typiquement moderne et stabilisante pour ne pas dire conservatrice, elle conduit à voir la nature comme un ennemi extérieur, et la cause première de nos maux (ce qui est une façon d'esquiver sa propre responsabilité), elle confère à l'État des prérogatives de temps de guerre, elle conduit à considérer la technologie comme une arme, la surveillance comme un moyen de contrôle.

Si l'imaginaire de la guerre fonctionne comme une idéologie conservatrice, gardienne de l'ordre, qui renforce un pouvoir en place et situe le mal qui accable dans un ennemi extérieur, l'imaginaire du soin opère au contraire comme une utopie-projet, qui reconnaît avant tout dans une crise pandémique un problème de santé publique qui appelle des modes d'organisation collective, de coopération et d'entraide, ainsi que des modalité de gouvernance, de partage d'information et d'usage des technologies, qui diffèrent des types d'interactions et d'exercice du pouvoir que renforce un imaginaire guerrier. Or, face à la nature d'une épidémie, qui relève avant tout d'un enjeu de santé publique, c'est bien cet imaginaire du soin qui apparaît le plus adéquat aux enjeux et à la réalité de ce type de défi historique – un soin d'ordre social, éducatif, politique, etc., à comprendre au sens large (et non seulement biomédical).

En prendre conscience est essentiel pour ne pas se tromper de discours, d'horizon imaginaire, et de visée. Confrontés, dans une pandémie, à un enjeu de santé publique, une population n'est pas en guerre, mais *en care, et en besoin de care* avant tout autre référentiel mobilisable, compossible ou complémentaire avec les besoins d'entraide, de solidarité et de soin manifestés dans une crise sanitaire.

8. Conclusion : imaginaire du soin, politique et éthique du numérique

Or, et nous conclurons par-là, l'imaginaire du soin et la crise qui le sollicite dans le cas de la pandémie de covid-19, semblent avoir rebattu certaines cartes dans la façon dont nous avions pris l'habitude, en occident, de nommer et pondérer les risques juridico-éthiques des technologies numériques.

Avant la crise pandémique de covid-19, la nature des risques du traçage numérique était surtout associée à la réduction de l'autonomie individuelle et de la vie privée, avec la crainte de voir advenir une société liberticide et totalitaire de la surveillance généralisée. Mais en soulignant la vulnérabilité, l'interdépendance et le besoin de solidarité des membres d'une communauté de soin élargie à l'échelle sociétale, les enjeux de santé publique soulevés dans la crise pandémique tendent à associer aux concepts modernes d'individu et d'autonomie individuelle, un imaginaire anthropologique instituant beaucoup plus socialement la personne humaine. Une politique du soin animée de cet imaginaire appelle dès lors à ce que le partage d'information, la concertation et la coopération à toutes les échelles, ou encore la solidarité et l'auto-limitation des projets individuels au profit d'un bien commun à retrouver, puissent être considérés à l'avenir comme des principes aussi essentiels à défendre et promouvoir que la protection des données personnelles, la liberté individuelle et la vie privée[2].

---

2 Plusieurs initiatives émanant d'instituts indépendants, d'organismes nationaux comme la Commission de l'éthique en sciences et en technologie du Québec (2020), ou d'associations internationales comme l'OMS, l'UNESCO, la Commission européenne, etc., se sont exprimées en ce sens pendant la crise pandémique, en proposant des cadres de régulation juridiques et éthiques des technologies, des données et du traçage numérique qui prennent davantage en compte des principes d'équité, de solidarité, de contrôle par la société civile et de gouvernance inclusive et participative.

Associée à cette interpellation, la question suivante s'est inévitablement imposée dans la crise pandémique de façon critique, face à nos habitudes individualistes en matière d'éthique du numérique : si une technologie de traçage de contacts[3] peut contribuer modestement et comme partie d'un ensemble plus large de solutions conjointes, à sauver de nombreuses vies en prévenant des risques de transmission, à réduire une quantité non-négligeable de souffrance, et à préserver la liberté de mouvement du plus grand nombre (par exemple en repoussant la perspective de futurs confinements généralisés avec toutes leurs conséquences morbides), ne devrions-nous pas privilégier la solidarité, le bien commun, et, à cette fin, un certain niveau de partage de nos données, même si nous risquions d'y perdre un peu de notre vie privée ?

Sans doute nous ouvririons-nous plus sereinement à cette perspective, si nous bénéficions de la garantie d'une politique en matière de gouvernance des technologies numériques et des données beaucoup plus inclusive qu'elle ne l'est aujourd'hui des préoccupations de toutes les parties prenantes de la société civile, et parfaitement respectueuse de nos valeurs et libertés démocratiques. A cet égard, il conviendrait de se demander si, entre les deux excès d'un système liberticide et collectiviste de data sharing à la chinoise dont nous ne voulons absolument pas, et une éthique du numérique d'avant la crise pandémique qui fut surtout mobilisée et polarisée par la protection des droits individuels au détriment de nos devoirs de solidarité et d'entraide, l'occident ne devrait pas saisir l'opportunité du moment présent pour s'engager en matière d'éthique et de gouvernance des technologies numériques, dans une voie moyenne qui, convenons-en, est semée d'embûches et doit être encore largement imaginée.

Références bibliographiques

Castoriadis, C. (1975). *L'Institution imaginaire de la société.* Seuil.

Castoriadis, C. (1996). *Sujet et vérité dans le monde social-historique. Séminaires 1986–1987. La création humaine I.* Seuil.

---

[3] Nous laissons de côté la question de l'efficacité, de la nécessité et de la proportionnalité des technologies du traçage numérique, que nous avons traitée ailleurs (voir à ce sujet Davet, J.-L. & *al.*, 2020).

Commission de l'éthique en sciences et en technologie du Québec. (2020). *Conditions d'acceptabilité éthique : Application MILA: The Covid Project.* https://www.ethique.gouv.qc.ca/media/1meljkfw/cest-conditions-acceptabilite-ethique_v7.pdf.

Davet, J.-L. ; Doat, D. ; Farley, M.-R. ; Hubert, A.-M. ; de Marcellis-Warin, N. ; Morgan, C. S. ; Salobir, E. & *al.*, (2020). *Technology Governance in a Time of Crisis – Covid-19 Related Decision Support*, Human Technology Foundation. http://optictechnology.org/images/PostCovid_Summary_EN_compressed.pdf, consulté le 12/01/21.

Gasser, U., Lenca, M., & Scheibner, J. (2020). Digital tools against COVID-19 : taxonomy, ethical challenges, and navigation aid. *Lancet Digital Health, 2*(8), 425–434. https://www.thelancet.com/journals/landig/article/PIIS2589-7500(20)30137-0/fulltext.

Parker, M. J., Fraser, C., & Abeler-Dörner, L. (2020). Ethics of instantaneous contact tracing using mobile phone apps in the control of the COVID-19 pandemic. *Journal of Medical Ethics, 46*, 427–431. https://jme.bmj.com/content/early/2020/05/03/medethics-2020-106314.

Ricœur, P. (1997). *L'idéologie et l'utopie.* Seuil.

Searle, J. (1995). *The Construction of Social Reality.* Allen Lane, The Penguin Press.

World Health Organization. (2020, mai). *Ethical considerations to guide the use of digital proximity tracking technologies for COVID-19 contact tracing.* https://www.who.int/publications/i/item/WHO-2019-nCoV-Ethics_Contact_tracing_apps-2020.1.

4.

L'UCLy à l'épreuve du COVID. Quelle représentation de l'avenir ?

Valérie Aubourg

Introduction

Quel sera l'impact de la covid-19 sur l'humanité ? De quels changements cette crise sanitaire sera-t-elle suivie ? Comment nos contemporains se représentent-ils leur avenir et celui de la société ? Quelles modifications ces évènements vont-ils introduire dans leur existence ? C'est à cette série de questions que nous sommes invitée à réfléchir.

Pour une ethnologue, l'humanité, ce sont d'abord des gens que nous avons rencontrés pour découvrir comment ils vivaient le confinement et comment ils se représentaient l'avenir. Aussi, cette contribution prend-elle appui sur une enquête menée à l'université catholique de Lyon (UCLy[1]) auprès de 20 personnes présentant des caractéristiques sociographiques variées mais qui ont toutes établi un lien contractuel avec l'UCLy : étudiants, personnels administratifs et techniques, enseignants vacataires et intégrés. Les entretiens se déroulèrent sur site ou par téléphone, à la fin de la septième semaine de confinement. L'UCLy fut prise comme un petit laboratoire rassemblant un concentré de profils et de situations susceptibles d'être analysées en rapport avec l'impact de la pandémie.

L'enquête se donna pour but de mettre à jour les modifications engendrées en termes de pratiques mais également au plan des valeurs et des idées. Cette étude s'intéressa également aux représentations du monde et aux jugements que les individus portent sur la société future.

---

1 Les activités de l'UCLy sont réparties sur deux campus dans le centre de Lyon : place Carnot et place des Archives. 7 000 étudiants sont accueillis dans six pôles facultaires. L'UCLy dispose de deux facultés canoniques (de philosophie et de théologie) dans lesquelles enseignent des prêtres et des religieuses. Elle comprend 740 salariés.

Trois idées majeures sont apparues, qui constituent la trame de cette contribution. Tout d'abord, lorsqu'ils envisagent leur avenir immédiat, nos interlocuteurs expriment un souhait de « revenir à l'essentiel ». Ensuite, à plus long terme et sur le plan personnel, ils aspirent à ce que ces semaines de confinement les amènent à changer leurs habitudes de vie. Enfin, ils expriment leur pessimisme quant à la capacité de la société à opérer des changements vertueux. Ces éléments nous permettront, pour finir, de faire droit à la question d'anthropologie prospective qui traverse cet ouvrage, en précisant quelle est la posture de nos interlocuteurs quant à l'avenir, entre sa disparition, son déploiement ou sa ré-invention.

1. « *Nous redécouvrons l'essentiel* ». Un retour aux petits riens de l'existence

Parmi nos interlocuteurs, nombreux sont tout d'abord celles et ceux qui disent ne pas « parvenir à se projeter » au-delà du 11 mai. Trop occupés à s'adapter aux changements en cours, ils ne parviennent pas à porter plus loin leur regard. Ensuite, les personnes interrogées envisagent l'avenir immédiat en évoquant leurs préoccupations à court terme.

Béatrice, une enseignante d'une cinquantaine d'années le dit :

> Il ne faudra rien laisser au hasard. Notre acuité sera plus importante dans nos relations. Il faudra se protéger soi et protéger les autres. Du coup, quand on m'a dit que je pouvais rester en télétravail, ça m'a soulagée de ne pas avoir à reprendre le train. Ça recule les choses. Si on prend le temps, on y arrivera alors que si on nous avait dit : 'tous dehors', les gens auraient été désagréables, ça aurait créé de la panique.

Alice, une Maîtresse de conférences, qui vit seule avec son fils, s'inquiète pour son enfant à l'approche du déconfinement. La quadragénaire l'exprime : « Même si les enfants sont moins touchés, j'ai pas envie de le mettre à l'école. Je ne suis pas rassurée. La crainte de l'extérieur se développe. On est bien chez soi. »

Emilie, une étudiante redoute que les consignes sanitaires suscitent de la méfiance :

> Les gestes barrières, ça ne va pas favoriser la proximité entre les hommes et la chaleur humaine. Il y aura beaucoup moins d'expressions tactiles. Lorsque j'achèterai le pain, les gens sous prétexte du masque ne me regarderont plus, ne se souriront plus. On se regardera en chiens de faïence. Ça va être long cette froideur qui va s'accentuer !

Claude, un prêtre diocésain enseignant-chercheur, se soucie de l'avenir de l'université et de l'ouverture de la bibliothèque : « Mon problème c'est la reprise professionnelle, je sens le personnel tellement anxieux. Ce qui me préoccupe c'est le redémarrage de la Catho, les inscriptions, est-ce qu'on va garder un nombre suffisant d'étudiants ? Ce n'est pas une inquiétude personnelle mais plutôt du point de vue collectif », affirme le sexagénaire.

Christine, vient chaque année depuis Paris donner cours à l'UCLy. Cette professeure émérite des universités aspire à reprendre au plus vite les cours qu'elle donne aux demandeurs d'asile. Elle ajoute : « j'aimerais aussi continuer mes activités scientifiques et associatives. » Et puis, elle rêve d'aller manger un steak-frites dans un restaurant, signe d'un retour à la normale. Le retour à la normale justement : « C'est être débarrassé de la maladie, c'est continuer en bonne santé et dans un an se dire : mon Dieu, on a traversé tout ça ! »

Pour l'historien Stéphane Gal, « la contagion implique des comportements humains propres aux périodes liminales (de *limen*, seuil) telles que la peur, le repli ou au contraire le courage, le dévouement, qui traversent les siècles » (Gal, 2020). Ces deux tendances sont non seulement mises en lumière dans les propos recueillis mais traversent nos interlocuteurs. À l'instar d'Emilie, une même personne peut manifester de l'anxiété, à reprendre le train pour se rendre au travail par exemple et par ailleurs, consacrer une grande partie de son temps libre à soutenir les étudiants fragilisés par la crise, comme elle nous l'expliquera plus tard. Claire évoque les semaines à venir en considérant ce qui va lui manquer :

> Les bars, les restos, les festivals, tout ce qui fait que l'été qui s'annonce va être très particulier. Le sport aussi, je suis impatiente de faire du tennis. On se verra chez les uns et chez les autres, ça va être un été étrange et bizarre,

affirme la célibataire en soulignant « le manque de ce qui fait la vie sociale ». Inès est assistante administrative. La quinquagénaire pense à ses deux filles étudiantes dans le sud et l'ouest de la France. « Pour les voir, c'est raté. » Même regret dans la bouche de José, en charge de l'entretien des bâtiments : « Ça change pas grand-chose pour l'été parce que je pars pas beaucoup en vacances, je suis beaucoup au travail mais c'est pour aller voir ma fille dans le Midi et ma sœur sur Paris que c'est pas évident. »

Conduire son enfant à l'école, sourire à la boulangère, prendre le train, emprunter un livre, passer des vacances en famille, manger au restaurant, faire un tennis, nos interlocuteurs évoquent ces petits riens de l'existence, ces expériences quotidiennes qui hier pouvaient paraître insignifiantes mais dans le contexte actuel deviennent un bien précieux, le « retour à l'essentiel » comme le disent certains. Nathalie occupe une fonction administrative de haut niveau à l'UCLy. Le 30 avril, elle nous fait parvenir une « pensée » par sms :

> Si vraiment on veut donner du sens à cet épisode, peut-être sommes-nous en train de redécouvrir des choses simples, parfois négligées, qui sont pourtant si essentielles dans nos vies. Et les fondamentaux : la famille, l'amitié, l'amour. Ce sont les petits bonheurs de la vie. Dire bonjour aux gens, leur sourire, regarder les autres, s'émerveiller d'avoir un proche en bonne santé.

La quinquagénaire voit dans cette crise une occasion de « remercier Dieu pour les bonheurs présents du quotidien ».

Les propos de nos interlocuteurs font écho à la journée d'étude « L'essentiel dans le presque rien » organisée quelques années plus tôt à l'UCLy[2] autour de l'anthropologue Albert Piette, qui partait du présupposé selon lequel « tout entier tourné vers les grands événements de notre vie, notre regard habitué délaisse les petits riens de l'existence, cette expérience de tous les jours qui semble trop manquer d'épaisseur. Associée à la banalité, la vie ordinaire dévoile des réalités qui, à force d'évidence, ne sont plus perçues, et encore moins pensées. » Il s'agissait alors de :

> Porter l'attention sur ces détails qui traduisent les manières dont nous habitons ce quotidien et comment, au fil de ces petits riens de l'existence, se dessine notre façon d'être au monde et aux autres. Ces gestes ou paroles habitués, sans enjeu, gratuits, en-deçà de toute nécessité, forment ce 'surplus' de notre humaine façon d'habiter le monde. L'acte d'exister devient alors une question de détails.

Huit ans plus tard, ces propos trouvent une nouvelle résonance. Force est de constater la densité que prennent aujourd'hui ces petits riens, se parant au fil des semaines, des atouts de l'extraordinaire et de l'exceptionnel. De la même manière, ces détails quotidiens continuent de donner à voir la manière dont les uns et les autres s'emparent de leur existence, et les enseignements qu'ils tirent de cette période de confinement traduit le sens qu'ils souhaitent donner à leur vie.

---

2 Journée organisée par Laurent Denizeau le jeudi 2 février 2012 à l'UCLy.

2. *« On doit en tirer des leçons ».* Une aspiration au changement

À plus long terme et sur le plan personnel, nos interlocuteurs aspirent à ce que ces semaines de confinement opèrent des changements en matière de consommation. Françoise, une sexagénaire qui intervient ponctuellement à l'UCLy dans le cadre d'une formation professionnalisante, explique que sur le plan alimentaire, elle était « déjà sur un chemin naturel », mais cette crise sanitaire la conforte et l'encourage dans son choix de privilégier des produits et des magasins estampillés « bio ». La sexagénaire sera « encore plus sensible au local » qu'elle ne l'était. De manière similaire, Emilie avait fait le choix de ne pas « faire travailler les grosses multinationales » en achetant ses livres chez des libraires de son quartier et ses fruits et légumes au marché. La trentenaire l'affirme : « On était déjà contre les grandes surfaces mais ça nous confirme. Tous ces artisans dans la galère auront besoin de notre soutien et nous allons privilégier le *made in France.* » Alice aimerait garder « une consommation mesurée ». Elle dit : « On doit en tirer les leçons et ne pas oublier ce que [la crise] nous apprend sur notre façon de vivre. On a besoin de choses essentielles : manger, être en contact avec nos proches. Le reste est accessoire. » Maryam occupe un emploi administratif à l'UCLy. Les propos de la quinquagénaire abondent dans le même sens. « On sort moins, on fait moins d'activités, de restos de-ci de-là, et on voit qu'on peut s'en passer. On fait trop de choses superflues. J'espère que ça changera. » Ainsi, les individus interrogés manifestent-ils leur souhait de changer leurs comportements en développant de nouvelles habitudes de consommation : plus mesurées, plus saines, plus locales, plus éco-responsables.

Certains incluent dans ce changement la gestion de leur temps. Jérémy dirige une unité de formation. Le quadragénaire explique avoir pu se consacrer davantage à son fils et son épouse depuis le confinement. Il aimerait « mieux gérer et mieux affecter » son temps à l'avenir. Léa, une étudiante d'une vingtaine d'années, affirme pour sa part : « J'ai pris beaucoup de temps pour me centrer sur moi et faire une grande introspection. »

Pour ces personnes, la diminution de leur consommation, la privation de liens sociaux et le ralentissement de leur rythme de vie ont été vécus comme une sorte d'ascèse qui les conduit à reconsidérer ce qu'ils sont et ce qui a de l'importance dans leur existence. Analysant les études menées par l'IFOP[3] durant le confinement, Pierre Bréchon en déduit que :

---

3 https://www.ifop.com/publication/quelle-societe-apres-le-coronavirus/

> Les Français devraient être plus demandeurs de qualité – qualité des produits et qualité de l'air – et plus raisonnables dans leurs achats. Ils devraient penser à la qualité de leur vie et se 'recentrer sur l'essentiel' sans qu'on sache très bien lequel ! Ils devraient moins accepter de tout sacrifier à leur travail et davantage penser à leur bien-être. Ils devraient enfin être davantage demandeurs de vie collective et de solidarité. (Brechon, 2020).

Le politiste rejoint en cela les observations de Denis Martouzet qui compare le confinement à un moment de rattrapage :

Rattrapage, qui peut être de l'ordre du bricolage, de la « petite chose que l'on devait faire depuis longtemps », de la cuisine, de la sieste, de l'oisiveté, seul ou non, qui permet cette réappropriation, voire cette redécouverte, qui redonne du sens à notre espace vécu le plus personnel, le chez-soi (Martouzet, 2020).

En revanche, si nos interlocuteurs sont relativement confiants sur les nouveaux choix que cette expérience pourrait les amener à faire, ils sont nettement plus circonspects quant à la capacité de la société à opérer des changements.

3. *« Le monde sera pire qu'avant ! »*. Un regard sceptique sur la société

Au-delà des résolutions personnelles que nos interlocuteurs paraissent vouloir prendre, comment voient-ils la société d'après la covid-19 ?

Plusieurs commencent par s'arrêter sur la situation hospitalière. Sandra, une responsable pédagogique d'une trentaine d'années constate : « Avant, il y avait des patients qui criaient sur les infirmières – parce qu'ils ne pouvaient pas attendre. Là, on les applaudit [les infirmières] ! J'espère qu'on va continuer à les reconnaître dans leur valeur humaine et qu'on reconnaîtra l'importance de leur travail. Elles ont droit au respect. » Quant à Jennifer, une jeune doctorante chargée d'enseignement, elle est à ce sujet nettement plus réservée :

> On porte aux nues le personnel médical, [...] on se dit que les soignants sont merveilleux mais après, les choses seront comme avant car on est dans une société qui a perdu l'humain de vue ; l'important c'est l'argent qui fait tourner le monde. Le monde d'après ne sera pas bien différent de celui d'avant malheureusement. J'aurais aimé un impact positif. J'ai beau essayer de m'en convaincre mais rien ne changera. Quand tout redeviendra normal, on tombera dans les mêmes travers.

Ensuite, et de manière plus large, les personnes interrogées oscillent entre optimisme et pessimisme. Isabelle, une enseignante d'une quarantaine d'années est partagée : « Si je suis optimiste, je pense que ça a fait réfléchir les gens sur leurs comportements sociétaux et que cela les a changés : les modes de consommation, l'écoute et l'attention aux autres, le réveil de la solidarité. Nous allons nous questionner sur notre part de responsabilité dans un système que tout le monde critique mais il y a des hommes à l'origine de ce système ! » Nathalie dit « craindre que les puissances gouvernantes oublient très vite cette *slow-life* qui nous a été imposée et ne prennent pas le temps de s'interroger sur tout ce qu'elle a permis de mettre en lumière et qui doit nous faire réfléchir ». Plusieurs emploient l'expression « Chassez le naturel, il revient au galop ! » Patrick préfère se dire « réaliste » plutôt que pessimiste, avant d'ajouter : « Rien ne changera. » Léa déclare : « J'espère que ça changera mais je n'y crois pas ! » Son exclamation résume l'idée partagée par la plupart de nos interlocuteurs.

Christine envisage « une crise économique majeure » ayant pour conséquences une augmentation du chômage et un développement des inégalités sociales. « À partir de là, la politique sera différente. Mais de quel côté cela va tourner ? Je suis angoissée pour la jeunesse et les années qui viennent. » Jean est vice-recteur. Pour lui, l'effondrement « généré par la crise sanitaire sera suivi d'une crise sociale ; on ne peut pas y échapper ». Néanmoins, le sexagénaire veut « espérer que ça casse les logiques insensées devenues exclusives de la postmodernité. [La crise] devrait permettre une prise de conscience planétaire. » Dénonçant « la croissance exponentielle », il aspire à ce que « cette économie spéculative sans fin soit cassée, ce que la crise de 2008 n'a pas réussi ». Selon le sexagénaire, la crise met néanmoins à jour les « capacités extraordinaires de la société civile à s'auto-organiser face à la défiance des États : que ce soient les hôpitaux ou [la production] de masques. C'est la crise des gilets jaune puissance 1000 ! Cela rejoint la pensée du pape François sur plein d'aspects. »

Françoise se dit également optimiste, mais pour d'autres raisons. « L'humanité a déjà traversé des crises à l'échelle du monde. C'est une catastrophe parmi d'autres. La terre s'en est toujours sortie. Je crois à l'adaptation, c'est le critère de l'intelligence et je pense que les humains sont intelligents ! » À l'opposé, Claire nourrit une représentation de la société et de l'homme nettement plus défaitiste :

> Je n'ai pas foi en l'humanité. Je vois ceux qui espèrent en finir avec le capitalisme libéral, la mondialisation économique à tout crin. Je pense chaos mondial, chaos des familles, crise économique pendant des années, montée des nationalismes et des extrêmes. Le monde ne sera pas meilleur mais pire qu'avant, même si j'aimerais me tromper.

La quadragénaire ajoute : « L'être humain tire peu les leçons de l'histoire. » La fin du propos de Claire fait référence au passé. Comme elle, plusieurs personnes mentionnèrent des événements ayant eu lieu dans un passé proche, et notamment les attentats ; « J'aimerais croire que ça va changer mais je ne sais pas si les gens sont prêts à changer. On avait déjà dit ça en 2011 et 2015 », déclare Inès. D'autres, comme Claude, s'en réfèrent à un passé plus lointain. L'enseignant en histoire pense aux grandes pestes, « ces phénomènes revenant régulièrement ». Il poursuit :

> Les gens enverront balader Macron qui sera largement battu car il a demandé des sacrifices. On déteste ça ; comme Churchill qui avait promis des pleurs et des larmes et qui a été battu, comme De Gaulle en 1946… Le comportement humain est ainsi : quand on est en souffrance on tire un trait. On se tourne avec délice et volupté dans un appétit de jouissance renouvelée.

Les références historiques de Claude font écho aux analyses développées par le recteur Olivier Artus qui cherche à tirer les « leçons de l'histoire ». L'exégète confronte le corpus biblique aux évènements récents pour y lire :

> Une mise en garde contre l'oubli : la mémoire collective laisse souvent s'effacer peu à peu les résolutions qui naissent des périodes de crise, et, comme dans les traditions de la Bible hébraïque, nous risquons d'assister, si nous n'y prenons garde, à l'éternel retour des mêmes déséquilibres. Le monde a besoin de veilleurs, qui gardent la mémoire des périodes de crise, des espoirs qu'elles ont fait naître, de l'aspiration à la dignité qu'elles ont révélée, et finalement de l'esprit de résistance qu'elles ont suscité. (Artus, 2020).

Enfin, comme ses collègues, Jérémy pense que les changements seront minimes, mais pour sa part, cette certitude repose sur ses convictions religieuses. « C'est mon côté croyant, dit-il. Tant que le cœur de l'homme ne change pas, cela sera pareil. Le naturel reprendra le dessus. » En vertu d'une approche évangélique de la nature humaine et de la grâce divine, Jérémy considère l'homme comme ontologiquement inapte à faire le bien. Seule l'intervention de Dieu peut l'en rendre capable. Cette dernière remarque montre combien la façon dont nos interlocuteurs envisagent le « Monde d'après » est révélatrice de la manière dont ils considèrent la société *hic et nunc*. De plus, pour les deux derniers acteurs, ces représentations prennent appui sur un socle religieux (catholique pour le premier, évangélique pour le second).

Conclusion

Dans la partie de notre enquête consacrée au vécu de la crise sanitaire, nous avons souligné des variations importantes selon les conditions matérielles d'existence, la situation familiale et la nature des activités professionnelles de nos interlocuteurs. Les positions sociales, les ressources économiques et culturelles, le cadre de vie sont autant de variables pouvant induire des manières de vivre la crise foncièrement différentes.

En revanche, force est de constater à travers cette contribution combien les représentations des conséquences de la crise covid et de ses effets sur les modes de vie en société sont nettement plus partagées. L'ensemble de nos interlocuteurs aspire à ce que des modifications s'opèrent de manière à privilégier ce qu'ils estiment « essentiel » dans leur vie. Tous pensent également que leurs actions personnelles en la matière seront insuffisantes dans un contexte général de globalisation. À l'instar des chercheurs de l'INED qui observent combien la situation de confinement joua un rôle de loupe dans les relations interpersonnelles[4], nous notons combien les relations de nos contemporains avec la société, ont été mises en lumière de manière exacerbée durant cette période de pandémie. Leurs propos traduisent une prise de conscience commune des problèmes de dérégulation sociale, économique et environnementale. Le regard qu'ils portent sur l'avenir est inquiet, anxieux et, avant tout, acceptation lucide et désabusée.

Si l'avenir a pu « fasciner comme horizon d'attente et objet d'espérance[5]», la crise sanitaire et l'expérience du confinement ont, au contraire, mis à jour un déficit d'espérance chez les personnes que nous avons rencontrées. Dans la ligne des analyses faisant rimer postmodernité avec

---

4 Note de synthèse du projet Confinement, Conditions de vie et inégalités (CoCoVI) « Logement, travail, voisinage et conditions de vie : ce que le confinement a changé pour les Français », consultée le 21 septembre 2020 sur : https://www.ined.fr/fr/actualites/presse/coronavirus-logement-travail-voisinage-conditions-de-vie/

5 Voire l'appel à contribution du colloque interdisciplinaire d'anthropologie prospective qui précéda le présent ouvrage, « L'avenir. Critique, résistance, utopie », Paris ICP-UDESCA, 24–25 mars 2021.

incertitude individuelle (Ehrenberg, 1995), délitement du vivre-ensemble (Touraine, 1997), et désenchantement du monde (Gauchet, 1985), les propos de nos interlocuteurs expriment leur pessimisme quant à leur futur proche et à l'avenir du monde dans lequel ils évoluent.

Face aux trois hypothèses qui ont été formulées dans l'introduction de cet ouvrage – la disparition de l'avenir, sa prise en charge par une *hubris* techno-économique, et le besoin d'avenir exigeant de travailler sur les bouleversements des temporalités et des conditions d'habitabilité de la terre –, notre enquête met à jour la faiblesse de la seconde hypothèse. Les sirènes dissonantes affirmant de manière triomphante que l'avenir existe n'ont pas retentit à l'UCLy.

La première hypothèse paraît à l'inverse dominer les propos recueillis tant les graves difficultés liées à la crise sanitaire ne pourront, aux yeux de nos témoins, que s'accentuer alors que les amorces de changements positifs sont, quant à elles, vouées à l'éphémère.

Une troisième voix se fait-elle entendre, telle un hymne à un besoin d'avenir, une « espérance honnête » d'un avenir naissant de la critique, de la résistance et de l'utopie[6] ? Si la critique apparaît de manière manifeste dans la dénonciation des dérives de nos sociétés modernes, l'utopie, quant à elle, est nettement moins présente et apparaît principalement dans la bouche d'acteurs qui ancrent leur approche dans une pratique religieuse chrétienne (catholique ou évangélique). La résistance pourrait s'observer à travers les quelques initiatives individuelles de nature écoresponsable dont certains se sont fait l'écho. Mais, comme l'utopie, elle n'imprègne pas autant le discours de nos interlocuteurs que la posture critique vis-à-vis de la modernité.

Ceci étant dit, la situation même du confinement rendait difficile un combat dans l'ici et maintenant. Une deuxième enquête, plusieurs mois après la sortie du confinement, pourrait permettre de confirmer ou de nuancer ces premières conclusions. Bref, en matière de recherche scientifique, l'avenir reste ouvert !

Références Bibliographiques

Artus, o. (2020, 22 mai). 'Monde d'après' et mémoire collective, *La Croix,* consulté le 22 mai 2020 sur : https://www.la-croix.com/Debats/Forum-et-debats/Monde-dapres-memoire-collective-2020-05-21-1201095363.

6 Voir l'appel à contribution du colloque, *op.cit.*

Brechon, P. (2020). Avec-le-coronavirus-des européens plus solidaires ou plus individualistes ? coll. « Le virus de la recherche », PUG, consulté le 27 septembre 2020 sur : https://www.pug.fr/produit/1817/9782706148712/avec-le-coronavirus-des-europeens-plus-solidaires-ou-plus-individualistes/preview?escape=false#lg=1&slide=5,

Ehrenberg, A. (1995). *L'Individu incertain.* coll. « Pluriel », Hachette.

Gal, S. (2020). *La peste, le Covid et l'entre-deux de la contagion.* coll. « Le virus de la recherche », PUG, consulté le 21 mai 2020 sur : https://www.pug.fr/produit/1796/9782706148620/la-peste-le-covid-et-l-entre-deux-de-la-contagion/preview?escape=false#lg=1&slide=4

Gauchet, M. (1985). *Le désenchantement du monde.* Gallimard.

Martouzet, D. (2020). Peut-on s'auto-confiner pour porter attention au chez-soi ? *L'Information géographique*, 2020/3 (Vol. 84), pp. 77–85. DOI : 10.3917/lig.843.0077. URL : https://www.cairn.info/revue-l-information-geographique-2020-3-page-77.htm

Touraine, A. (1997). *Pourrons-nous vivre ensemble ?* Fayard.

5.
L'organum des Écritures : carte d'orientation pour l'avenir ?

Jean-Michel Poirier

Introduction

Si l'exégèse fournit à la théologie des éléments indispensables à sa propre réflexion, elle peut aussi recevoir d'elle, de la philosophie ou encore des enjeux sociétaux matière à revenir aux textes pour en découvrir de nouvelles virtualités de sens. Les trois thèmes retenus pour ce colloque (critique, utopie, résistance) trouvent de fortes résonances pas seulement chez les Prophètes ou dans la littérature apocalyptique mais dans l'ensemble de la Bible. Les Écritures ne fournissent pas des modèles à reproduire ni même à transposer, elles offrent une sorte de carte d'orientation à partir de laquelle des croyants peuvent tracer des chemins pour imaginer un avenir meilleur.

1. Les Écritures, fruits d'une relecture de l'histoire

L'un des principaux apports de l'exégèse selon la critique historique (à partir du XVIIe siècle) fut de sortir d'une vision immobile du corpus biblique : il n'est plus considéré comme une masse plus ou moins statique se contentant de suivre le fil des événements sur lequel se fonder pour retracer l'histoire « réelle ». On lui restitue son dynamisme interne en montrant comment il résulte d'une série de traditions (orales ou écrites) relues, réinterprétées, modifiées, élargies, etc. Autrement dit, la critique n'est plus seulement l'apanage d'une certaine approche de la Bible, elle est reconnue comme l'un des principaux moteurs de sa genèse. Ce mouvement s'exerce de diverses façons que de Pury et Römer ont ainsi formalisées dans leur histoire de la critique du Pentateuque (de Pury & Römer, 2002, pp. 17–20)[1] : par *agrégation* d'histoires ou de documents plus ou

[1] Leur modélisation vaut pour d'autres livres ou ensembles de l'Ancien Testament.

moins complets, conçus de façon relativement indépendante, et rassemblés en plusieurs vagues par des groupes qui s'entendent ou s'absorbent ; par *collection de fragments* d'époques et de sources diverses qu'un rédacteur (ou une école) réunit en un livre ou un corpus ; enfin par *ajouts successifs* sur le principe de la boule de neige, pour répondre à des besoins nouveaux et s'adapter à de nouvelles situations à la fois culturelles, religieuses, sociales, économiques ou politiques.

Le principe critique apparaît plus évident dans le dernier modèle alors que le premier met en avant un mécanisme de *compromis* entre diverses tendances, écoles ou communautés. Pour bâtir un modèle de développement ou de reconstruction (Israël postexilique, Judaïsme d'après la destruction du Temple par les romains, évangélisation chrétienne), il faut négocier entre des sensibilités différentes et des visions parfois concurrentes. Dans le cas d'Israël comme de l'Église, il ne s'agit pas seulement d'une entente rendue nécessaire par la pluralité des courants les traversant. En intégrant diverses théologies dans un même corpus, la décision « canonique » acte de ce qu'aucune ne peut constituer à elle seule « le » modèle véritable. Ainsi nous possédons deux versions du Décalogue (Ex 20,2–17 et Dt 5,6–21), seul texte réputé être écrit du doigt même de Dieu : elles divergent sur une vingtaine de points. Comme le note Garcia-Lopez, reprenant Lothar Perlitt, « ce qui est étrange, ce n'est pas qu'il ait surgi des variantes, mais qu'il ait été canonisé sans harmonisation » (Garcia-Lopez, 1992, p. 18). On pourrait étendre le constat à la quadriforme des évangiles canoniques que les communautés chrétiennes ont reçue en lieu et place d'un unique récit de la vie de Jésus[2]. L'interprétation et le discernement ne sont pas fermés ni entravés par la clôture du Canon : celle-ci les engage pleinement. L'utopie est ouverte par des lignes qui ne sont pas disposées en parallèle mais en éventail. Seule l'hypothèse des fragments rassemblés par un seul « auteur » les unifiant dans une unique ligne théologique ne fait guère droit à la critique ; mais elle paraît bien fragile aujourd'hui.

Quoi qu'il en soit de ces divers modèles, le corpus se présente finalement comme une somme de livres reliés par d'abondantes références croisées, qu'elles soient explicites (citations ou reprises textuelles) ou implicites (reprises de schémas littéraires, de motifs, de vocabulaire

---

[2] Au IIe siècle, Tatien de Syrie en composa un, connu sous le nom de *Diatessaron*. Au IIIe siècle, Ammonios d'Alexandrie en rédigea un autre. Aucune des deux ne fut reçu comme référence universelle par la grande Église (mais celui de Tatien fut jusqu'au Ve siècle l'évangile officiel de l'Église syrienne de langue araméenne, il était aussi lu par les Manichéens d'Afrique du Nord, etc.).

caractéristique, etc.). Ces reprises s'opèrent souvent dans un sens critique : d'anciennes traditions sont arrachées à leur milieu d'origine et réorientées pour prendre de nouveaux sens ; le simple fait de les inscrire dans un autre contexte littéraire leur confère de nouvelles significations. Cela vaut aussi pour le Nouveau Testament qui se forme en partie comme exégèse des Écritures saintes d'Israël réalisée à la lumière de l'événement Jésus-Christ. Ces relectures et ces développements sur des traditions ou des sources plus anciennes sont commandés non seulement par un désir de mieux comprendre le présent, mais aussi – et surtout peut-être – d'envisager et de construire un avenir nécessairement inédit. « Voici que je vais créer des cieux nouveaux et une terre nouvelle ; ainsi le passé ne sera plus rappelé, il ne remontera plus jusqu'au secret du cœur. » (Is 65,17)

2. Le premier Testament (TaNaKh[3])

Le Pentateuque organise sur une ligne chronologique un développement d'événements se succédant depuis la création du monde jusqu'à la mort de Moïse. D'autres volumes poursuivent l'histoire, depuis l'entrée sur la terre d'Israël sous la conduite de Josué jusqu'à la destruction de Jérusalem et le départ en exil du roi Sédécias à Babylone, si bien qu'on peut lire un *Ennéateuque*[4] au lieu de s'arrêter à la fin du Deutéronome. La critique a aussi envisagé un *Hexateuque*[5] : en effet, la fin du livre de Josué achève à Sichem une histoire entamée avec la difficile situation des fils d'Israël-Jacob en Égypte (Ex 1) par une alliance solennelle de l'ensemble des tribus d'Israël avec Yhwh qui leur donne cette terre en possession (Jos 23–24). Dans cette perspective, le livre de la Genèse forme le prologue d'une histoire de la constitution d'Israël comme peuple de l'Alliance en l'ouvrant à une dimension aussi large que celle du cosmos. Alors que l'Ennéateuque décrit une histoire désolante, l'Hexateuque narre une histoire triomphante. Finalement, ce n'est ni l'un ni l'autre qui a été retenu par la tradition, mais un Pentateuque s'achevant avec la mort de Moïse. « *Plus jamais* en Israël ne s'est levé un prophète comme Moïse, lui que Yhwh connaissait face à face. » (Dt 34,10) Un sommet est atteint mais il ouvre des perspectives : la conquête du pays par Josué (version triomphante de

---

3 Cet acronyme renvoie à une tripartition des livres constituant la Bible hébraïque : Torah, Nebi'îm (Prophètes) ; Ketubîm (Écrits).

4 9 livres : ceux du Pentateuque (Gn, Ex, Lv, Nb, Dt) + Jos, Jg, 1–2 S, 1–2 R.

5 6 livres : ceux du Pentateuque + Jos.

l'Hexateuque) ou sa perte par de catastrophiques lignées de rois d'Israël et de Juda (version désolante de l'Ennéateuque). Aucune n'est définitive, ces figures de réalisation offrent la possibilité d'autres accomplissements.

Le Pentateuque est tout à la fois relecture critique d'une histoire passée et ouverture à un avenir désiré par Dieu grâce à la thématique des promesses le traversant d'un bout à l'autre. Il ne cesse, pratiquement depuis le début (Gn 3) de pointer les failles qui peuvent faire échec à la réalisation d'un projet divin concernant l'ensemble de la création dont les humains ne sont qu'une part, essentielle mais non exclusive. Bien des initiatives humaines conduisent au désastre tandis que l'obéissance aux commandements divins ouvre des chemins d'accomplissement vers une création où toute chose et tout être trouvent leurs places dans une harmonie en expansion. Au cœur de cet ensemble de cinq livres se trouve celui du Lévitique, lui-même structuré de façon concentrique. Au centre de ce livre, et donc du Pentateuque, nous trouvons deux chapitres : le 16ᵉ donne les indications pour se purifier des péchés, le 17ᵉ édicte des lois concernant le sang des animaux qui ne peut être consommé par les humains car « la vie de toute créature, c'est son sang » (v. 14). La vie, son respect et sa protection se trouvent ainsi placés au cœur de l'Alliance. Le péché qui l'altère et lui fait échec peut être réparé moyennant une conversion et des procédures permettant à l'histoire de poursuivre son cours. La réparation forme un passage obligé pour l'élaboration de toute perspective d'avenir, non pas tant pour rétablir une situation supposée stable qu'afin de poursuivre la marche vers un accomplissement à venir.

Le corpus prophétique se présente en deux principaux ensembles. Le premier correspond à une série de livres « historiques » dont nous venons de parler (de Josué à 2Rois), la seconde est constituée par un premier groupe de trois livres importants par leur taille (Isaïe, Jérémie, Ézéchiel) suivi d'un second groupe formé par douze livres plus brefs se faisant chacun l'écho de l'activité d'un prophète d'Israël.

La première partie ne se contente pas de retracer l'histoire d'Israël en sa terre, égrenant à partir des successeurs de Salomon les « annales des rois d'Israël/de Juda »[6] : elle en propose une lecture « critique », faisant ressortir les péchés et les diverses déviances ayant conduit à la catastrophe finale aussi bien que les rares réussites culminant dans l'œuvre de réforme religieuse du roi Josias (2R 22–23). Se terminant par un effondrement, cette histoire offre pourtant de nombreux points de résistance.

---

6 Expression apparaissant 33 fois dans 1 et 2 Rois.

Tout d'abord elle propose une analyse de ce qui y a conduit. Ensuite, elle indique un véritable programme de reconstruction, à la fois en creux (par des contre-exemples) et en surface (le règne exemplaire de Josias) : on y envisage une forme non plus élitiste mais populaire d'un peuple rassemblé autour de la lecture du Livre : « les prêtres, les prophètes et tout le peuple, petits et grands » y sont convoqués (2R 23,2 ; cf. Ne 8,1).

Mais c'est aux livres prophétiques proprement dit qu'il revient de déplier cette vision, comme le fait Jérémie dans cet oracle : « Ils ne s'instruiront plus entre compagnons, entre frères, répétant : "Apprenez à connaître Yhwh", car ils me connaîtront tous, petits et grands – oracle de Yhwh. » (Jr 31,34) La vision est partagée au plus grand nombre. Les grands prophètes ne s'adressent pas à quelques disciples regroupés autour d'eux, ils vont à la porte, au lieu où passe tout un chacun. Par exemple Jérémie qui reçoit cet ordre : « Ainsi parle Yhwh : Va te poster à la grande porte par laquelle entrent et sortent les rois de Juda, puis à toutes les portes de Jérusalem. Tu leur diras : "Écoutez la parole de Yhwh, rois de Juda, hommes de Juda, habitants de Jérusalem, vous tous qui passez par ces portes". » (Jr 17,19–20[7]) Leurs oracles présentent une vive critique à l'égard des conduites passées et présentes, mais ils sont aussi pleins d'espérance pour l'avenir sous réserve que les fidèles s'ouvrent enfin à la Parole du Seigneur. Ils s'expriment aussi par des gestes prophétiques qui attirent l'attention et cherchent à susciter un questionnement. Ainsi, sous les yeux[8] des hiérosolymitains, Ezéchiel perce un mur dont en pleine nuit il sort avec un sac (Ez 12). C'est là un présage du départ en exil des princes de Jérusalem et d'une partie de sa population. « Peut-être verront-ils qu'ils sont une engeance de rebelle » et se convertiront-ils (v.3). Alerter fait partie de la mission du prophète résistant.

En regard, la Sagesse paraît… bien plus sage ! Elle s'attache avant tout au quotidien, à l'ordinaire du présent. Elle « est d'abord la vie, tout ce à quoi on ne pense pas parce qu'on y est, tout ce qui d'incolore, de médiocre et d'universel, se révèle sans prix quand le perdre s'appelle mourir » (Beauchamp, 1976, vol. I, p. 170). Pour autant, elle n'est pas acquiescement à tout ce qui constitue le réel, elle invite au discernement en pénétrant au-delà des apparences (livre des Proverbes) et même à la

---

7 Voir aussi Jr 7,2 ; 19,2 ; 36,10.

8 Le texte insiste sur cet aspect : l'expression « sous leurs yeux » revient sept fois. Il s'agit de manifester qu'« ils ont des yeux pour voir mais ne voient pas, des oreilles pour entendre mais n'entendent pas » (Ez 12,2).

contester elle-même quand elle parle de Dieu (Job) ou d'un bonheur garanti par de justes et sages actions (Qohélet). La critique la plus vive se donne à lire et à entendre tout au long de ces derniers livres. La résistance du réel met en échec les discours des sages quand un homme juste connaît le sort réservé aux méchants ou quand une conduite selon la sagesse ne garantit ni le bonheur individuel, ni une progression collective. Ce faisant, la Sagesse biblique met en garde contre toute forme d'utopie qui ne prendrait pas en compte la complexité du réel et ne ferait pas droit à un débat critique indispensable. « Vous n'avez pas parlé de moi avec droiture comme l'a fait mon serviteur Job » déclare Yhwh aux trois amis (Jb 42,7), eux qui n'ont pourtant cessé de défendre l'ordre établi et reconnu quand Job défiait le personnage divin et son gouvernement du cosmos, quitte à obscurcir ce projet (cf. Jb 38,2). C'est dire la part indispensable de critique à laquelle oblige la résistance du réel, sans laquelle une vision globale ne peut se reconnaître ou se construire. Les cas limites où les points extérieurs à une vision sont autant essentiels à celle-ci que son contenu, si bien bâti soit-il.

Dans sa forme générale aussi bien que dans chacune de ses parties, TaNaKh constitue donc un ensemble ouvert : à l'interprétation, grâce notamment à la symphonie de ses voix, à la diversité de ses discours et de ses théologies ; à des accomplissements qui sont au-delà du Canon, dans un avenir encore à écrire ; à des lectures critiques du réel pour le vivre, le transformer ou l'ouvrir au projet de Dieu.

On peut encore observer que chacun de ces grands ensembles (Pentateuque, Prophètes, Écrits) s'achève sur des passages programmatiques appelant une suite. Dt 34,10–12 nous laisse au bord de la Terre promise avec la mort de Moïse qui n'y entre donc pas ; Mal 3,22–24 annonce une réunion du cœur des pères et de leurs fils au Jour de Yhwh qu'il annonce « grand et redoutable », mais nous sommes encore dans « l'avant » ; enfin 2Ch 36,22–23 clôture l'ensemble avec l'édit de Cyrus qui, « pour accomplir la parole de Yhwh prononcée par Jérémie », invite les membres du peuple de Yhwh à monter à Jérusalem afin de lui bâtir un Temple. Relecture du passé, compréhension du présent dans sa profondeur, perspectives d'avenir en forme d'accomplissements à construire : l'utopie n'est pas fermée, définie sans qu'il y ait du jeu, mais elle est bien là. Aussi bien le premier Testament que le Nouveau ne tourne pas le regard vers le passé, ils ne font que le porter plus loin dans un horizon humano-divin.

3. Le Nouveau Testament

L'utopie est-elle ici à chercher du côté des passages au ton apocalyptique qui trouvent leur acmé dans le dernier des livres, nommé « Apocalypse » en français mais « Révélation » dans d'autres langues[9] ? Faut-il entreprendre une lecture aimantée par la fin de ce grand corpus, avec en ligne de mire la vision d'une Jérusalem céleste située au cœur du ciel nouveau et de la nouvelle terre (Ap 21) ? Ne doit-on pas plutôt l'empoigner par son début puisqu'aussi bien le Canon que la tradition liturgique accordent la primauté aux quatre évangiles ? Dans la première lecture, la figure de Jésus de Nazareth et l'événement Jésus-Christ sont ordonnés à un accomplissement où tout est réconcilié, la mort détruite, les murs de haine abattus, etc. Auquel cas, le messie-prophète serait l'acteur majeur d'un vaste projet allant bien plus loin que lui. Ou bien la vision finale vient accomplir ce qui est déjà là, le Royaume étant advenu en Jésus de Nazareth, par sa parole et dans ses actes, singulièrement dans sa Pâque (la Passion et la mort débouchant sur la Résurrection). Le salut en germe n'a plus qu'à s'étendre aux dimensions de l'humanité tout entière (cf. He 10,19–21) et même du cosmos puisque « la création tout entière gémit maintenant encore dans les douleurs de l'enfantement » (Rm 8,22).

La réponse dépend en grande partie de l'articulation entre l'advenue du Royaume de Dieu (ou du Règne de Dieu) que Jésus place au cœur de sa prédication (cf. Mc 1,14–15), et l'Évangile proclamé par l'Église dès ses commencements, qui est relatif à Jésus-Christ (cf. 1Co 15,1 sq.). Il y va de l'identité même de l'utopie : dévoile-t-elle une nouvelle société, un nouveau monde que l'aventure chrétienne dans ses origines a préparé mais devant lequel il s'efface ? Ou bien cette utopie regarde-t-elle moins vers un *topos* que vers quelqu'un ? Et si c'est le cas, n'aurions-nous pas affaire à une vision anthropocentrée quelque peu naïve ?

L'hymne aux Colossiens traduit la foi des premières communautés à ce sujet. C'est en lui, le Fils, qu'il a plu à Dieu de faire habiter toute la plénitude (Col 1,19). Le Royaume de Dieu annoncé par Jésus est aussi « le Royaume du fils de son amour » (Col 1,13). L'épître aux Éphésiens décrit Jésus-Christ comme « pierre maîtresse » de la construction spirituelle que Dieu bâtit (Ep 2,20). Jésus-Christ n'est pas seulement l'exécuteur du projet éternel voulu par Dieu, il est celui en lequel ce projet se réalise (Ep 3,11). Cette réalisation ne se limite pas à ce que Jésus a proclamé

---

9 *Revelation* en anglais, *Offenbarung* en allemand.

et accompli. Car, dit-il, « celui qui croit en moi fera lui aussi les œuvres que je fais ; il en fera même de plus grandes, parce que je vais au Père » (Jn 14,12). Il faut encore que le Christ glorieux s'agrège une multitude de nouveaux membres « jusqu'à ce que nous parvenions tous ensemble à l'unité dans la foi et dans la connaissance du Fils de Dieu, à l'état d'adultes, à la taille du Christ dans sa plénitude » (Ep 4,13).

Dans l'événement de Pâques, les deux perspectives se rejoignent dans un présent déjà éclairé de l'*eschaton*.

> Le Père qui relève son Fils d'entre les morts pose le geste eschatologique par excellence : à la fois celui qui rend tangible l'eschaton à l'expérience apostolique et celui qui donne une figure décisive et non ambiguë à l'espérance des hommes. La révélation de Dieu, dans l'Ancienne Alliance, créait le possible et n'eschatologisait le présent qu'en lui donnant pour horizon le futur messianique ; mais le Dieu qui se manifeste dans la résurrection de Jésus fonde dans l'histoire une présence, réelle et anticipatrice à la fois, des derniers temps (Lacoste, 1982, p. 485).

L'espérance chrétienne se doit de mettre à jour cet *eschaton* déjà-là mais en germe afin de le rendre opératoire dans une transformation du créé préalable à sa transfiguration finale. À cet effet, la foi en Jésus-Christ constitue la clé indispensable de la Révélation du côté de l'homme, elle qui est aussi bien « la garantie des biens que l'on espère [que] la preuve des réalités qu'on ne voit pas » (He 11,1).

4. Les paraboles du Royaume en Mt 13

De nombreuses paraboles évangéliques articulent cette tension entre le déjà-là et le pas encore. Ainsi celles du chapitre 13 de l'évangile de Matthieu évoquent des graines ensemencées dans la terre qui se développent en fruits aux tailles diverses, selon des rendements variés. Ces paraboles suggèrent également une fructueuse interaction entre le geste divin et la part humaine. La Parole divine descend du haut vers le bas (cf. Is 55,10–11), mouvement figuré par le geste auguste du semeur qui répand généreusement les graines (Mt 13,3–9), pour faire ensuite germer dans un processus allant du bas vers le haut, suivant une transformation interne à la plante (la parabole du levain dans la pâte articule les mêmes mouvements). Dans la première grande parabole, la part de l'homme est, elle, figurée par la qualité de la terre qui s'ouvre (ou pas) à la graine et la laisse plus ou moins bien germer. Les divers cas de figure envisagés (13,19–23) montrent qu'un discernement critique doit s'opérer qui manifeste l'essence d'une écoute véritable : chercher à comprendre, se donner le temps de le faire, ne pas se laisser distraire par « le souci du monde et la séduction de la richesse » et laisser se développer toutes les potentialités du Verbe. Il s'agit moins d'un éloge de la lenteur que des conditions d'une véritable fécondité de la Parole, de la raison, du *Logos*. À l'heure de la rapidité des processus, des transformations techniques et sociétales, faut-il promouvoir une vision qui se donne le temps aussi bien de la réflexion que de la réception et de l'insémination des comportements ?

La parabole du bon grain et de l'ivraie (Mt 13,24–30) invite également au discernement, mais après-coup, une fois les grains levés. La critique, elle aussi, demande du temps et de la patience ; la décision suivra. La parabole de la graine de moutarde qui devient une plante capable d'abriter des nids d'oiseaux (13,31–32) conduit à concevoir des visions larges et généreuses où le non-prévu (la graine est plantée *a priori* pour obtenir des grains de moutarde) est aussi à recevoir comme fruit du Royaume.

La véritable richesse est cachée suggèrent les deux paraboles du trésor dans le champ et de la perle de grande valeur trouvée par un négociant (Mt 13,44–46). Mais une fois qu'on a trouvé cet essentiel, pour l'acquérir il faut se décider à lâcher une partie du patrimoine jusque-là accumulé.

Dans une prédication sur ces paraboles[10] à l'Université de Chicago, Paul Ricœur met en évidence cette logique qu'il identifie au Royaume :

> En premier, la rencontre de l'événement, puis le retournement du cœur, puis l'agir en fonction. Le Royaume de Dieu est comparé à l'enchaînement de ces trois actes : laisser l'événement s'épanouir, regarder dans une autre direction et agir de toutes ses forces en accord avec cette nouvelle vision (Ricœur, 2001, p. 259).

Le Royaume n'est donc pas la graine, ou le levain, ou le champ, ou le trésor, etc. Il est dans tout cela à la fois, dans l'enchaînement décrit, dans le mouvement mis en valeur. Il s'agit moins de mettre en œuvre un programme prédéterminé que de faire advenir des potentialités dans le dédale complexe de processus à la fois naturels et culturels.

Ricœur fait aussi remarquer que les paraboles sont multiples : aucune ne décrit le Royaume, toutes ensemble elles le suggèrent. Pour ce faire,

---

10 Plus spécifiquement sur Mt 13,31–33.45–46.

elles emploient un langage symbolique : le Royaume ne se définit pas à coups de concepts. Les images choisies pour dire à quoi il « est semblable »[11] dégagent un potentiel poétique inspirant. « Il y a plus à *penser à travers* la richesse des images que dans la cohérence d'un simple concept » (Ricœur, p. 261) dès lors qu'on évoque le projet divin et les actions humaines qu'il requiert et engage. Cette diversité des paraboles et leur caractère bien souvent paradoxal et hyperbolique peuvent nous désorienter. Mais c'est là, affirme Ricœur, un passage obligé pour se réorienter grâce à la puissance poétique qui aspire à se déployer en nous.

Conclusion

Le récit constitue le genre littéraire majeur du corpus biblique : il est à la fois le plus attesté et celui qui enchâsse les autres. Selon Robert Alter ce choix fut commandé par cette capacité de la narration à « explorer les sentiers sinueux de la liberté humaine, les réactions inattendues et contradictoires d'individus, hommes et femmes, reconnus comme sujets éthiques et centres complexes de motivations et de sentiments » (Alter, 1999, p. 40). Si la Bible offre des visions d'un monde à construire qui relèvent en grande partie de l'utopie, elle en montre aussi les chemins pour les penser et les mettre en œuvre. Ces voies sont complexes, demandent du temps et mobilisent la liberté humaine dans ses contingences.

Le grand récit biblique s'offre aussi comme modèle de relecture critique de l'histoire, condition indispensable pour vivre le présent aussi bien que pour entrevoir un avenir désirable. Dans les conditions actuelles, on notera aussi qu'il propose une forte résistance à tous les mouvements anthropocentriques et fermés. D'abord parce que son principal héros n'est pas l'homme mais Dieu, l'Autre, le Transcendant. Ensuite car l'humain est toujours situé dans une création dont il est un élément remarquable mais non unique. Gn 2–3 est significatif à cet égard : ce n'est pas l'humain qui est au centre du jardin mais un arbre (Cf. Poirier, 2017, p. 275–289).

Aussi bien dans son contenu que dans sa forme, la Bible constitue aujourd'hui encore – plus que jamais peut-être – un précieux *organum* pour penser et engager des utopies ouvertes et fécondes, capables de

---

11 *omoiōthè* en Mt 13,24 ; 18,23 ; 22,2 ; *omoiōthèsetai* en Mt 25,1 ; *omoiōsōmen* en Mc 4,30.

faire sortir nos contemporains des déterminismes mortifères dans lesquels beaucoup veulent les enfermer. Elle chante la *vox principalis*, venue des origines de la foi, se déployant jusqu'à aujourd'hui et, tel un fleuve, poursuivant son cours jusqu'à son embouchure dans l'infini de Dieu. En contrepoint il appartient aux générations successives d'inventer la *vox organalis* en contrepoint harmonieux avec l'autre voix. Dans ce volume, il nous appartenait de rappeler cette exigence de la foi : ce n'est pas en utilisant la Bible comme un réservoir de citations destinées à parer nos constructions humaines que nous pourrons imaginer et engager un avenir pour tous, mais en écoutant sa voix profonde sur laquelle développer la nôtre.

Références bibliographiques

Alter, R. (1999). *L'Art du Récit Biblique.* coll. « Le Livre et le Rouleau » vol. 4, Lessius.

Beauchamp, P. (1976). *L'un et l'autre Testament : Vol. I.* Seuil.

Lacoste, J.-Y. (1982). Du droit de l'histoire au droit de Dieu : sur la résurrection de Jésus. *NRT,* 104(4), pp. 495–531.

Garcia-Lopez, F. (1992). Le Décalogue. *Cahier Evangile* vol. 81. Cerf.

Poirier, J.-M. (2017). Comment ne pas revenir au chaos ? Revisiter Jérémie et Gn 1–3 à partir de *Laudato si'*. Dans Danroc, G. & Cazanave, E. (Éds.), *Laudato si'. Pour une écologie intégrale.* Artège Lethellieux.

de Pury, A., Römer T. (2002). Le Pentateuque en question : Position du problème et brève histoire de la recherche. Dans Römer, T. & de Pury, A. (Éds.), *Le Pentateuque en Question* (2e éd.), Labor et Fides.

Ricœur, P. (2001). *L'Herméneutique Biblique.* Cerf.

Partie IV. Quelle éducation pour demain ?

1.

L'avenir, maintenant : *kairos* contre *krisis*

Christian Heslon

« Tout présent est déjà mort. Il n'y a de vivant que l'avenir. »
Émil Cioran, *Cahiers*, 7 juillet 1967.

Introduction : la crise de la sortie de crise ?

La pandémie de covid-19 aura marqué les années 2020–2021 comme quelques rares catastrophes mondiales antérieures, des pestes médiévales aux guerres majeures, des crises économiques planétaires aux cataclysmes les plus destructeurs. Surtout, elle aura mis en lumière le fait d'un avenir devenu illisible, menaçant ou résolument imprévisible. À vrai dire, rien de vraiment nouveau depuis *L'effacement de l'avenir* de Pierre-André Taguieff (2000), si ce n'est que personne ou presque ne croyait plausible le scénario du film *Contagion* de Steven Soderbergh (2011) voici dix ans, ni les scènes du début du roman *Soumission* de Michel Houellebecq (2015), imaginant une France immobile et déserte, suite à une crise politique amenant à la présidence de la République un musulman « modéré ». Qui en effet aurait cru que nous puissions vivre plusieurs mois enfermés chez nous, comme *Les séquestrés d'Altona* (Sartre, 1959), dans des pays développés comme les nôtres ou connaître les clandestinités du couvre-feu dont nos grands-parents nous parlaient comme d'une geste appartenant aux sombres heures de l'occupation nazie, faisant naître en nous des frissons avec lesquels jouer ou s'endormir ? Autrement dit, s'il n'est pas récent que l'avenir paraisse saturé de risques et d'incertitudes, il est tout à fait nouveau que chacun en fasse désormais l'expérience, des jeunes adultes dont les études se trouvent amputées de ce qui en fait le sel, à savoir les amis et les amours, aux seniors dont les calculs de retraités n'avaient pas intégré semblable déconvenue – à propos, avez-vous vu comment cette épidémie a emporté avec elle et le débat houleux sur l'âge de la retraite et la révolte des gilets jaunes ? Seul y survit, malheureusement, le terrible terrorisme désespéré qui se réclame de l'Islam… Et puis, au moindre interstice de déconfinement, la ferveur consommatrice, devenue notre seule promesse de bonheur et notre unique religion, faisant de la croissance économique la triste planche de salut à laquelle nous raccrocher – en cette période de décrochage généralisé.

Non, il n'est pas récent que l'avenir effraie, mais il est nouveau que tout un chacun le ressente et l'exprime. Il y eut le film *Demain*, de Mélanie Laurent et Cyril Dion (Dion & Laurent, 2015), ou encore *Tout s'accélère* de Gilles Vernet (2016). Il y a maintenant *Futur. Notre avenir de A à Z* d'Antoine Buéno (2020) et le retour des futurologues, désormais mués en collapsologues ou en théoriciens de l'effondrement. Il y eut certes diverses propositions cherchant, dans le sillage d'André Gorz avec ses *Misères du présent, richesse des possibles* (1997) à ré-enchanter cet avenir dont nous sommes orphelins. C'est notamment le cas des « mondes liquides » de Zigmunt Bauman (2003), de l'appel à la « résonance » d'Hartmut Rosa (2016), du *Manifeste des convivialistes* entre autres relayé par Alain Caillé (2020) ou du *Work Manifesto*[1]. Si aucun d'eux ne prévoyait la pandémie et le confinement, tous prenaient acte de la fin d'un monde en cours et de façons plausibles d'engager celui d'après. Force est de constater leur faible succès public, leur manque d'écho dans les médias et, plus encore, leur ignorance par les élites politiques actuelles, même celles se réclamant « de gauche ». L'auteur de ces lignes mourra sans doute avec le regret que la pensée issue des sciences humaines et sociales ait échoué à imprégner l'action politique, au profit de la production de connaissances quantifiées, devenues un marché de la publication en ligne, et de diplômes, devenus un marché de la formation à peu près délié de toute aspiration à améliorer les vies humaines. Force est également de constater que ce que l'on peut entrevoir du « monde d'après » les confinements, entre deux vagues de covid-19, ressemble furieusement à un rattrapage du retard pris (business, consommation, voyages, loisirs, sexualité, etc.), plutôt qu'à la mise en application des leçons qui pourraient être tirées de cette expérience, pourtant inédite à une telle échelle dans l'histoire de l'humanité.

Que s'est-il donc passé et que nous incombe-t-il d'en faire ? Ce qui s'est passé, nous pouvons déjà l'esquisser : il s'agit de ce que j'appellerais la perte de l'avenir. Elle a pour corollaire l'enlisement dans la crise depuis un demi-siècle, cette *crise sans fin* repérée par Myriam Revault d'Allonnes (2012), c'est-à-dire le symptôme de notre incapacité à changer. Et si la

1 https://democratizingwork.org/book

crise de la covid-19 devenait « la crise de la sortie de crise », c'est-à-dire celle dont nous sortirions enfin autrement que par les solutions d'hier, à savoir la guerre ou la révolution ?

1. La perte de l'avenir

S'il n'est pas nouveau que l'avenir préoccupe et inquiète, il est récent qu'il apparaisse aussi lourd de mauvais présages, à autant de gens en même temps. En effet, l'impossible semble devenir chaque jour de plus en plus certain, comme l'annonçait Jean-Pierre Dupuy (2002) après la destruction par *Al-Qaïda* des *Twin Towers* à New-York, le 11 septembre 2001. Il y eut certes au XXe siècle (et dans les précédents) nombre de catastrophes destructrices, dont la précédente à avoir été aussi impensable fut probablement la Shoah. Les craintes ensuite inspirées par la bombe atomique depuis Hiroshima firent certes redouter le pire de l'avenir, et les génocides khmers, d'ex-Yougoslavie ou du Rwanda furent monstrueux. Ce sont cependant trois autres phénomènes conjoints qui marquèrent la fin de la confiance de l'avenir, c'est-à-dire la fin de la « révolution invisible » des *Trente glorieuses* de Jean Fourastié (1979). D'abord, les chocs pétroliers sonnèrent le glas de la colonisation, qui permettait à l'occident de se fournir à bas prix en énergie, en main d'œuvre et en matière première. Ensuite, les premières prises de conscience écologiques, notamment l'échouage polluant du navire pétrolier Amoco Cadiz en 1978 et la contestation de l'énergie nucléaire dans les années 1980. Le *principe-responsabilité* d'Hans Jonas (1979) vint alors indiquer aux générations actuelles qu'elles ont à répondre de l'état de la planète qu'elles lèguent aux suivantes. Enfin, la mondialisation technologique et financière rebâtit les cartes de la géopolitique, des frontières, des flux migratoires, mais aussi des limites entre la vie et la mort, entre l'humain et le non-humain, entre le possible et l'impossible.

Certes, d'autres formes de colonisation et d'esclavage perdurent, de même que perdure l'impérialisme technologique, financier, linguistique et scientifique de l'occident. Certes, les premiers écologistes étaient loin d'imaginer le réchauffement climatique, la guerre de l'eau, les gaz à effet de serre, les dégâts éthiques et environnementaux de la consommation de viande animale ou l'appétit féroce des industries agro-alimentaire et pharmaceutique devant une clientèle de 7 à 8 milliards d'êtres humains – bientôt 10 ou 12 à la fin de ce siècle. Certes enfin, la mondialisation a laissé dans l'ombre le religieux, qui nous revient en pleine face, de même qu'elle n'a pas fini de générer des conquérants cyniques, face auxquels les artisans de paix et de démocratie demeurent généralement impuissants.

Toujours est-il que, voici bientôt 50 ans, les rêves d'avenir de la modernité commencèrent à faire long feu. Il y eut d'abord l'irrépressible montée du chômage, particulièrement anxiogène en des sociétés de consommation misant tout sur le pouvoir d'achat. L'idéal démocratique fut assimilé à celui d'une croissance économique reposant sur la production-consommation, selon les principes néo-libéraux de Milton Friedman, à l'opposé de ceux de Keynes, appliqués aux USA par Ronald Reagan et en Grande-Bretagne par Margaret Thatcher. Il y eut, à la même époque, l'arrivée du SIDA, puis le scandale français du « sang contaminé », puis Tchernobyl en 1986, puis la chute du mur de Berlin en 1989. Ce fut *Le déclin de l'institution* analysé par François Dubet (2002), dont on peut se demander s'il s'agit d'un échec ou d'une réussite relative. Ainsi de Steven Pinker (2018), qui veut croire que l'humanité ne cesse de progresser, même si c'est lent et même s'il y a toujours, comme en ce moment, des retours en arrière (régression des droits des femmes dans de nombreux pays ; violences meurtrières à l'encontre des minorités ; tyrannies et dictatures ; scandaleux écarts de richesse, etc.).

On peut dès lors émettre l'hypothèse que, si les institutions et productions de la modernité sont maintenant devenues contre-productives au sens d'Ivan Illich (1974), c'est qu'elles ont atteint leur plus haut degré de réussite possible. Ainsi, la démocratie est dorénavant recherchée, les technologies réalisent des merveilles, la science effectue des prouesses, les religions s'admettent mutuellement, l'égalité des droits progresse, l'espérance de vie s'élève (du moins jusqu'à présent…), l'exploitation n'est plus une norme admise, le couple et la famille se revendiquent comme des espaces de libre interdépendance. Certes, ces succès débouchent sur leurs contraires : la démocratie représentative vacille et se teinte de violence policière, les biotechnologies soulèvent d'insondables conflits éthiques, les fanatismes religieux multiplient les massacres, l'espérance de vie avec incapacité progresse plus vite que celle sans incapacité, de nombreux couples et de nombreuses familles s'entre-déchirent, etc. Au fond, chaque victoire remportée ouvre sur de nouvelles batailles à mener. C'est alors que notre postmodernité atteinte par l'*hubris* de la démesure dont Némésis, déesse de la vengeance, nous ferait payer le prix, découvre l'hybride – dont Gabrielle Halpern (2020) vient de faire l'éloge. Les deux mots, *hubris* et hybride ont racine commune, mais là où l'une repousse les limites, l'autre les estompe en mélangeant les genres. Reste à savoir si l'hybridation est féconde, puisqu'au contraire du métissage elle est, en génétique, réputée stérile… Hybridation des énergies thermiques et électriques pour les automobiles, hybridation des cours « distanciels » et « présentiels » à l'université, hybridation des matériaux et des techniques dans l'artisanat, hybridation des identités ethniques ou de genre, il s'agit bien de résoudre au présent des défis actuels, accélérés par la « crise » du coronavirus.

La perte de l'avenir est ici tangible : nous sommes loin du « futurisme » des années 1970, des « avant-gardes » des années 1950 et, plus encore, des utopies de la modernité, depuis Thomas More ou l'Abbaye de Thélème de François Rabelais. L'heure est aux dystopies. Hier, *Le meilleur des mondes* d'Aldous Huxley (1932) et le *1984* de Georges Orwell (1949). Aujourd'hui, les séries *Hunger Games* (Ross & Lawrence, 2012) ou *The Walking Dead* (2010). Autrement dit, l'avenir saturé de risques a remplacé l'avenir source de progrès et de projet. Devant cet avenir inquiétant, ce ne sont plus la confiance dans le progrès ni le recours au projet qui prédominent, mais le repli sur ces conduites défensives que constituent la prévention et le principe de précaution. Sur cela, Jean-Pierre Boutinet (2004) nous a de longue date alertés. La fin de l'avenir prometteur donne alors lieu au retour sur le passé, sous deux formes opposées : passé idéalisé par la nostalgie et passé dont on redoute la résurgence. Dans l'un et l'autre cas, nous avons recours à la mémoire plutôt qu'à l'histoire : fièvre commémorative et anniversaires pour la nostalgie, devoir de mémoire pour conjurer le retour des horreurs du passé (Heslon, 2007). Il faudrait ici relire en détail *La mémoire, l'histoire, l'oubli* de Paul Ricœur (2000) pour débusquer les implications de ce retour sur le passé, la mémoire étant ce qui subsiste de l'histoire une fois que l'oubli a fait son œuvre.

2. Penser la crise

Ainsi donc, dépourvus d'avenir et en peine de passé, nous voici cantonnés au présent omniprésent, dans lequel François Hartog (2020) voit un régime d'historicité qu'il intitule « présentisme ». Dans notre expérience quotidienne, ce présentisme se manifeste sous les trois formes de l'urgence (Laïdi, 1999), de la simultanéité (Aubert, 2003) et de l'accélération (Rosa, 2005). Hartog ajoute que le présentisme connaît, dans l'univers chrétien, deux versants, celui de la *krisis* et celui du *kairos*. *Krisis* est l'étymologie grecque de la crise, qui renvoie au jugement et à la décision, également à l'origine des mots « critère » et « critique », quand la *crisis* latine évoque plutôt une manifestation morbide subite. À l'intersection de ces deux origines, la crise contemporaine suggère la nécessité de sortir d'un processus néfaste au moyen d'une décision opportune. On retrouve une sémantique identique en chinois mandarin, où « crise » se dit *wei-ji*, c'est-à-dire « danger » et « opportunité ». Quant à *kairos*, c'est le présent de la présence, non plus celui envahi ou paralysé par la crise, mais celui de la rencontre, de la surprise, de l'instant propice – de la « résonance » dirait encore Rosa (2016).

Autrement dit, si notre époque, privée d'avenir et traitant le passé avec la sélectivité de la mémoire, est centrée sur le présent, elle est aussi soumise à la tension entre *krisis* et *kairos*. D'un côté, le présent envahissant de l'accélération qui nous enlise dans la crise. De l'autre celui, vivifiant et apaisant, du *kairos* qui est rencontre avec le monde, avec autrui et avec soi-même. Des pratiques en vogue comme la méditation ou le yoga témoignent de cette quête de *kairos* qui consonne avec le *care* – c'est-à-dire l'attention, par opposition à la dispersion qu'impose le présent saturé de la crise. C'est ce que représente le Tableau ci-dessous, où sont comparés trois régimes de temporalité : celui de la modernité, tournée vers l'avenir et orientée par le temps linéaire de la durée (*kronos*) ; celui de l'extra-modernité, fondée par le passé et régie par le temps circulaire des cycles saisonniers ou liturgiques (*kiklos*) ; celui de notre actuelle postmodernité qui, centrée sur le présent, patine dans l'immobilité de la crise (*krisis*) tout en aspirant au *kairos*.

Trois régimes de temporalité

Régime de temporalité	***Passé***	***Présent***	***Futur***	***Avenir***	***Mode de changement***
MODERNITÉ (***kronos***)	Histoire	Nouveauté	Progrès	Projet	**Révolution**
EXTRA-MODERNITÉ (***kiklos***)	Mythe	Rite	Prophétie	Prévoyance	**Guerre**
POST-MODERNITÉ (***krisis / kairos***)	Mémoire	Présentisme	Prévention	Précaution	**Rupture**

Si j'emprunte ici à Philippe Descola (2017) le terme d'« extra-modernité » pour désigner ce que l'on appelle d'ordinaire « tradition », c'est afin de prendre en compte le fait que les cultures dites traditionnelles ne sont pas restées figées. Je distingue également dans ce tableau, à l'instar de Jean-Pierre Boutinet (2004), l'avenir ouvert et incertain du futur, dont l'étymologie latine, *futura*, désigne ce qui va nécessairement se produire.

Dans son *Essai de chronosophie* intitulé *Avoir le temps*, Pascal Chabot (2021) distingue cinq régimes temporels qui coïncident avec les miens : le Progrès, le Destin, l'Hypertemps, le Délai et l'Occasion. Le temps du Progrès caractérise le temps linéaire de la modernité (foi dans l'avenir, valorisation de la nouveauté au présent et exploration scientifique du passé), où la sortie de crise se fait par la révolution qui est projet de société nouvelle. Le temps du Destin caractérise le temps cyclique de l'extra-modernité (appuyée sur les mythes d'un passé fondateur, perpétué au présent par l'intermédiaire de rites, futur contenu dans le passé sous la forme de prophéties, avenir faisant l'objet des conduites de prévoyance héritées des ancêtres), dont le mode de changement est la guerre. Notre époque hybride certes ces deux régimes de temporalités, tout en expérimentant de nouvelles voies. Ainsi, la surenchère à l'innovation prolonge la passion de la modernité pour la nouveauté, quand les mythes et rites religieux extra-modernes y font un retour remarquable. De même, la quête de progrès technologiques et l'incitation au projet perdurent, quand prophètes et voyants prolifèrent *via* les réseaux sociaux. Parallèlement, l'avenir et le futur sont objets de défiance, comme le veulent le principe de précaution, intégré à la Constitution de la République française en 2005, et l'obsessionnelle prévention des risques, déjà entrevue par Ulrich Beck (1986). Dans le même temps, précaution et prévention mobilisent la préservation du passé, comme le veulent par exemple les « fouilles préventives » qui doivent obligatoirement précéder la construction d'un bâtiment neuf ou, plus généralement, la « traçabilité » de nos actes et de nos déplacements. Cette dernière n'est pas sans évoquer la précognition imaginée par Philip K. Dick dans sa nouvelle *The Minority Report* (1956), qui inspira le film éponyme de Steven Spielberg (2002), où les assassins sont arrêtés avant même d'avoir commis leur crime. Le paroxysme de la prévention ! Ce régime temporel que je qualifie de post-moderne est celui des trois autres régimes identifiés par Pascal Chabot, après le Destin et le Progrès : l'Hypertemps de l'accélération, le Délai de l'urgence et… l'Occasion, qui est l'autre nom du *kairos* !

Conclusion : faire rupture(s)

Bien entendu, ces grandes tendances se combinent, voire coexistent ou se contrarient, selon les moments de l'histoire et les modèles culturels. Ainsi, l'opposition entre guerre extra-moderne et révolution moderne est-elle simpliste : il existe des guerres révolutionnaires et la plupart des révolutions passent par la guerre civile ou la guérilla. Ainsi encore ai-je compris, lors d'une expérience de formation de conseillers d'orientation malgaches à Tananarive en 2019, pourquoi le mot « projet » se traduit en malagasy par un terme qui signifie « vision ». En l'occurrence, aller vers l'avenir dans cette culture des ancêtres se fait en marchant à reculons. Se projeter consiste alors à regarder le passé dont on s'éloigne mais que l'on peut voir, quand l'avenir vers lequel on se dirige se situe dans notre dos, demeurant donc invisible. Dans ce cas, la figure moderne du projet est combinée avec celle, extra-moderne, d'un avenir contenu par le passé. Il faudrait ici développer un propos cher à Nathanaël Wallenhorst (2019), à savoir le pari d'échapper, par l'éducation et la psychologie, aux déterminismes religieux, génétiques, sociologiques ou psychiques. Ces déterminismes forment en effet les quatre figures contemporaines du destin, qu'on le nomme *fatum* ou *mektoub*, contre lequel s'élève le projet existentiel, à savoir celui de devenir, au moins pour partie, auteur de sa propre vie (Bernaud, 2021).

Or l'affranchissement comporte toujours sa part de transgression. C'est ainsi qu'à vouloir s'affranchir des déterminismes de la nature, l'humanité éprise de transhumanisme a produit l'Anthropocène. Les différentes pistes indiquées en introduction de ce chapitre s'ingénient à proposer des alternatives à la crise de l'avenir dans laquelle nous plonge cette catastrophe annoncée. L'analyse complémentaire ici présentée consiste à réfléchir, puis agir, en termes de temporalités, en articulant *kiklos* avec *kronos*, et en substituant *kairos* à *krisis*. Il nous faut dès lors trouver un troisième mode de changement, alternatif à la guerre et à la révolution, c'est-à-dire un avenir en forme de sortie de crise. Plusieurs candidates se présentent, qui commencent par le préfixe « ré- » (comme « révolution »), impliquant la reprise du passé – ce qui est déjà préférable à la répétition mortifère du passé. D'abord la réforme, que la plupart des gouvernements démocratiques tentent depuis des décennies, mais qui s'avère souvent molle ou impuissante. Ensuite la réinvention, promesse plus enchanteresse de renouvellement, qui scande les invitations contemporaines à retrouver de l'espoir et de la motivation. Mais la réinvention ne va pas sans frôler l'incantation velléitaire et privilégie l'intention sur l'action. Plus récemment est apparue la réparation, dont la rusticité espère résister à l'*hubris*. Patrick Boucheron vient à point nommé de publier *La réparation en question* (2021), y voyant l'un des points communs entre l'histoire et la psychanalyse, mais qui est aussi l'une des fonctions de la justice et, plus prosaïquement, une pratique en expansion contre la mise au rebut des objets abîmés par l'usage : *repair cafés*, indice de réparabilité, Loi française de février 2020 relative à la lutte contre le gaspillage, etc. Alors, réformer, réinventer, réparer ? Les trois sans doute.

Mais aussi, mais surtout reconquérir *kairos* contre *krisis*. Autrement dit : cesser de « ré » (-former, -inventer, -parer) et faire rupture. Non pas la disruption *high-tech*, mais la rupture intime, amoureuse ou non, telle qu'explorée par Claire Marin (2019). La rupture-coupure, le *break*, la pause, de celles que nous imposent les deuils, ou les rites, ou les maladies, ou… les confinements ! Cette rupture que les jeunes générations déclinent par exemple en années de césure ou en nouveaux modes d'alimentation. Cette rupture avec les codes économiques et les normes comportementales, dont il devient urgent de divorcer. Cette rupture avec la précipitation et le présent saturé, au profit de la présence au monde, aux autres et à soi…

Références bibliographiques

Aubert, N. (2003). *Le culte de l'urgence. La société malade du temps*. Flammarion.

Bauman, Z. (2003). *Liquid Love. On the Frailty of Human Bonds*. Polity.

Beck, U. (1986). *Risikogesellschaft. Auf dem Weg in eine andere Moderne*. Suhrkamp.

Bernaud, J.-L. (2021). *Traité de psychologie existentielle*. Dunod.

Boucheron, P. (2021). *La réparation en question. Histoire et psychanalyse*. Gallimard.

Boutinet, J.-P. (2004). *Vers la société des agendas. Une mutation de temporalités*. PUF.

Buéno, A. (2020). *Futur. Notre avenir de A à Z*. Flammarion.

Caillé, A. *& al.* (2020). *Second manifeste convivialiste. Pour un monde post-néolibéral.* Actes Sud.

Chabot, P. (2021). *Avoir le temps. Essai de chronosophie.* PUF.

Descola, P. (2017). *La composition des mondes.* Flammarion.

Dick, P. K. (1956). The Minority Report. *Fantastic Universe, 4/6,* janvier 1956.

Dubet, F. (2002). *Le déclin de l'institution.* Seuil.

Dupuy, J.-P. (2002). *Pour un catastrophisme éclairé. Quand l'impossible est certain.* Seuil.

Fourastié, J. (1979). *Les trente glorieuses ou la révolution invisible de 1946 à 1975.* Fayard.

Gorz, A. (1997). *Misères du présent, richesse des possibles.* Galilée.

Halpern, G. (2020). *Tous centaures ! Éloge de l'hybridation.* Le Pommier.

Hartog, F. (2020). *Chronos. L'occident aux prises avec le temps.* Gallimard.

Heslon, C. ; Wallenhorst, N. ; Robin, J.-Y. (dir.) (2007). *Petite psychologie de l'anniversaire.* Dunod.

Houellebecq, M. (2015). *Soumission.* Flammarion.

Huxley, A. (1932). *Brave New World.* Chatto & Windus.

Illich, I. (1974). *Némésis médicale.* Seuil.

Jonas, H. (1979). *Das Prinzip Verantwortung. Versuch einer Ethik für die technologische Zivilisation.* Insel.

Laïdi, Z. (1999). *La tyrannie de l'urgence.* Fidès.

Marin, C. (2019). *Rupture(s).* L'observatoire.

Orwel, G. (1949). *1984.* Secker & Warburg.

Pinker, S. (2018). *Enlightenment Now. The Case for Reason, Science, Humanism, and Progress.* Viking.

Revault d'Allonnes, M. (2012). *La crise sans fin. Essai sur l'expérience moderne du temps.* Seuil.

Ricoeur, P. (2000). *La mémoire, l'histoire, l'oubli*. Seuil.

Rosa, H. (2016). *Resonanz. Eine Soziologie der Weltbeziehung*. Suhrkamp.

– (2005). *Beschleunigung. Die Veränderung der Zeitstrukturen in der Moderne*. Suhrkamp.

Sartre, J.-P. (1959). *Les séquestrés d'Altona*. Gallimard.

Taguieff, P.-A. (2000). *L'effacement de l'avenir*. Galilée.

Wallenhorst, N. & Pierron, J.-P. (dir.) (2019). *Éduquer en Anthropocène*. Le Bord de l'eau. Filmographie

Dion, C. ; Laurent, M. (2015). *Demain*. France, 1h58.

Darabont, F. ; Kirkman, R. (2010). *The walking dead*. USA, 11 saisons de 2010 à 2021.

Ross, G. ; Lawrence, F. (2012). *Hunger games*. USA, 4 saisons de 2012 à 2015.

Soderbergh, S. (2011). *Contagion*. USA, 2h50.

Spielberg, S. (2002). *Minority report*. USA, 2h25.

Vernet, G. (2016). *Tout s'accélère !* France, 1h23.

2.
Interdépendances entre critique, résistance, utopie et régulation

Bertrand Bergier

Introduction

Une école qui ne sait plus cultiver et transmettre l'espérance (Bloch, 1959/1976) à ses élèves est une école qui désespère d'elle-même et de la génération qu'elle accueille. Répondre à « qu'espérons-nous ? » engage chacun, à commencer par les éducateurs, à être attentif à ce qui nous dispose à l'optimisme dans la rencontre avec les éduqués et ce, dans un siècle crépusculaire où l'humain semble précipiter un peu plus chaque jour le monde vers sa destruction radicale (Castel, 2018) ou, pour le moins, vers des modification durables des conditions d'habitabilité de la terre. Il nous semble que cette réponse, dans un contexte d'écocide (Neyret, 2014), met en tension – à la fois distingue et articule – quatre apprentissages sociaux[1] : celui de la critique (Fabre, 2018), celui de la résistance (Villeneuve, 2010), celui de l'utopie (Metzger, 2001) et celui de la régulation (Laville, 2009). Après avoir caractérisé ces apprentissages sociaux, tout en identifiant leurs travers respectifs, nous explorerons leurs interdépendances.

1. L'apprentissage de la critique

Cet apprentissage est celui du doute méthodique, de l'art du questionnement et du travail d'objectivation. Il s'attache aux faits donc s'oppose aux « fake news », au « baratin » (Frankfurt, 2017 ; Fabre, 2018), aux informations non recoupées ou aux conjectures incomplètes. « La

[1] Le concept d'apprentissage social est à l'origine de plusieurs « approches de la gouvernance des écosystèmes visant à accroître les capacités d'un collectif à mettre en œuvre des activités communes liées à la gestion des ressources naturelles » (Daré & *al.*, 2010, § 21).

liberté d'opinion, disait Arendt ([1964] 1972a, p. 313), est une farce si l'information sur les faits n'est pas garantie et si ce ne sont pas les faits eux-mêmes qui font l'objet du débat ». Un enjeu de cet apprentissage tient à la découverte, via le travail d'enquête cher à Dewey (2006), de l'opiniâtreté des faits. Le réel résiste.

Exercé dans le champ environnemental, cet apprentissage prend à contrepied les « dénis organisés » (Cright et Dunlap, 2012), et révèle qu'il y a, par exemple dans la fonte des glaciers ou l'extinction progressive de la biodiversité, de l'inamendable. La machine du déni, pour mettre en cause le besoin de régulations, ne s'attaque pas tant à l'objectif de protection de l'environnement qu'à la légitimité des sciences climatiques, des scientifiques indépendants et des productions actant sa dégradation. À charge donc pour les scientifiques, patentés ou en herbe, de ne pas succomber à la polémique, de mettre à distance les préjugés, les croyances personnelles ou encore les théories complotistes, et de poursuivre tenacement observations, mesures et vérifications, quand bien même la « maison brûle ».

Si l'esprit critique forme – et c'est précieux – des questionneurs impénitents et accorde prévalence aux faits, il peut néanmoins secréter des dérives. Il est guetté par l'*hubris* lorsqu'il doute de tout, manifestant « un refus absolu de croire en la vérité d'aucune chose, si bien établie que puisse être cette vérité » (Arendt, [1969] 1972b, p. 327). L'inverse vaut : sacralisant sa démarche et les résultats produits, l'esprit critique devient non-critiquable. Au lieu de prendre acte des remarques, il s'empresse de rechercher l'intérêt que peut avoir son interlocuteur à le critiquer. « Et comme il trouvera assez facilement les raisons (jamais pures) de celui qui le critique, il en conclura donc que la critique est "de mauvaise foi", "intéressée" (...) » (Lahire, 2007, § 4). À se focaliser sur le « d'où parle-t-il ? » (de tel ou tel *think tank*, de telle ou telle école de pensée), il devient sourd au « que dit-il ? ». Cet apprentissage peut également succomber à la pulsion de vérité et sacrifier le temps long de l'enquête et du contrôle des résultats, ou encore, autre fourvoiement, faire de la critique un genre (médiatique, managérial), un moyen d'expression et non l'expression d'un doute de la pensée.

L'apprentissage de la critique permet, par les données produites, de dessiner des évolutions et d'alimenter la réflexion prospective sur le devenir, mais cette culture du questionnement, friande de problématisation, ne dit mot des réponses à concevoir et à mettre en acte.

2. L'apprentissage de la résistance

L'étymologie latine renvoie à *resistere* : s'arrêter, ne pas avancer davantage. La résistance implique de nommer ce contre quoi il s'agit d'agir. « La résistance n'a de sens que si elle a une visée d'efficacité de l'action sur l'état du monde » (Dejours répondant à Lhuilier, 2009, § 33).

A l'ère de l'Anthropocène, cet apprentissage résulte de la confrontation à une injustice environnementale mais évitable, à une situation écologique inadmissible mais susceptible d'être changée (Larrère et Larrère, 2015). Dénonçant un ordre des choses perçu comme abusif et inacceptable, et avec lui le fatalisme d'un destin, cet apprentissage de la résistance constitue une puissance d'opposition à ce qui menace non seulement les conditions d'existence mais l'existence même. Initié par des individus ou des minorités actives (Moscovici, 2002), il s'appuie sur des moyens variés : changement dans les manières de consommer, de se déplacer, d'habiter, boycott de certains produits, pétitions, manifestations, grèves pour le climat (Derolez et Lazare, 2019), mais aussi opérations « éco-guerrières » de sabotage requalifiées parfois d'actions écoterroristes à l'encontre, par exemple, des laboratoires d'expérimentation animale (Raufer, Dufour et Quéré, 2018). Le « non » de contestation sinon de révolte qui le caractérise, participe possiblement à la construction identitaire. Il a des vertus libératrices pour l'individu qui jusqu'alors s'apitoyait sur son sort et s'enfonçait dans un rôle de victime environnementale (Arhab-Girardin, 2020), ou pour un collectif qui se résignait et transforme désormais sa souffrance en lutte, son sentiment d'impuissance en contrepouvoir écologique. Les objets et formes de résistances contribuent à nourrir l'appartenance à des « nous » tels celui des opposants aux organismes génétiquement modifiés, celui des opposants au gaz de schistes, celui, plus ancien, des opposants au nucléaire.

Cet agir résistant a pour principal objet une barbarie longtemps ignorée ou pour le moins minimisée : la mise en péril de la nature et de l'humanité. À l'époque romaine, remarque Fabre (2005), la barbarie pouvait renvoyer tantôt à la *ferocitas* tantôt à la *vanitas*. Dans le premier cas, elle désignait la brutalité de la dévastation et du pillage ; dans le second, le vide, l'insignifiance, le laisser-aller et la corruption. Appliquée à la nature, la *ferocitas* devient synonyme du saccage de notre maison commune, et la *vanitas* du déni de l'épuisement des ressources. Boussole inversée, l'apprentissage de la résistance se construit « contre » la *ferocitas* et la *vanitas*. Il n'a pas tant pour dynamique le projet que le rejet. La question fédératrice peut se formuler ainsi : *À quoi* disons-nous collectivement « Non » ?

Cependant cet apprentissage social de la résistance a son champ aveugle, secrète des perversités. Il se nourrit parfois de slogans simplifiant abusivement une réalité complexe et pluricausale. Il se contente alors d'une approche sommaire des problèmes et devient caricatural. Opérant un glissement du « à quoi » vers le « à qui » (disons-nous collectivement « non » ?), il institue ce dernier – quoi qu'il dise ou fasse – en ennemi irréductible. Il peut également situer les barbaries en pure extériorité, étrangères au résistant lui-même, donc le dispensant de questionner son parlement intérieur, les *ferocitas* et les *vanitas* qui y siègent. Entièrement mobilisé par cette altérité frontale, l'apprenti résistant néglige le face à soi critique et, ce faisant, s'exempte de réfléchir aux monstres qui sont en lui (Weil, 1949). Une autre dérive de l'apprentissage de la résistance tient au mimétisme de la tribu, au réflexe de meute ou à la discipline du parti. L'alternative « frère ou ennemi » somme de faire corps pour faire front (Bergier, 2014). Il faut parfois plus de courage pour braver les préjugés des siens que pour combattre ceux de l'adversaire. Cet apprentissage peut également perdre son objet, devenir résistance « à tout et à n'importe quoi » (Foucauld, 2002). Il s'installe dans le refus de principe. Se rigidifiant, il associe tout compromis à une compromission, tout dialogue à une trahison (Marsan, 2008). Ainsi les efforts (décroissance, carte carbone, consommation locale) produits à l'intérieur du système capitaliste sont considérés comme reproduisant la logique comptable du dit système. Le seul « non » acceptable est celui qui ouvre sur un « radicalement autre ». L'ultimatum « tout ou rien » prévaut (Aumercier, 2019). Cédant à son tour à l'hubris, tournant le dos à la démocratie, l'apprentissage de la résistance peut, au nom de la cause et de la temporalité de l'urgence, devenir éco-autoritaire (Bourg et Whiteside, 2017). S'alarmant d'un « ici et maintenant » insupportable, l'apprenti résistant s'impatiente et, s'abandonnant à l'impulsivité, procède par coups d'éclats.

Son enjeu est donc de devenir constructif. Il ne le peut qu'en se laissant interpeller par les autres objets d'apprentissages au rang desquels l'utopie.

3. L'apprentissage de l'utopie

S'appuyant sur la critique du temps présent, l'apprentissage social de l'utopie manifeste un désir de changement fondamental des conditions de fonctionnement et d'existence par appel au seul rêve (Marin 1973), par recours concomitant ou complémentaire à l'écrit, notamment au roman (Drouin-Hans, 2015), ou enfin par passage parallèle ou subséquent à la pratique. L'utopie se détache de l'ordre en vigueur, transcende la réalité et porte l'imagination au pouvoir. Une imagination célébrant des rapports humains, voire des rapports à la nature, foncièrement autres (Houdayer, 2015).

En ne se centrant pas sur la fin annoncée de l'humanité, sur le scénario dystopique d'un effondrement inéluctable, l'apprenti utopien entend mettre cette imagination à l'abri d'une anxiété mortifère et inhibante, pour lui permettre de se déployer en faveur d'un futur désirable. Il témoigne d'un « optimisme militant » (Bloch, 1959/1976). L'accent peut être mis sur l'aspect contemplatif, esthétique, d'une nature réenchantée. L'homme y évolue non plus pour la conquérir et lui arracher ses ressources, mais pour en saisir la beauté. Il peut porter sur l'aspect politique d'une utopie pas encore là, et pourtant déjà là : sont éprouvées des solutions alternatives (habitat écologique, production collaborative) et ce, sur des terrains – tels Notre Dame des landes ou Sievens – menacés par des projets de développement (Bernard et Rojey, 2017, § 47–49). L'utopie fixe le cap du mieux. La question fédératrice peut se formuler ainsi : À quoi disons-nous collectivement « oui » ?

Mais cet apprentissage audacieux, qui est aussi celui de nos espérances concernant la nature et les humains qui l'habitent, a ses faiblesses. Tournant le dos au quotidien, il peut se réfugier dans l'éternel hier (utopie rétrospective) ou fuir dans le futur (utopie prospective). Il peut aussi céder à un idéalisme béat, à un optimisme coupable qui désapprend à penser le mal social et la sanction du réel, ou, inversement, négocier sa survie en oubliant sa part de rêve et ainsi perdre de vue l'horizon mobilisateur. L'apprentissage social de l'utopie (à la fois « lieu du bien » et « lieu de nulle part » pour Thomas More (1516/1987)) peut encore – autres écueils – s'exaspérer des résistances au changement qu'il rencontre, inventer des boucs émissaires, et verser dans les pratiques totalitaires. L'efficacité de l'organisation utopienne devient pathologique lorsqu'une logique du tout ou rien la gagne. Ainsi dans la *Deep ecology* états-unienne, par opposition à une « écologie superficielle » (Naess, 2007), seront ventées les mérites de la famine ou du sida en Afrique pour réguler la population (Audier, 2020).

Dès lors qu'elle n'entend pas être simple force imaginative se tenant à l'écart du réel, tout essai de concrétisation lui demande inévitablement de composer avec un apprentissage social de la régulation.

4. L'apprentissage de la régulation

Il se confronte au « comment faire », aux perpétuels ajustements, et érige le pragmatisme en vertu. Intégrant les contraintes et ressources disponibles, il a pour objet d'organiser les règles du jeu, et, dans une société jamais figée, de les adapter et de les perfectionner sans cesse pour tenir compte des nouvelles donnes politiques, juridiques, économiques, socio-démographiques, technologiques ou encore écologiques.

Ainsi, cet apprentissage substitue à l'idéalisme un pragmatisme environnemental orienté d'emblée vers la résolution et l'action efficace. Il entend trouver ici et maintenant, des solutions réalisables aux problèmes posés. Plutôt que de mettre en balance par exemple un sol-épaisseur, matière vivante, milieu complexe et un sol-espace, patrimoine et réserve foncière, il fait valoir une conception raisonnée, utilitariste des sols, et recherche des indicateurs transversaux au système écologique (sol-épaisseur) et aux stratégies d'aménagement du territoire (sol-espace). Il intègre les espèces et les milieux naturels aux raisonnements économiques ou l'inverse (Boutet et Serrano, 2013).

Comme les trois autres, cet apprentissage de la régulation a ses pesanteurs telles les procédures tatillonnes, les rationalités étriquées et impersonnelles. Perdant de vue les finalités, il aboutit à des gouvernances, champ de manœuvres florentines, traitant autrui exclusivement comme un moyen. L'emporte une pensée du nombre ou prévaut ce qui se compte sur ce qui compte. La gestion se focalise par exemple sur des chiffres à maintenir ou à atteindre, des pourcentages flatteurs ou préoccupants. Par ailleurs, cet apprentissage peut être dominé par la peur des conséquences et un certain pessimisme. L'emportent alors la tiédeur, sinon l'immobilisme. Sa prudence intrinsèque le prédispose au conservatisme et à une fermeture à l'égard des ardeurs et emballements venant de l'utopie ou de la résistance.

5. De l'indépendance à l'interdépendance constructive des quatre apprentissages

Ces apprentissages sociaux ont leurs propres exigences, leurs propres repères et critères d'évaluation. Ils ont une propension à se croire auto-suffisants, à se défier les uns des autres, et à nier leur complémentarité. Cela s'explique :

Tout d'abord, il est rare que les apprentissages de la critique, de la résistance, de la régulation et de l'utopie soient portés par les mêmes maîtres. Ils renvoient à des tempéraments différents. Les enquêteurs se méfient de la force de conviction des résistants ou des utopiens. Ils partagent avec les « régulationnistes » une aspiration à une posture dépassionnée. Toutefois, à la différence de ces derniers, ils ne recherchent pas des réponses pragmatiques à mettre en œuvre ; ils demeurent résolument du côté du questionnement.

Ensuite, ces apprentissages sociaux obéissent à des temporalités qui en partie se dénoncent : les « enquêteurs » réclament d'inscrire l'investigation dans la durée, de prendre de la distance avec l'air du temps que charrient des médias célébrant l'immédiateté. Les « résistants » perçoivent que la transformation de leur indignation en règles positives va être le plus souvent lente, fluctuante, imparfaite et va opérer par arrangement ; ils s'en agacent, y voient une possible déloyauté. Au lieu de forger un apprentissage réaliste d'une résistance constructive, ils ont donc tendance à sauter à pieds joints sur les atermoiements des experts, ces « régulationnistes », pour faire alliance avec les tenants de l'utopie qui y voient un appréciable renfort. Mais cette alliance est fragile : les révoltés se méfient des utopies trop bien définies, trop construites dont ils perçoivent le caractère menaçant (résistants du monde contesté d'aujourd'hui, ils n'ont nulle envie de devenir les résistants de l'utopie de demain). Les « utopiens » de leur côté ont toute raison de cultiver le soupçon à l'égard de ces alliés tonitruants, perçus comme instables sinon caractériels. La déception les assaille quand ils pensent à l'absence d'engagement des critiques ou à la frilosité des « régulationnistes ». Quant à ces derniers, ils blâment l'amateurisme des résistants voire leur irresponsabilité, ils leur feront des concessions *a minima* ; aux utopistes, ils seront tentés de répondre par le désintérêt, le silence hautain. Ils dénoncent leur complicité avec l'inconnu, leur reprochent de se satisfaire d'une promesse (une autre nature, un autre monde).

Comment faire lien entre ces apprentissages à la fois opposés et complémentaires. Comment les unir sans les confondre ?

Cela implique que chaque pôle d'apprentissage fasse une auto-analyse pour mieux circonscrire son champ d'action, ses conditions de validité et ses limites. Critique, résistance, utopie et régulation ne peuvent éluder un important travail de compréhension et de questionnement mutuels pour éviter l'écueil d'un compartimentage. Il s'agit, pour le dire autrement, dans la construction du devenir, de permettre à chaque pôle de se laisser interpeller par les trois autres :

La critique, par son travail d'enquête et d'objectivation, permet d'affermir les pôles contestataires de l'utopie et de la résistance tout en invitant l'une et l'autre à ne pas se laisser aveugler par leur militantisme. Quand l'utopie se laisse interroger par la critique, elle apprend à espérer mieux, à construire une écotopie moins gouvernée par les émotions et plaisirs, plus éclairée et consciente des risques ; une espérance instruite en quelque sorte. Face à une régulation soucieuse d'apporter des solutions, la critique la porte à se demander préalablement si le problème auquel elles répondent est bien posé.

La résistance loue et encourage les dispositions au doute et à la remise en cause, caractéristiques de l'esprit critique, tout en interrogeant l'inclination de ce dernier à se réfugier dans le monde des idées. Elle réprouve les excès de prudence de la régulation, et contribue à l'alerter sur les pièges de la routinisation bureaucratique ou les mécanismes froids d'ajustement. En interrogeant la place faite par l'utopie à la démocratie, notamment à l'affirmation des contre-pouvoirs, la résistance entend jouer les garde-fous et la protéger des tendances autoritaires que chaque utopie porte en elle. Elle l'éveille également aux risques des replis sectaires qui hantent l'instinct insulaire.

L'utopie de son côté incite la résistance à ne pas faire du « non » une fin en soi, à prendre en compte une espérance, à s'ouvrir à un avenir autre que redouté donc à des anticipations opératoires qui ne soient pas uniquement défensives (précautions, préventions). Elle questionne tout autant à ce sujet – celui d'un horizon de sens – la régulation, craignant que celle-ci ne se satisfasse d'une vision instrumentale. Enfin, par la place faite à l'imaginaire, l'utopie fait découvrir à l'esprit critique, un pouvoir de distanciation et d'analyse du réel.

La régulation, quant à elle, presse l'utopie de se préoccuper de la contextualisation et des moyens lui permettant de passer du rêve à la pratique et d'advenir. Elle interroge tout autant les modalités d'organisation de la résistance, et, mue par une éthique de la responsabilité *versus* une éthique de conviction au sens wébérien, somme celle-ci de se préoccuper des conséquences des actes militants. Elle met en garde utopiens et résistants contre les risques d'excès, d'illimitation qui les guettent, et fait valoir les mérites de la mesure et de l'autolimitation.

En Anthropocène, un des défis et une des missions existentiels de l'école consiste, tout en comprenant le monde et objectivant les risques de son anéantissement (dimension critique), à surmonter le désespoir, à s'offrir un imaginaire d'avenir, l'horizon d'un « entre nous » radicalement autre, embrassant, par-delà les humains, l'ensemble des vivants (dimension utopique), c'est-à-dire rompant en pensées et en actes avec la figure égocentrée de l'apprenant et plus largement avec le paradigme économiste du développement (dimension résistante). Condition d'une aventure humaine réenchantée et avec lendemain, il s'agit d'apprendre comment (dimension régulatrice) de « plus en mieux », dans les petits faits du quotidien et les questions vives, faire nature, partager une convivialité avec le tissu solidaire du vivant (Wallenhorst et Hétier, 2021).

Références bibliographiques

Arhab-Girardin, F. (2020). Les limites de la responsabilité civile face aux risques sanitaires liés aux pesticides et l'opportunité de la création d'un fonds d'indemnisation. *Revue juridique de l'environnement*, *HS* (20), pp. 233–248.

Audier, S. (2020). La nouvelle communauté civique écologique. Dans Audier, S. *La cité écologique : Pour un éco-républicanisme.* La Découverte, pp. 159–212.

Aumercier, S. (2019). *Tous écoresponsables ? Capitalisme vert et responsabilité inconsciente.* Libre et solidaire.

Arendt, H. (1972a [1964]). *La crise de la culture.* Gallimard.

Arendt, H. (1972b [1969]). *Du mensonge à la violence.* Pocket.

Bergier, B. (2014). *Comment vivre ensemble ? La quadrature du sens.* Chronique Sociale.

Bernard, P., & Rojey, A. (2017). Aspects politiques et culturels des utopies d'aujourd'hui. *Annales des Mines – Réalités industrielles,* (2), pp. 86–91.

Bloch, E. (1959/1976). *Le principe espérance.* Gallimard.

Bourg, D. & Whiteside, K. (2017). Écologies politiques : essai de typologie. *La Pensée écologique,* 1(1). https://doi.org/10.3917/lpe.001.0001

Boutet, D. & Serrano, J. (2013). Les sols périurbains, diversification des activités et des valeurs. *Économie rurale, 338*(6), pp. 5–23.

Castel, P.-H. (2018). *Le mal qui vient. Essai hâtif sur la fin des temps.* Cerf.

Cright, A. & Dunlap, R. (2012). Déni organisé et polarisation politique autour des changements climatiques aux États-Unis. Dans Zaccai, E. (dir.). *Controverses climatiques, sciences et politique.* Presses de Sciences Po, pp. 173–194.

Daré, W. ; Van Paassen, A. ; Ducrot, R. ; Mathevet, R. ; Queste, J. ; Trébuil, G. ; Barnaud, C. ; Lagabrielle, E. (2010). Apprentissage des interdépendances et des dynamiques. Dans Étienne, M. (dir.). *Modélisation d'accompagnement.* Quæ, pp. 223–250. https://doi-org.srvext.uco.fr/10.3917/quae.etien.2010.01.0016

Derolez, M. & Lazare, L. (2019). Pour un métissage des pratiques de mobilisation. *Revue Projet, 371*(4), pp. 12–19.

Dewey, J. (2006). *Logique. Théorie de l'enquête.* PUF.

Drouin-Hans, A. (2015). Rêves d'éducation, éducations de rêve : les leçons de l'utopie. *Le Philosophoire, 44*(2), pp. 39–54.

Fabre, M. (2005). De la barbarie ou les deux sources de l'éthique éducative. Dans Gohier, C. & Jeffrey, D. (dir.). *Enseigner et former à l'éthique.* PUL, pp. 23–40.

Fabre, M. (2018). École et « post-vérité ». *Revue française de pédagogie, 204*(3), pp. 47–56.

Frankfurt, H. G. (2017). *De l'art de dire des conneries.* Mazarine.

de Foucauld, J.-B. (2002). *Les trois cultures du développement humain.* Odile Jacob.

Houdayer, H. (2015). La réception écologique de la Nature. Dans Serge Moscovici. *Sociétés, 130*(4), pp. 63–71.

Lahire, B. (2007). Objectivation sociologique, critique sociale et disqualification. Dans Lahire, B., *L'esprit sociologique.* La Découverte, pp. 128–137.

Larrère, C., & Larrère, R. (2015). *Penser et agir avec la nature : Une enquête philosophique.* La Découverte.

Laville, J.-L. (2009). Management et régulation dans les associations. *Connexions, 1*(91), pp. 149–161.

Lhuilier, D. (2009). Christophe Dejours. Résistance et défense. *Nouvelle revue de psychosociologie, 1*(7), pp. 225–234. https://doi-org.srvext.uco.fr/10.3917/nrp.007.0225

Marin, L. (1973). *Utopiques. Jeux d'espaces.* Éditions de Minuit.

Marsan, C. (2008). *Réussir le changement : Comment sortir des blocages individuels et collectifs ?* De Boeck Supérieur.

Metzger, J.-L. (2001). Management réformateur et utopie rationnelle. *Cahiers internationaux de sociologie, 2*(111), pp. 233–259.

More, T. (1516/1987). *L'Utopie ou le traité de la meilleure forme de gouvernement.* GF.

Moscovici, S. (2002). *Réenchanter la nature.* Éditions de l'Aube.

Naess, A. (2007). Le mouvement d'écologie superficielle et le mouvement d'écologie profonde de longue portée. Une présentation. Dans Afeissan, H-S. (dir.), *Éthiques de l'environnement. Nature, valeur, respect.* Vrin, pp. 51–60.

Neyret, L. (2014). Pour la reconnaissance du crime d'écocide. *Revue juridique de l'environnement, 39*(HS01), pp. 177–193.

Raufer, X. ; Dufour, J. ; Quéré, S. (2018). L'éco-terrorisme : effet de loupe, pétard mouillé. *Sécurité globale, 13*(1), pp. 73–90.

Villeneuve, L. (2010). Accompagner les résistances dans l'apprentissage. Dans Raucent, B. (dir.). *Accompagner des étudiants.* De Boeck supérieur, pp. 109–132.

Wallenhorst, N. & Hétier, R. (2021). Des pédagogies pour vivre en Anthropocène. *Annales des Mines – Responsabilité et environnement*, 1(1), pp. 48–52.

Weil, S. (1949). *L'enracinement.* Gallimard.

3.

Le numérique métamorphose-t-il le métier de l'enseignant ?

Eric Mutabazi

Introduction

L'utilisation du numérique est devenue indispensable dans plusieurs domaines de la vie humaine. Ce phénomène s'est accru depuis le début de la crise sanitaire de covid-19. En effet, les mesures de distanciation sociale demandent à chacun des efforts pour éviter tout contact physique avec les personnes avec lesquelles il est habituellement et quotidiennement appelé à entretenir des relations. Condamné à rester chez soi le plus souvent possible, le recours à la technologie, et plus particulièrement au numérique, pour maintenir les échanges s'avère incontournable. Les appels vidéo via le téléphone portable ou par l'ordinateur avec un accès à Internet, l'utilisation des plateformes, des réseaux sociaux et des logiciels permettant les échanges sont devenus le quotidien de nombreuses personnes. Nous pouvons confirmer sans nous tromper que tout est devenu numérique et que la fusion homme et numérique est presque une chose acquise.

Cette utilisation quotidienne du numérique transforme considérablement notre manière habituelle de vivre et bouleverse la conception du monde, de la société, mais également de notre identité personnelle et professionnelle. Dans cette contribution, nous nous intéressons au métier d'enseignant en général et à celui d'enseignant-chercheur à l'université en particulier face à ces outils numériques. En effet, les enseignants sont souvent amenés à assurer les cours à distance et sont appelés à inventer une autre manière de transmettre le savoir, de collaborer et d'accompagner les étudiants. Comment cette évolution impacte-t-elle ou modifie-t-elle la conception de l'enseignant ? Comment définir exactement son métier ? Quels sont les enjeux et les défis de l'avenir du métier de l'enseignant à l'ère numérique ?

Dans ce chapitre, nous présenterons les observations réalisées lors de nos cours dispensés à travers l'un des outils numériques : la visioconférence. Cette dernière a été utilisée pendant trois ans (2017–2019) lors de programmes d'échange d'études entre les étudiants français de l'Université Catholique de l'Ouest en France et les étudiants suédois de l'Université d'Uppsala en Suède. Cette expérience qui précède la crise sanitaire de covid-19 est susceptible d'éclairer les pratiques des enseignants aujourd'hui. Quel a été le bouleversement induit par l'utilisation de cet outil aussi bien au niveau organisationnel de notre travail d'enseignant-chercheur qu'au niveau des dynamiques des groupes d'étudiants ? En d'autres termes, en quoi cet enseignement via vidéoconférence a-t-il changé nos pratiques professionnelles habituelles ?

1. L'enseignant face aux défis de la présence du numérique dans son métier

Lorsqu'on analyse la conception et les pratiques de l'enseignant ainsi que ses relations avec l'élève, on remarque une évolution importante. En effet, l'intégralité de ce qui constitue le rôle de l'enseignant dépend du type d'homme et de société à réaliser. Dans la période antique par exemple, la finalité de l'éducation était celle d'éduquer et de former un citoyen militaire apte à défendre la cité (Riboulet, 1941). L'enseignant strict, perçu comme un modèle et qui se doit être exemplaire, était appelé non seulement à rendre fort et résistant le corps considéré comme humide, fragile et mou (Vigarello, 2002) au moyen des exercices physiques notamment la lutte, la course, le saut, la danse, etc., mais également par d'autres méthodes facilitant d'autres apprentissages comme la récitation, la mémorisation, la poésie, etc.

Ces mêmes méthodes seront également exploitées pendant la période médiévale. L'enseignant était toujours considéré comme le détenteur du savoir, de la vérité, une personne disciplinée, stricte et exemplaire à qui on devait écouter, respecter, obéir et prendre comme modèle. Cependant, on remarque que, depuis la période moderne dominée par une vision anthropocentrique, certains auteurs, comme Jean-Jacques Rousseau, commencèrent à questionner le rôle et la place de l'enseignant. Ils proposèrent une forme de révolution copernicienne en pédagogie en plaçant au centre de toute action éducative l'enfant, sa nature, ses besoins, ses sentiments, etc., et non le maître. À partir de cette période, le rôle de l'enseignant ne cesse d'évoluer, mais sa maîtrise des méthodes d'apprentissage et ses compétences professionnelles permettent de mieux conduire, guider et accompagner l'élève dans son rapport au savoir ; elles restent marquantes de son métier.

Toutefois, avec l'arrivée de nouvelles technologies qui transforment considérablement le monde actuellement, l'enseignant ne risque-t-il pas d'avoir plus de défis historiques à relever ? En effet, le numérique omniprésent dans notre vie quotidienne n'a pas épargné l'enseignement. Néanmoins, soulignons en passant qu'avant l'arrivée du numérique dans les écoles et universités, il y a eu d'autres supports qui ont bouleversé les pratiques ainsi que le rôle et la place de l'enseignant dans les apprentissages. Les plus récents sont la télévision et l'ordinateur (Desvergne, 2017). Leurs inventions ont conduit les enseignants à créer d'autres méthodologies de travail. En effet, alors que l'enseignant était jusque-là mieux placé pour enseigner le monde à travers ses livres, la télévision est venue apporter dans les années 1950 une autre façon de raconter le monde en s'appuyant sur les images. Ce phénomène a attiré aussi bien les élèves que leurs parents. L'ordinateur est également entré dans les murs de l'école et des universités. L'enseignant a su créer sa place en classe. Contrairement à la télévision, l'enseignant devait cependant comprendre, apprendre et maîtriser le fonctionnement de l'ordinateur avant de l'utiliser dans les apprentissages.

Ces différents supports n'ont donc pas été créés par les enseignants pour répondre aux difficultés des élèves ou apporter du soutien dans leurs pédagogies. Il s'agit d'inventions extérieures à l'école qui ont percé ses murs et agi sur les pratiques et les orientations pédagogiques. En d'autres termes, ces outils ne sont pas destinés à combler un manque préexistant, mais ils ont plutôt créé de nouveaux besoins en termes d'apprentissage, de pédagogie, sans oublier le financement que le ministère de l'éducation nationale ainsi que d'autres organismes ont déployé aussi bien en vue de leur achat qu'en termes de formation des enseignants. Ainsi, certains auteurs notamment Netto (2011) ou Hamon et Genevois (2017), confirment que le choix de ces outils, plus particulièrement le numérique, a pour seul objectif de moderniser le métier de l'enseignant afin de répondre au contexte managérial actuel.

Ces chercheurs montrent que le numérique bouleverse le métier de l'enseignant. En effet, il remet en question non seulement son identité, sa représentation, ses valeurs mais aussi la maîtrise du métier exigée ainsi que les compétences pour l'exercer. De surcroît, sans la maîtrise des conséquences de cet outil dans les apprentissages, l'enseignant se retrouve surtout inquiet et incertain des effets de son utilisation. En effet, les professionnels agissent souvent lorsqu'ils sont convaincus qu'ils maîtrisent la situation (Desvergne, 2017). Or cela n'est pas souvent le cas pour plusieurs enseignants lorsqu'ils emploient du numérique. Certains préfèrent d'ailleurs utiliser des outils numériques non connectés comme l'ordinateur sans internet, le vidéoprojecteur, le power point, etc., afin de pouvoir garder le contrôle entre autres sur ces outils et leurs effets.

Néanmoins, dans certains contextes, l'enseignant se retrouve dans une situation où le recours au numérique connecté sur le réseau internet lui semble indispensable. C'est le cas de l'utilisation de vidéoconférences lors des échanges entre des étudiants se trouvant dans deux pays ou des territoires (espace géographiques) différents. Dans nos enseignements, nous avons eu recours à cet outil. Nous allons voir comment son utilisation a changé nos pratiques professionnelles habituelles. Nous insistons davantage dans ce texte sur les bouleversements amenés par son exploitation tant sur le plan organisationnel que sur l'acte de transmission du contenu à enseigner. Cela nous conduira à vérifier si le numérique ne va pas métamorphoser le métier de l'enseignant.

2. L'utilisation de la visioconférence et le bouleversement des pratiques professionnelles des enseignants

Contexte de la mise en place de visioconférence

Depuis 2012, nous assurons en licence 3 Sciences de l'éducation à l'Université Catholique de l'Ouest, un cours sur l'Éducation et Citoyenneté. Les objectifs généraux de ce dernier consistent à aider les étudiants à appréhender les différentes dimensions de la citoyenneté de façon théorique et pratique dans une perspective sociale et éducationnelle, et à les sensibiliser à des expériences pédagogiques d'éducation à la citoyenneté dans des structures particulières. De 2016 à 2019, cet enseignement a fait l'objet d'une collaboration avec la faculté d'éducation de l'Université d'Uppsala en Suède.

Les étudiants qui sont inscrits dans cet enseignement sont appelés à participer à une séance de cours collectif avec les étudiants de cette université suédoise via vidéoconférence. Cette séance dure deux heures chaque année. Du côté français, il y a généralement entre 7 et 12 étudiants, âgés de 21 à 23 ans, qui suivent ce cours et participent à cette expérience d'échange alors qu'en Suède, ils sont entre 7 et 9 étudiants, âgés de 24 à 26 ans. La majorité des étudiants concernés par cette séance d'enseignement aussi bien en France qu'en Suède sont majoritairement des femmes (plus de 80 %). Ils souhaitent exercer les métiers en éducation ou en formation, notamment ceux de professeur des écoles, formateur, ingénieur de formation, responsable de vie scolaire, etc.

Lors de cette séance, les étudiants sont invités à discuter, à échanger, à partager et à communiquer librement en anglais. Même si cette langue n'est pas maîtrisée par tous les étudiants, elle est plus parlée par rapport aux autres langues, car elle est beaucoup plus enseignée et étudiée dans ces deux pays et souvent utilisée par les étudiants suédois et français. Ces derniers parviennent donc à suivre les échanges et à prendre part aux discussions. Lors de ces trois années d'expérience, il y a toujours quelques étudiants qui maîtrisent parfaitement cette langue des deux côtés, de sorte qu'ils facilitent la traduction et transmission des idées des uns et des autres. Nous, enseignants de deux universités, nous ne cherchons pas à diriger ou à participer aux discussions. Nous nous mettons à côté ou derrière les étudiants pour suivre les débats et observer leurs attitudes. Notre posture est plutôt celle des chercheurs-observateurs et organisateurs de ce dispositif. Nous organisons en effet après la visioconférence les entretiens et les focus groupes pour recueillir leurs opinions et ressentis.

La Visioconférence et gestion de groupe classe

L'utilisation de la visioconférence engendrera des étapes supplémentaires et inhabituelles aussi bien du côté de l'enseignant que celui des étudiants. Dans le contexte de notre enseignement auprès des étudiants français, l'annonce de ce projet était reçue avec recul pour certains et avec curiosité pour les autres. Pour ceux qui étaient motivés, l'intérêt résidait dans le fait de voir autre chose, de découvrir d'autres pratiques professionnelles. « J'ai déjà entendu dire qu'en Suède, ils ont des pratiques spécifiques permettant la réussite de tous les élèves. Apparemment, ce n'est pas la même organisation que chez nous », disait l'un des étudiants participant à la visioconférence en 2017. « En plus, on aura des informations issues des personnes qui ont vécu et qui vivent la situation concrètement et pas nos enseignants qui nous présentent les théories sans les avoir vécues ou pratiquées concrètement » ajoute une autre étudiante. D'autres, cependant, étaient davantage intéressés par le fait de se voir en situation d'échanger à travers l'écran, avec les autres étudiants issus d'un autre pays comme la Suède.

Quant aux réticents, leur réserve était seulement liée à la maîtrise de la langue anglaise. Ils ne se sentaient pas capables de tenir une conversation pendant deux heures dans une autre langue que le français : « Monsieur, je ne serai pas présent, car mon niveau d'anglais ne me permet pas de suivre la conversation, ni de parler. Ça serait une perte de temps pour moi », nous a révélé une étudiante en 2018. La majorité des étudiants participant à la visioconférence en 2019 ont également éprouvé un complexe d'infériorité au niveau de la maîtrise de la langue anglaise face aux étudiants suédois qui leur semblent « forts en anglais ». Il fallait donc expliquer à ces étudiants que l'objectif de ces échanges ne consiste pas à évaluer le niveau de chacun en langue anglaise, mais à créer une opportunité de partager sur le texte étudié ainsi que sur leurs vécus et expériences.

De plus, nous mentionnions que leurs camarades maîtrisant l'anglais pourraient les aider à traduire leurs idées. Nous profitions également de ce temps pour leur rappeler qu'ils ont suivi l'enseignement d'anglais depuis l'école primaire jusqu'à l'université et que ce n'est que la pratique qui leur manque. Nous ajoutions qu'il serait justement profitable de saisir cette occasion pour oser parler avec les étrangers qui ne les jugeront pas. Il fallait donc trouver tous les motifs possibles pour encourager les étudiants à s'inscrire dans cette expérience.

En fin de compte, contrairement à nos missions habituelles de transmettre le savoir aux étudiants et de les accompagner dans les apprentissages, dans ce contexte de l'utilisation de visioconférence, un effort supplémentaire de gestion-classe était important afin de convaincre tout le monde de s'inscrire dans cette séance d'échange. Néanmoins, dès l'adhésion de groupe au projet, le reste avance facilement et le groupe parvient à s'autogérer et à s'organiser en tenant compte des forces et faiblesses de chacun. Nous, enseignants, notre tâche consiste à superviser, observer et donner des informations complémentaires en rapport avec le déroulement de la visioconférence ainsi que créer des situations permettant aux étudiants de mieux s'organiser et de mieux collaborer.

La visioconférence exige une nouvelle organisation technique de l'enseignant

Avant la mise en place de la visioconférence, le travail collaboratif entre nous enseignants-chercheurs et les techniciens en informatique des deux universités était incontournable. D'une manière générale, nous devions indiquer aux techniciens la date et heure de la visioconférence, le niveau de formation universitaire concerné par la visioconférence, la grandeur de la salle souhaitée, les objectifs de la visioconférence et types de documents que l'enseignant ou les étudiants comptent diffuser. Il fallait également indiquer les noms de l'enseignant et de l'informaticien de l'université-partenaire ainsi que leurs adresses. Les techniciens de nos deux universités se renseignaient mutuellement, de leur côté, sur le fonctionnement de leurs systèmes à distance, se transmettaient les codes, les IP, les matériels, les supports techniques, et faisaient des essais pour vérifier que ce dispositif soit opérationnel. Avant la date de la visioconférence, quelques échanges entre enseignants et les techniciens étaient aussi indispensables pour examiner si toutes les conditions nécessaires à ce temps d'échanges étaient remplies.

En tant qu'enseignant, nous ne maîtrisions pas ces aspects techniques et nous n'avions pas la main sur cet outil. Le technicien avait donc sa place dans l'organisation de cet enseignement, ce qui est nouveau dans notre fonctionnement. Il jouait un rôle dans le choix de disposition de la classe et du déroulement de notre enseignement. Un des éléments à prendre en compte dans l'organisation de cette séance était d'ailleurs sa disponibilité. Le jour des échanges, nous étions (enseignant comme étudiants) davantage concentrés sur la procédure de lancement de la visioconférence. Le technicien qui gérait cet outil vérifiait en amont les problèmes de son, de lumière, d'image et nous donnait quelques indications par rapport à la disposition de la classe, au fonctionnement de l'outil ainsi qu'aux conditions nécessaires pour le bon déroulement de ce temps d'échange : « il faudra se placer à ce côté, sinon, ils risquent de ne pas vous voir » ; « Le micro se trouve ici, vous devriez donc essayer de vous rapprocher pour que vous puissiez parler sans le déplacer » ; « La lumière doit rester allumée, sinon, on ne vous verra pas » ; « Dès que quelqu'un appelle, il faudra cliquer ici, normalement vous verrez tout de suite les personnes de l'autre côté et tout le fonctionnement se mettra en marche » ; « Si ça ne fonctionne pas, ou si vous rencontrez la moindre difficulté, l'enseignant ou un des étudiants viendra me voir, je reste dans mon bureau, je ne bouge pas », nous précisent souvent les techniciens qui nous accueillaient dans la salle de visioconférence.

En fin de compte, l'aspect organisationnel de la visioconférence occupait une place importante. En plus du travail collaboratif avec les techniciens, il fallait anticiper tous les actes pédagogiques notamment la préparation des documents pédagogiques et le descriptif du scénario pédagogique avec le numérique. Il n'y avait pas de place à l'improvisation alors que dans l'interaction ou dans la relation ordinaire cela est envisageable.

Appendre autrement à travers la visioconférence

Pour faciliter l'entrée en échanges virtuels, nous avons toujours choisi d'utiliser un texte qui répond à un certain nombre des orientations pédagogiques se trouvant notamment dans la maquette de la formation. Le choix du texte est déterminant dans le cadre de ce dispositif. Il doit à la fois être accessible (facile à comprendre) et attractif (susciter l'intérêt des étudiants). Il était analysé en amont en petit groupe en mélangeant ceux qui maîtrisaient la langue anglaise et ceux qui se sentaient en difficulté. Ensuite, nous adressions les questions du texte à tout le groupe qui tentait d'y répondre collectivement. Ce temps de préparation a suscité un travail en groupe important. Les étudiants se sont entraidés au niveau de la compréhension du texte, se partagent les tâches par rapport aux compétences de chacun tout en se projetant au déroulement de cette séance « Ici par exemple, nous pourrions présenter la situation des Roms en France. Toi, tu pourras expliquer comment certains enseignants ou personnes de bonne volonté les suivent partout avec les camions pour instruire leurs enfants. Moi, je peux tout de suite demander aux suédois comment ils font chez eux pour les accompagner, etc. », disent un groupe d'étudiants en 2018 qui prépare la visioconférence sur les personnes de la rue.

À part l'entraide, les étudiants découvrent à travers les échanges d'autres méthodes, dispositifs, etc. Dans chaque séance, ils sont surpris du fonctionnement, de l'organisation ou des pratiques professionnelles proposées dans un autre pays. Grâce à la comparaison lors de la visioconférence, ils apprennent de nouvelles choses et portent un nouveau regard sur leurs expériences personnelles et professionnelles vécues dans leurs pays respectifs. En effet, les étudiants produisent à la fin de ces échanges un écrit sous forme d'un dossier. L'objectif du texte produit est d'arriver à souligner de nouvelles connaissances acquises. Même si on observe une forme de généralisation de certaines idées ou des mauvaises interprétations de certaines situations ou pratiques, nous remarquons néanmoins que les étudiants arrivent à préciser de nouvelles connaissances acquises grâce à ces échanges via visioconférence.

Conclusion

La visioconférence a permis la réalisation d'échanges entre étudiants se trouvant sur des universités différentes. Certains étudiants qui n'étaient pas motivés au départ pour participer à ce dispositif pédagogique en raison de leurs limites linguistiques, ont fini par s'investir. Cela corrobore ce qu'écrivent Petitjean et Brunel (2018), à savoir que le numérique apporte la motivation dans les apprentissages et facilite le travail de collaboration, coopération et d'interaction entre les étudiants. Au regard de cette motivation, de l'intérêt et de l'acquisition de nouvelles connaissances par les étudiants grâce à leurs échanges sans la transmission du savoir par les enseignants, cela ne montre-t-il pas que le métier de ces derniers est en train de disparaitre ou de se métamorphoser ?

Dans ce contexte, notre rôle n'était pas de transmettre le savoir, mais de créer une situation pédagogique facilitant la co-construction du savoir. En d'autres termes, la visioconférence a permis de passer « d'une pédagogie transmissive à une pédagogie constructiviste, où l'accent est mis sur le travail de groupe » (Ologeanu, 2001, p. 8). Cependant, nous constatons que même avec le numérique notamment la visioconférence, les trois sommets constituant le triangle pédagogique de Jean Houssaye (1988) restent d'actualité. Rappelons que dans le fonctionnement de ce triangle composé par l'étudiant, l'enseignant et le savoir, l'un des trois sommets doit occuper la place du fou ou de la mort. Dans cette expérience, ce sont les enseignants qui occupent cette place. Cependant, si les enseignants sont absents lors de la visioconférence, rien n'est possible. Ce sont eux qui ont choisi les textes à étudier, les questions à analyser et qui ont créé cette situation pédagogique en tenant compte des objectifs des cours et des compétences à développer.

Le contact avec d'autres services notamment les techniciens chargés de gérer la visioconférence revenait également aux enseignants. Avec ces séances, nous avons remarqué qu'avec le numérique, les étudiants peuvent accéder aux informations et réaliser un travail collaboratif qui leur permet de co-constuire et d'apprendre autrement. Cependant, la place de l'enseignant à l'ère du numérique reste indispensable. Soulignons en passant qu'avant l'arrivée du numérique, les élèves et étudiants avaient également l'accès aux manuels scolaires, aux ouvrages et aux autres outils utilisés par les enseignants. Cependant, ils ne disposaient pas de leurs compétences professionnelles consistant à analyser le contenu, le traduire, l'ajuster, le construire, le déconstruire et le reconstruire pour afin réussir à produire le savoir enseigné et à susciter l'envie d'apprendre avec des méthodes pédagogiques appropriées. En d'autres termes, même avec le numérique, le processus conduisant aux apprentissages reste un travail relevant des compétences de l'enseignant. Le numérique ne pourra pas mettre à l'écart l'enseignant (Tricot, 2014) car le savoir-être et savoir-faire de l'élève et de l'étudiant ne sont pas acquis par le biais des nouvelles technologies, mais bien par la stratégie mise en place par l'enseignant dans le processus d'apprentissage à l'aide des TIC ou de tout autre support.

En fin de compte, même avec l'intrusion du numérique, les compétences de l'enseignant restent indispensables dans les apprentissages et dans le rapport au savoir des étudiants. L'enseignant est toutefois invité à prendre en considération les nouveautés du numérique puisque la plupart des étudiants sont connectés et créent des plateformes numériques où ils se retrouvent pour échanger (Desvergne, 2017). L'enseignant est par conséquent invité, aujourd'hui et demain, à fréquenter ces réseaux sociaux tout en respectant des règles, afin de mieux connaître le monde fréquenté par les étudiants. Cela lui permettra de mieux repenser ses relations avec les étudiants et la façon de les faire construire leur savoir.

Références bibliographiques

Desvergne, M. (2017). Le rôle et la place de l'enseignant après trois décennies de technologie à l'école (entretien avec Liquète, V. & Lehmans, A.). *Hermès, La Revue*, C.N.R.S. Éditions.

Hamon, D. & Genevois, S. (2017). Évolution du métier d'enseignant à l'ère numérique : des ressources d'incertitude et des moyens de les réduire. Le cas des collèges « tout numérique » de Seine-St-Denis. *Spirale – revue de recherche en éducation*, n° 60, pp. 37–48.

Houssaye, J. (1988). *Le triangle pédagogique*, Peter Lang.

Netto, S. (2011). Professionnalisation du métier d'enseignant et informatique à l'école primaire : une approche par la théorie des représentations sociales et professionnelles. Thèse de Doctorat, Université de Toulouse.

Ologeanu, R. (2001). Visioconférence dans l'enseignement supérieur : expérimentations et usages. Dans *Les enjeux de l'information et de la communication,* 1, pp. 70–82.

Petitjean, A.-M. & Brunel, A. (2018). Quand les enseignants se risquent à la culture numérique : quel enseignement de l'écriture littéraire ? Dans *Le français aujourd'hui*, n° 200. Armand Colin, pp. 11–18.

Riboulet, L. (1941). *Histoire de la pédagogie*, E. Vitte.

Tricot, A. (2014). Peut-on se passer des profs ? Dans Bedin, V. & Fournier, M. (dir.). *Apprendre. Pourquoi ? Comment ?* Éditions Sciences Humaines.

Vigarello, G. (2002). Tiens-toi droit ! *Sciences humaines*, mensuel, n° 132.

4. Pour une approche écologique de la professionnalisation des adjoints d'établissement scolaire

Simon Mallard, Gwenola Reto, Maxime Pollet

Introduction

Peu connus du grand public, peu reconnus dans la recherche académique, les adjoints d'établissement scolaire travaillent dans l'ombre et en binôme avec leur chef d'établissement. Ensemble, ces deux acteurs sont désignés comme personnels de direction. Les adjoints constituent une population peu étudiée dans la littérature académique et particulièrement ceux de l'Enseignement privé catholique. Des travaux francophones portant sur cette population traitent peu de cette catégorie d'acteurs (voir les travaux menés par l'équipe Leadership en Éducation et Formation des cadres scolaires de l'Université de Genève). Pourtant, ils jouent un rôle central dans l'accompagnement des équipes éducatives, pédagogiques ou administratives et dans la transformation des établissements. Ils contribuent à l'autonomie croissante de leur fonctionnement. Leur travail mérite donc d'être mieux appréhendé pour accompagner les apprentissages et les évolutions professionnels de ces acteurs essentiels.

Ce texte s'inscrit dans une anthropologie prospective par une réflexion engagée et réflexive sur la professionnalisation des adjoints d'établissement de l'enseignement privé catholique. Il s'appuie sur des données recueillies dans le cadre de travaux menés sur ou avec ces mêmes acteurs (Réto et Mallard, 2021 et en cours). Aborder la professionnalisation nécessite « l'analyse des tendances d'évolution conjointe du travail et de la formation » (Wittorski, 2013) et s'inscrit ainsi pleinement dans cette démarche. Dans un premier temps, nous présentons les épreuves ordinaires rencontrées par les adjoints dans leurs établissements puis celles qu'ils pourraient traverser. Dans un second temps, nous nous focalisons sur la notion de crise caractéristique de l'Anthropocène, véritable enjeu pour l'avenir des adjoints. Enfin, dans un troisième temps, après avoir présenté des données de recherches, nous proposons une modélisation contribuant à une ingénierie des contextes (Le Boterf, 2017) et des parcours pour permettre aux adjoints de vivre au mieux les défis de demain.

1. Des épreuves contemporaines à traverser pour les adjoints d'établissement scolaire

Dans cette partie, nous évoquons tout d'abord le rôle et la place des adjoints dans les établissements, plus spécifiquement de ceux de l'Enseignement catholique. Puis nous abordons le contexte plus global dans lequel les êtres humains vivent. Il peut nous renseigner sur les défis majeurs, globaux et ceux, plus locaux ou relatifs aux contextes éducatifs et formatifs, que nous rencontrerons dans les années à venir.

Une fonction intervallaire

Les personnels de direction travaillent ensemble à la performance des établissements. Venant en appui aux chefs d'établissement, les adjoints ont généralement des délégations ou des périmètres de l'établissement à manager. À partir des années 1980 et plus spécifiquement à partir des années 2000, leur rôle et leur place sont accrus. La mise en place de réformes inspirées du Nouveau Management Public concourt à une autonomie croissante de fonctionnement et à « une décentralisation progressive, mais toujours très limitée, des décisions » (Attarça et Chomienne, 2013, p. 37). Cette mise en place est justifiée par l'inefficacité supposée des organisations scolaires. Ce « nouveau » management s'inspire largement de pratiques plus flexibles des entreprises privées.

Les adjoints partagent des difficultés avec leurs chefs d'établissement : multiplicité, fragmentation et brièveté des tâches au quotidien (Barrère, 2013 ; Réto et Mallard, 2021 ; Robin, 1997). Ils sont cependant moins exposés aux situations de représentation nommées notabiliaires par Barrère (2013). Ils exercent leurs activités principalement en interne de l'établissement.

Les adjoints du secondaire de l'enseignement privé tiennent une place particulière dans l'organisation puisqu'ils occupent une fonction intervallaire comme l'attestent les travaux menés par Réto et Mallard (2021), c'est-à-dire à l'intersection, à l'interface ou à l'intervalle entre des temps, des espaces, des activités, des savoirs ou des personnes. Leur fonction les oblige à amener de la stabilité et du lien dans les collectifs de travail et entre les différentes catégories de personnels : enseignant, éducatif, administratif. Au-delà des professionnels, il s'agit aussi de faire du lien avec les élèves et leur famille et les professionnels de l'éducation.

Ils se positionnent dans les intervalles de l'organisation pour orchestrer au mieux l'ordinaire comme les incidents critiques d'un établissement. Cette fonction intervallaire est celle qui se glisse « entre » pour permettre le lien entre toutes les catégories d'acteurs. Elle s'immisce dans ces intervalles laissés vacants et qui sont de fait plastiques, polymorphes puisque les adjoints dépendent de la vacance de place qu'on leur laisse. Notons que « l'entrevalle » se définit également comme un temps d'arrêt. La question de l'espace y rejoint celle de la temporalité : la fonction intervallaire est incarnée par intermittence dans cette discontinuité d'activités. La fonction des adjoints est précisément d'agir ou de ne pas agir dans la précipitation, de savoir quels lieux occuper ou laisser vacants, de jouer avec les temporalités, entre présence et absence, toutes deux étant nécessaires et à ajuster. L'exercice de cette fonction intervallaire constituerait une forme de régulation sociale de leur agir professionnel (Jutras et Labbé, 2013). Les adjoints d'établissement opèrent en marginaux sécants (Crozier et Friedberg, 1977) un management dit de proximité en lien avec tous les acteurs pour gérer les « tracas » du quotidien et aussi des projets à plus ou moins long terme. Au-delà de cet ordinaire, des défis majeurs se présentent à eux dans les décennies à venir.

L'Anthropocène : des enjeux éthiques à relever

La pérennité du système terrestre est aujourd'hui questionnée car la responsabilité humaine est désormais démontrée. Pour Zalasiewicz et *al.* (2017), l'Anthropocène caractérise ce grand emballement contemporain marqué par un dérèglement général de la biosphère et des écosystèmes. L'activité humaine est à l'origine de cette nouvelle ère géologique. Elle laisse des traces et produit des effets délétères sur notre environnement. Dérèglement climatique, pollutions de l'eau et de l'air, crises à répétition sont les symptômes de l'Anthropocène. Les conséquences sont nombreuses et incertaines sur les contextes éducatifs. Par ailleurs, l'activité humaine engendre aussi une recrudescence de crises sanitaires. La covid-19 peut être envisagée comme une zoonose Anthropocène transmise par l'animal à l'humain et diffusée à l'échelle planétaire (Wallenhorst, 2020).

Face à ces dérèglements climatiques, faire classe en pleine canicule constitue une épreuve collective pour les élèves, les enseignants et les directions. Du point de vue de l'organisation scolaire, la tenue de cours dans ces conditions exceptionnelles (canicule) ou plus ordinaires (pollution de l'air) peut questionner les directions sur leur responsabilité à agir (ou non). Du point de vue éducatif, prendre en compte cette réalité dans la formation des personnels constitue aussi un enjeu.

En temps de crise sanitaire, « la continuité pédagogique » (Damour, 2020) constitue un défi pour les acteurs de l'éducation. D'une part, la continuité pédagogique a été un point de crispation intense au premier confinement pour les personnels enseignants, éducatifs, administratifs et de direction et pour les élèves et leur famille. La rupture des rythmes de vie habituels, le manque de matériel, la surcharge informationnelle, les problèmes d'usage (Plantard, 2015) ont grandement compliqué les connexions au monde réel et au monde virtuel. Les processus d'enseignement-apprentissage ont été entravés par les ruptures de temporalités et de spatialité. Dans ce contexte, les directions scolaires ont eu à exercer un rôle d'encadrement des activités pour assurer une plus grande cohérence pédagogique.

D'autre part, la continuité de l'activité (scolaire ou professionnelle) en temps de crise a eu des effets délétères pour les élèves, les enseignants et les personnels de direction (Fotinos et Horenstein, 2020) en termes de fatigue et d'épuisement. Les directions scolaires doivent prendre en compte l'incertitude liée aux transactions humaines. Ils doivent accompagner la régulation émotionnelle du collectif au quotidien (Huy, 2011) tout en prenant soin d'eux-mêmes. Leur responsabilité dans la gestion de crise est donc essentielle pour relever des défis éthiques du quotidien et en temps de crise. Les épreuves rencontrées par les adjoints d'établissement sont nombreuses et celles à venir marquées par une profonde incertitude.

2. Manager l'incertitude : entre utopies et réalités

La nécessité de penser l'incertitude

Le mode de gouvernance des organisations est désormais marqué par l'incertitude de l'avenir, en lien avec l'Anthropocène. D'un côté, l'avenir, c'est ce qui doit advenir, se produire comme une chose possible mais aléatoire. Si l'avenir peut être prometteur, il se caractérise surtout par son incertitude. Il désigne aussi la postérité, ceux qui vivront plus tard, les générations futures, ainsi que la possibilité de réussite future, associée en ce sens à l'idée de destinée et de chance. L'avenir se prépare, se prédit, s'assure, se construit, voire s'hypothèque, mais sans véritable garantie. De l'autre côté, l'incertitude souligne l'inconnaissable et pointe l'inconnu (Ceccaldi, 2013). L'analyse proxémique du mot incertitude montre que le terme est en tension, aux prises avec une oscillation entre le tourment et le changement, entre l'inquiétude, le trouble et le mouvement qui permet de sortir du brouillard. Les « tourments » causés par l'incertitude sont en partie liés à l'imprévisibilité qui l'accompagne, à l'incapacité de prévoir ce qui est à venir, entraînant la perte d'assurance et entravant la capacité à discerner. En contexte de crise, l'utopie pourrait constituer une voie fertile pour penser l'incertitude de l'avenir.

L'utopie peut constituer un idéal. À l'origine, l'utopie est un « pays imaginaire où tout est réglé au mieux », un « plan de gouvernement imaginaire où tout est parfaitement réglé pour le bonheur de chacun » (Littré). Par extension, le mot désigne le « système idéaliste des rapports entre l'homme et la société, qui s'oppose à la réalité présente et travaille à sa modification » (Trésor de la Langue Française Informatisée). Le terme revêt d'ailleurs, au figuré, un sens négatif, désignant tout projet ou rêve qui paraît irréalisable, toute conception teintée d'idéalisme, d'illusion. Selon Comte-Sponville (2013), l'utopie est ici considérée comme « une fiction politique, qui sert moins à condamner la société existante [...] qu'à en proposer une autre, déjà conçue dans ses détails, qui n'aurait plus qu'à être réalisée » (Comte-Sponville, 2013, p. 827). Le mot peut désigner ce qui n'existe pas encore, mais existera un jour ; ou bien ce qui n'existe pas et n'existera jamais : « Une utopie, ce n'est pas seulement un projet de société qui semble présentement impossible ; c'est une société parfaite qui ne laisserait rien à transformer ». Pour lui, cette caractéristique « devrait nous dissuader d'y croire et même d'y rêver » (Comte-Sponville, 2013, p. 827). Le mouvement d'anticipation de l'utopie est, au contraire, selon Paquot (2018, p. 111), une voie qui permet de « rêver un avenir qui échappe aux puissantes forces de la globalisation du productivisme épaulées par celles du big data et du tout numérique ».

La gestion nécessaire de l'incertitude au cœur de la crise

La gestion de l'incertitude est en effet rendue plus complexe dans le cas de la crise sanitaire de la covid-19 car elle doit intégrer la multidimensionnelle d'une crise sans précédent. Morin (2020, p. 4) souligne qu'« une catastrophe sanitaire catastrophise en chaîne la totalité de tout ce qui est humain ». Il précise que « l'épidémie mondiale du virus a déclenché et, chez nous, aggravé terriblement une crise sanitaire qui a provoqué des confinements asphyxiant l'économie, transformant un mode de vie extraverti sur l'extérieur à une introversion sur le foyer, et mettant en crise violente la mondialisation », rappelant à quel point nous vivons « dans un monde à la fois incertain et tragique » (Morin, 2020, p. 15). De manière générale, la crise chamboule, apporte du changement, met ainsi en tension : entre danger et opportunité, elle bouscule le rapport à la certitude, à la prévision, à la vision de l'avenir, à la capacité à se projeter et à décider, s'éloignant de son ancrage étymologique. Actuellement, la notion de crise signifie indécision (Morin, 1976). C'est le moment où, en même temps qu'une perturbation, surgissent les incertitudes », ouvrant une double béance : « béance dans notre savoir (au cœur même du terme de crise) ; béance dans la réalité sociale elle-même » (Morin, 1976, p. 149).

L'analyse de la crise produite par Morin en 1976 demeure d'actualité. Il prolonge sa réflexion en 2020 (p. 4) et souligne une nouvelle fois les défis posés par la connaissance et la complexité :

> Les connaissances se multiplient de façon exponentielle, du coup, elles débordent notre capacité de nous les approprier, et surtout elles lancent le défi de la complexité : comment confronter, sélectionner, organiser ces connaissances de façon adéquate en les reliant et en intégrant l'incertitude.

Il insiste à nouveau sur la dimension productive de la crise qui devrait nous interroger sur nos modes de vie, nos modes de consommations, nos besoins réels, nos vraies aspirations et notre raison d'être. Pour lui, accepter l'incertitude est indispensable car croire que l'on maîtrise la situation fragilise encore plus :

> L'après-épidémie sera une aventure incertaine où se développeront les forces du pire et celles du meilleur, ces dernières étant encore faibles et dispersées. Sachons enfin que le pire n'est pas sûr, que l'improbable peut advenir, et que, dans le titanesque et inextinguible combat entre les ennemis inséparables que sont Éros et Thanatos, il est sain et tonique de prendre le parti d'Éros. (Morin, 2020, p. 15).

Il enjoint chacun à apprendre par et de l'incertitude.

3. Pour une approche écologique du management scolaire

« Parler d'une profession c'est donc d'abord et avant tout 'dire' le travail et les activités du travail, ses dimensions cachées, ses règles et ses contraintes, ses modalités d'accès et de maîtrise, parfois aussi ses ambitions et réalisations émancipatrices » (Maubant, 2019, p. 3). Évoquer la professionnalisation des adjoints du point de vue de l'anthropologie prospective, c'est aussi envisager des possibles ou des défis, identifier les compétences de demain tout en posant les exigences éthiques pour agir de façon pertinente, responsable et compétente (Le Boterf, 2011).

Pour affronter les défis du quotidien et de l'avenir évoqués précédemment, la connaissance des activités ordinaires des adjoints et les enjeux liés à l'Anthropocène permettent de saisir l'influence de l'environnement sur les sujets, la dépendance de ces derniers à l'incertitude. Au quotidien, la fonction intervallaire sert à assurer la cohésion dans l'établissement. Or ce quotidien est augmenté par les crises mondiales et les conséquences des pollutions.

La professionnalisation des adjoints d'établissements doit être pensée par une approche systémique et ancrée dans les interactions sujets-environnements. Le recours à une approche écologique (Bronfenbrenner, 1979) semble pertinent en Sciences de l'éducation et de la formation (Hage et Reynaud, 2014) pour énoncer des principes directeurs. Nous proposons donc des axes permettant de penser conjointement les voies de la professionnalisation (Wittorski, 2007) : logique de l'action, logique de la réflexion et de l'action, logique de la réflexion sur l'action, logique de la réflexion pour l'action, logique de la traduction culturelle par rapport à l'action et logique de l'intégration assimilation.

Le vécu de la crise : une quête d'assurance

Une recherche qualitative et compréhensive a permis un recueil de données effectué en juin 2020 sous forme d'entretiens de groupes focalisés (n =32 adjoints en établissement scolaire, 6 groupes) (Touré, 2010). Ces bonnes discussions nous permettent de décrire le vécu de ces managers en temps de crise (notamment lors du déconfinement de mai 2020). Cette recherche-action s'inscrit dans le cadre d'une formation soutenant la professionnalisation des cadres de direction des établissements scolaires et relève d'une recherche action formation (Paillé, 1994).

Les résultats permettent d'enrichir les éléments présentés dans ce chapitre et de dégager trois formes d'agir privilégiées par les adjoints pour traverser la crise : s'assurer, (r)(é)assurer et assurer. Ces trois formes constituent une quête d'assurance pour les managers. Pour ces derniers, s'assurer correspond à une vérification de la mise en œuvre du protocole sanitaire et de la sécurité de chacun (assurer contre le péril sanitaire, garantir contre les faiblesses du système) et également s'assurer du respect des protocoles ordinaires, faire en sorte que les missions confiées à leur organisation soient bien respectées, entre s'appuyer sur des certitudes et réduire l'incertitude. Il peut s'agir du respect du règlement intérieur, par exemple. Ensuite, rassurer ou faire preuve de réassurance consiste à redonner de la solidité ou de la stabilité. Redonner de l'assurance signifie dans ce cas redonner à quelqu'un la tranquillité d'esprit, la confiance afin de dissiper les craintes et les inquiétudes. Enfin, assurer d'un point de vue managérial relève de la confiance en soi et de l'exercice ordinaire de ses fonctions dans un contexte extraordinaire. Pour les adjoints, il s'agit d'encadrer (Mispelblom-Beyer, 2006), de diriger (Barbier, Chauvigné et Vitali, 2011), « agir sur l'engagement d'activité d'autrui », « nommer pour orienter », « marquer sa place » et être légitime dans ses fonctions managériales.

Proposition d'un modèle écologique de la professionnalisation des adjoints

Cette approche écologique se donne pour ambition de penser le monde de l'éducation dans un environnement plus large tout en pansant le monde : prendre soin des autres, de soi et des choses. La triple écologie se décline ainsi en : une écologie des systèmes, une écologie de la présence et une écologie de l'action.

L'écologie des systèmes, la première écologie, consiste à s'inscrire dans un monde, dans des réseaux, dans des systèmes dans et sur lesquels les sujets agissent, opèrent ou coopèrent. Si d'un point de vue global, les sujets ont peu de prise sur l'environnement, les interactions sont visibles et opérationnelles au niveau de l'établissement au plus près de tous les acteurs. Les acteurs doivent donc se positionner en tant que sujet dans un (ou des) collectif pour préserver l'ensemble tout en se préservant. L'écologie des systèmes est importante pour travailler conjointement avec les autres (processus de coordination et collaboration) et assurer une fonction intervallaire.

La deuxième écologie est celle de la présence. La présence en tant que qualité éthique constitue une épreuve pour les adjoints. Il faut être à la fois présent et parfois absent, être présent au bon moment, assurer une présence hebdomadaire intense tout en se préservant. La présence, c'est écouter et répondre, selon les termes de Rosa (2018) pour assumer ses responsabilités et être au monde, être dans l'ici et le maintenant. Les adjoints se doivent d'agir de façon pertinente, responsable et compétente (Le Boterf, 2011), jouer avec la nouveauté, émettre des hypothèses de travail, les discuter en collectif, (envisager les utopies comme des possibilités), avoir le courage au cœur de l'action pour entrer en résistance. L'écologie de la présence soulève des questions stratégiques (positionnement dans l'organisation), de tact (positionnement avec les autres), de santé publique (*caring*), etc.

La troisième écologie est celle de l'action en référence à Morin. Le travail sur et avec l'incertitude va indéniablement caractériser leur activité complexe. Il faut connaître et agir en complexité dans les systèmes en tenant compte de notre incapacité à tout prévoir. L'accélération liée à l'Anthropocène est un leurre et doit inviter les managers à ralentir, mettre en place des stratégies et s'inscrire dans des temps longs et historiques.

Ces principes directeurs énoncés, il ne faudrait pas les traduire trop rapidement en une action de formation, mais penser conjointement les apprentissages professionnels par le travail, la formation et l'accompagnement. Les crises ne pourront être traversées que par de l'altérité et de l'autonomie (écologie des systèmes), de l'assertivité et de la congruence (écologie de la présence) et par le développement du pouvoir d'agir des acteurs (écologie de l'action). Penser l'avenir devrait donc se traduire par une double éthique : celle du dire vrai (*parrêsia*) et de l'émancipation pour affronter et dépasser avec courage et tact les défis à venir.

Références bibliographiques

Attarça, M. & Chomienne, H. (2013). Les chefs d'établissements publics scolaires français face aux enjeux de la nouvelle gestion du système éducatif. *@GRH*, 9(4), pp. 35–66.

Barbier, J.-M. ; Chauvigné, C. ; Vitali, M.-L. (2011). *Diriger : un travail.* L'Harmattan.

Barrère, A. (2013). *Sociologie des chefs d'établissement : Les managers de la République*. PUF.

Bronfenbrenner, U. (1979). *The ecology of human development: Experiments by nature and design*. Harvard University Press.

Ceccaldi, J. (2013). Le concept d'incertitude. Dans : Florence Barruel (éd.), *Du soin à la personne : Clinique de l'incertitude*. Dunod, pp. 5-24.

Comte-Sponville, A. (2013). *Dictionnaire philosophique*. PUF.

Crozier, M. & Friedberg, E. (1977). *L'acteur et le système*. Seuil.

Damour, F. (2020). 29. Continuité ou discontinuité pédagogique ? *Études*, hors-série (13), pp. 111–114.

Fotinos, G. & Horenstein, J.-M. (2020). *Les impacts de la crise du Covid-19 et du déconfinement sur les personnels de direction de la région Île-de-France*. Casden et SNPDEN.

Hage, F.-E. & Reynaud, C. (2014). L'approche écologique dans les théories de l'apprentissage : une perspective de recherche concernant le « sujet-apprenant ». *Éducation et socialisation, 36*.

Huy, Q. N. (2011). How middle managers' group-focus emotions and social identities influence strategy implementation. *Strategic Management Journal*, 32(13), pp. 1387–1410.

Jutras, F. & Labbé, S. (2013). Éthique professionnelle. Dans Jorro, A. (dir.). *Dictionnaire des concepts de la professionnalisation*. De Boeck Supérieur, pp. 105–108.

Le Boterf, G. (2017). Chapitre 20. De l'ingénierie de la formation à l'ingénierie de professionnalisation. Dans Carré, P. & Caspar, P. (dir.). *Traité des sciences et des techniques de la Formation* (4è éd.). Dunod, pp. 407–424.

Le Boterf, G. (2011). Apprendre à agir et à interagir en professionnel compétent et responsable. *Éducation Permanente*, (188), pp. 97–112.

Maubant, P. (2019). Introduction. Professionnalisation et ingénierie de formation : entre résonnances et divergences. *Phronesis*, 8, pp. 1–4.

Mispelblom-Beyer, F. (2006). *Encadrer, un métier impossible ?* Armand Colin.

Morin, E. (2020). Un festival d'incertitudes. *Tracts de crise, 54*.

Morin, E. (1976). Pour une crisologie. *Communications, 25*, pp. 149–163.

Paillé, P. (1994). Pour une méthodologie de la complexité en éducation : le cas d'une recherche-action-formation. *Canadian Journal of Education/ Revue Canadienne de l'Éducation, 19*(3), pp. 215–230.

Paquot, T. (2018). *Utopie et utopistes.* La Découverte.

Plantard, P. (2015). Contre la « fracture numérique », pas de coup de tablette magique ! *Revue Projet*, 345(2), pp. 23–30.

Reto, G. & Mallard, S. (2021). L'épreuve de la présence : le cas des adjoints de direction des établissements scolaires. Dans Hétier, R. (dir.). *Présence et numérique en éducation.* Le Bord de l'eau.

Robin, J.-Y. (1997). *Chef d'établissement. Dans le secret des collèges et lycées, Récits d'une responsabilité.* L'Harmattan.

Rosa, H. (2018). *Résonance, une sociologie de la relation au monde.* La Découverte.

Touré, E.-H. (2010). Réflexion épistémologique sur l'usage des focus groups : fondements scientifiques et problèmes de scientificité. *Recherches qualitatives, 29*(1), pp. 5–27.

Wallenhorst, N. (2020). La pandémie de Covid-19 : une maladie écologique et politique de l'Anthropocène. *La Pensée écologique*, https://lapenseeecologique.com//?s=wallenhorst.

Wittorski, R. (2013). Professionnalisation. Dans Jorro, A. (dir.). *Dictionnaire des concepts de la professionnalisation.* De Boeck Supérieur, pp. 233–236.

Wittorski, R. (2007). *Professionnalisation et développement professionnel.* L'Harmattan.

Zalasiewicz, J. ; Waters, C. N. ; Summerhayes, C.P. ; Wolfe A. ; Barnosky, A. ; Cearreta, A., Crutzen, P. ; Ellis, E. J. ; Gałuszka, A. ; Haff, P. ; Hajdas, I. ; Head, M. J. ; Ivar do Sul, J. ; Jeandel, C. ; Leinfelder, R. ; McNeill, J. R. ; Neal, C. & Williams, M. (2017). The Working Group on the Anthropocène: Summary of evidence and interim recommendations. *Anthropocène, 19,* 55–60.

5.

La création en catéchèse : une responsabilité de formation et d'éducation de la foi

Isabelle Morel

Introduction

Le dernier *Directoire pour la catéchèse*, paru à l'été 2020, intègre pour la première fois dans l'histoire de ces directoires la question écologique comme une préoccupation et un enjeu éducatif majeur (*Directoire pour la catéchèse*, 2020, §§ 381–384). Les précédents directoires datés de 1997 et 1971 n'évoquent jamais cette question, preuve s'il en fallait qu'elle est devenue fondamentale dans la culture de notre temps, incontournable pour penser intelligemment l'éducation intégrale des personnes.

Quelle est la responsabilité particulière des chrétiens, catholiques, dans la prise en compte de cette question écologique urgente ? « Face à l'accélération et à la complexité du problème écologique, les pontifes [de Paul VI à François] n'ont cessé d'inviter [à] une profonde conversion écologique, capable de toucher l'essence de l'être humain là où, en dernière analyse, se nichent la racine du problème et sa solution » (*Directoire pour la catéchèse*, 2020, § 381), rappelle ce nouveau directoire. Ces appels à penser des modes de vie différents, allant jusqu'à « toucher l'essence de l'être humain », à partir d'une vision chrétienne de la création ont été renouvelés régulièrement et amplifiés par l'encyclique *Laudato si'* (François, 2015). Mais nos compréhensions de la création sont-elles si conscientes et chrétiennes que nous le pensons ? Nous voulons ici interroger la responsabilité de la catéchèse dans ses contributions au déploiement d'une théologie de la création qui participe à une éducation chrétienne pleinement responsable.

Le nouveau directoire invite à « favoriser l'acquisition d'une attitude et de comportements cohérents attentifs à *l'écologie intégrale*, qui intègre les différentes facettes de la proposition de formation de la doctrine sociale de l'Église » (*Directoire pour la catéchèse*, 2020, § 383). Il y a donc un enjeu éducatif et de formation important à relever. Celui-ci commence par le courage de s'interroger sur les compréhensions théologiques de la création à l'œuvre dans les documents catéchétiques qui ont façonné des générations de chrétiens, afin d'en tirer les conséquences en termes de responsabilité théologique et catéchétique.

1. La création en catéchèse : analyse critique

En analysant la manière dont la création est abordée et présentée en catéchèse depuis plusieurs siècles (dans divers documents catéchétiques : manuels, représentations iconographiques, histoires saintes, documents de l'animateur, vidéos, etc.), nous avons repéré deux tendances principales bien distinctes qui tendent aujourd'hui à se nuancer. Nous allons les présenter dans une analyse historique et critique avant d'expliciter plus précisément ce qui peut s'observer en ce début du XXIe siècle.

Dieu, le grand architecte

Dans les catéchismes et les livres d'Histoires saintes du XIXe siècle et de la première moitié du XXe siècle, Dieu est présenté comme « le grand architecte » (c'est nous qui le résumons ainsi), le Créateur qui crée tout l'univers à partir de rien, non pas parce qu'il en aurait besoin, mais simplement par amour. Le schéma habituellement repris par l'ensemble de ces catéchismes situe cette présentation dans les premières leçons (souvent la première ou la deuxième), la plupart du temps en lien avec la première affirmation du Credo (*Catéchisme en images*, 1932, pp. 10–11). Dieu est le Créateur, c'est-à-dire « celui qui a fait, de rien, tout ce qui existe » (Le Roy, 1900, p. 7). Voilà pourquoi nous affirmons dans la foi : « Je crois en Dieu, le Père tout puissant, Créateur du ciel et de la terre ». Cette place est d'une grande importance théologique car la présentation de Dieu Créateur est catéchétiquement comprise comme la fondation de la doctrine catholique (*Le livre unique du jeune chrétien*, 1900, p. 7). C'est à cette époque le point de départ de toute catéchèse qui fait partie des « vérités nécessaires » (Le Roy, 1900, p. 2). Nous verrons que ceci a nettement évolué.

Parce que Dieu est le Créateur, il est également présenté comme le Maître de toute chose (*Manuel des Catéchismes aux enfants*, 1936, Questions 26 et 27). C'est Lui le Créateur tout puissant qui sait tout, qui est partout, qui « voit tout, le passé, le présent, l'avenir, et jusqu'à nos plus secrètes pensées » (Quinet & Boyer[1], 1937, p. 11). Cette maîtrise de toute puissance

---

[1] Catéchisme de type questions-réponses communément utilisé en France à cette époque.

est associée à une perfection infinie qui différencie Dieu des hommes : « Il y a entre Dieu et les hommes une distance infinie : nous ne sommes rien devant lui. Il est infiniment parfait, c'est-à-dire infiniment sage, infiniment juste, infiniment puissant, etc. Il est éternel, c'est-à-dire qu'il n'a pas eu de commencement et qu'il n'aura jamais de fin » (*Le livre unique du jeune chrétien*, 1900, p. 9). Le *Catéchisme à l'usage des diocèses de France* des chanoines Quinet et Boyer (1937) ajoutera « infiniment bon ». Toutes les créatures dépendent donc de Dieu, l'homme y compris, et Dieu prend soin d'elles : « Je dis que Dieu est infiniment bon, parce qu'il prend soin de toutes ses créatures, des plus petites comme des plus grandes : c'est ce qu'on appelle la Providence » (Quinet & Boyer, 1939, p. 21). Dans le milieu du XXe siècle, pour faire percevoir aux enfants catéchisés la beauté et la grandeur de Dieu, les catéchistes sont invités à développer chez les catéchisés l'attitude de contemplation par l'admiration d'un élément de la nature – la montagne, la mer, le ciel, etc. (Derkenne, 1961, p. 1 ; Direction parisienne de l'enseignement religieux, 1960, p. 37). On ne procède plus pédagogiquement par mémorisation à l'aide du principe questions-réponses, mais le passage par l'expérience ne vient pas perturber la logique catéchétique retenue : Dieu Créateur tout puissant, Maître de toute chose, est présenté dès les premières leçons.

Cette représentation a trouvé sa limite au siècle dernier, notamment avec la succession des deux grandes guerres mondiales qui ont heurté de nombreux croyants : « Si Dieu nous aime et qu'il est le Créateur tout-puissant qui prend soin de nous, comment est-il possible qu'il ait permis cela ? » Ce type de questionnement devint rapidement un obstacle pour la foi tel qu'il nous semble être l'une des causes principales de la chute de la pratique religieuse en France dans la seconde partie du XXe siècle[2].

L'homme, roi de la création

Dans cette création, l'homme trouve sa place après les autres créatures et fait partie, avec les anges, des créatures « les plus parfaites » (*Catéchisme à l'usage des diocèses de France*, 1947, Question 35). Il a été créé pour servir Dieu et l'aimer (*Manuel des Catéchismes aux enfants,* 1936, p. 34), mais pratiquement rien n'est dit de sa relation avec les autres créatures moins parfaites, ou de sa responsabilité vis-à-vis d'elles. Les seuls éléments que l'on peut trouver font référence à cet ordre de Dieu à Adam

---

2 Nous nuançons pour une part en cela l'avis de l'historien Guillaume Cuchet (2018).

et Eve dans le premier livre de la Genèse : « Croissez et multipliez-vous ; remplissez la terre et soyez les maîtres de tous les animaux » (Audollent & Charrat, 1944, p. 5), en lien avec sa ressemblance à Dieu : « Faisons l'homme à notre image et à notre ressemblance. Qu'il soit le maître des poissons, des oiseaux, des animaux et de toute la terre » (*Catéchisme à l'usage des diocèses de France*, 1947, p. 32). L'homme est considéré comme l'une des créatures les plus parfaites, parce qu'il est créé à l'image et à la ressemblance de Dieu ; il reçoit la maîtrise de la création dans une posture de domination, comme on reçoit un cadeau. Il se comprend comme le roi de la création car il a en lui « un peu de Dieu » : son âme[3]. Le tableau présentant les différences entre Dieu et l'homme, dans le *Catéchisme à l'usage des diocèses de France* de 1947, distingue nettement Dieu comme « créateur » (qui « fait tout de rien ») de l'homme comme « fabriquant » (qui fabrique « avec quelque chose »). Mais si Dieu est reconnu comme « Maître de toutes choses », l'homme est qualifié ainsi : « Après Dieu, devient progressivement maître des choses » (Quinet & Boyer, 1937, p. 32). S'il y a bien une nette différence entre Dieu et l'homme posée d'emblée, progressivement, l'homme prend la place du Maître de la création dans la gestion de celle-ci et doit y travailler, au risque de se situer à la place de Dieu.

Les représentations iconographiques de cette manière de présenter la création n'illustrent en général que les six premiers jours (Morel, 2020, pp. 35–39 ; *Catéchisme en images*, 1932, p. 11) car Dieu se reposa le septième, tout étant soi-disant achevé. De même, les Histoires saintes rapportent en général la création du monde en six jours (*Le livre unique du jeune chrétien*, 1900, p. 98 ; *Catéchisme à l'usage du diocèse de Besançon*, 1933, p. 22 ; Quenard, 1930, p. 7), la création de l'Homme étant l'acte final, suprême. Cette représentation très technique pose un problème théologique d'interprétation du récit de la création. En effet, le septième jour Dieu agit encore puisqu'il bénit (Gn 2,1–4a) ! Ce qui fait dire à Jürgen Moltmann : « La couronne de la création n'est pas l'être humain mais le sabbat, à travers lequel Dieu bénit toutes ses créatures, et pas seulement les humains » (2018, p. 403). Le développement de la technique et du sentiment de surpuissance qui l'accompagne a influencé la compréhension de la création au fil des derniers siècles. Reprenant

3 Voir par exemple l'explication dans Quinet & Boyer (1937, p. 21) : « Et l'homme ? Vous le savez il a un corps. Mais il y a dans ce corps quelque chose de très beau : une âme qui ressemble un peu au Bon Dieu ».

l'argumentation de Romano Guardini, le Pape François critique en ce sens le paradigme technocratique :

> L'anthropocentrisme moderne, paradoxalement, a fini par mettre la raison technique au-dessus de la réalité, parce que l'être humain « n'a plus le sentiment ni que la nature soit une norme valable, ni qu'elle lui offre un refuge vivant. Il la voit sans suppositions préalables, objectivement, sous la forme d'un espace et d'une matière pour une œuvre où l'on jette tout, peu importe ce qui en résultera (Guardini, 1952, p. 68) ». (2015, § 115).

Cette logique conduit à une culture désastreuse de l'abus, qui se répercute dans le monde comme dans l'Église sous de multiples formes : abus sexuels, emprise des consciences, crise écologique, etc. (Morel, 2020).

L'homme, responsable de la création

Dans les documents catéchétiques de la seconde moitié du XXe siècle, nous pouvons observer une nette évolution de la manière d'aborder la création. A partir des années 1960, avec l'abandon progressif des catéchismes de type questions-réponses, la multiplication de manuels différenciés en fonction des milieux de vie et l'apparition de pédagogies plus actives, la manière dont la création est (re)présentée en catéchèse est beaucoup plus diversifiée et brouillée. Plusieurs tendances co-existent. La présentation de la création ne se fait plus nécessairement au début du parcours catéchétique (Les évêques de France, 1981, p. 27 ; La Diffusion catéchistique-Lyon, 1995a) qui devient très christocentrée avec une forte préférence pour les textes des évangiles. Certains documents n'abordent même plus la création (APCR, 2009). Cette notion semble poser problème en raison de son articulation avec les données scientifiques, voire même être comprise comme un obstacle à la foi. Les difficultés des parents et des catéchistes pour aborder la question sont perceptibles : on en trouve trace dans de nombreux documents qui invitent avant tout à différencier ce qui relève de la science de ce qui relève de la foi (La Diffusion catéchistique-Lyon, 1995b, p. 255 ; CRER, 2009, p. 23). Le but est de montrer que la science répond au « comment ? » alors que la foi répond au « pourquoi ? » et d'inviter à ne surtout pas lire le récit de la Genèse de manière fondamentaliste.

Le premier modèle présenté ci-dessus est nettement atténué : la toute-puissance de Dieu est présentée comme une « toute puissance d'amour » (Youcat fondation, 2019, p. 31) qui veut et respecte la liberté de l'homme.

La présentation du premier récit de la Genèse met alors l'accent sur la répétition des affirmations « Dieu vit que cela était bon » (CRER, 2009, pp. 4–5 ; CRER, 2006, p. 9) et la notion d'alliance entre Dieu et les hommes (La Diffusion catéchistique-Lyon, 1995b, p. 256). Tout est fait pour que Dieu soit compris comme quelqu'un de proche.

La plupart du temps, le second modèle est nuancé. Françoise Derkenne, dans son manuel *La vie et la joie au catéchisme*, insiste par exemple pour que les catéchisés se comprennent comme les « invités » du Seigneur ici-bas, afin « de leur faire prendre conscience que, contrairement à tout un courant de la pensée moderne, les hommes ne sont pas les "maîtres du monde" » (1961, p. 19). Plus on avance dans le temps, plus l'insistance se fait très nette sur la responsabilité de l'homme (*Allez dire à vos amis*, 1996, p. 45), partenaire libre (La Diffusion catéchistique-Lyon, 1998, p. 71), appelé à poursuivre la création. Si l'homme, « créé à l'image de Dieu », ne doit pas se prendre pour Dieu, il reçoit l'univers et la nature « pour les gérer en maître, dans la continuité de l'acte créateur de Dieu : avec respect et intelligence pour que la vie se multiplie » (CRER, 2012, p. 8). Cette insistance sur la responsabilité de l'homme à qui est confiée la création (le plus souvent on va plutôt dire « la Terre » : CRER, 2006, pp. 26–27) nous semble inspirée par l'urgence de la crise écologique. Mais au final, la lecture du récit de la création est toujours très anthropocentrée : c'est toujours l'homme, « le plus beau de tout » (Diocèse de Tarbes, 2017, p. 11), qui travaille avec responsabilité en assurant la gérance de la terre, sans que cette gestion ne soit détaillée, ni limitée. L'homme, au singulier, est simplement renvoyé à sa « responsabilité ». Il nous semble qu'il s'agit toujours du même second modèle repéré précédemment, mais atténué par ce que Hans Jonas appelait « le Principe Responsabilité » (Jonas, 2013). Pour Jonas, le potentiel dangereux de la technoscience n'étant plus niable, il s'agirait de développer une nouvelle éthique : s'interdire toute action qui mettrait en danger l'existence des générations futures ou la qualité de la vie à venir. Dans les documents catéchétiques, cette dimension éthique n'est pas détaillée. On se contente d'un appel à la responsabilité.

2. Interroger la théologie de la création

Les différentes représentations théologiques et anthropologiques que nous venons de repérer interrogent la responsabilité catéchétique. De nombreux théologiens ont travaillé ces dernières décennies pour mettre en lumière des ressources bibliques, théologiques et anthropologiques pertinentes pour la théologie de la création aujourd'hui. Sur quels points est-il donc possible et urgent de s'appuyer en catéchèse ? Nous entrevoyons ici deux pistes qui peuvent être fructueuses en ce sens :

Revisiter le statut de l'homme dans la création grâce à la lecture narrative

La lecture narrative de la Bible est pédagogiquement importante en catéchèse (Brossier, 1985 ; Molinario, 2011). Elle nous paraît plus que jamais indispensable à déployer dans les propositions catéchétiques, notamment dès lors que l'on aborde la question de la création et la découverte du livre de la Genèse. Le Pr André Wénin, bibliste, a consacré de nombreuses années à un travail long et patient de dépoussiérage des habitudes de lectures, habituellement fragmentées, où la responsabilité catéchétique est explicitement mise en cause : « Dix ans. Voilà, au bas mot, le temps qu'il aura fallu au récit biblique pour déconstruire patiemment dans mon esprit l'interprétation qui le corsetait depuis le catéchisme de mon enfance » (Wénin, 2007, p. 10). L'ensemble de l'ouvrage qu'il a publié à l'issue de ce travail est à prendre en considération et devrait être travaillé par tous les catéchètes. *D'Adam à Abraham ou les errances de l'humain* (Wénin, 2007) présente la synthèse des travaux de lecture narrative de l'ensemble des premiers chapitres de la Genèse (Gn 1,1–12,4). A l'école de Paul Beauchamp, il met en évidence les enjeux théologiques et anthropologiques de ce qui y est raconté. Avec lui on comprend que, plutôt que de dispenser des vérités à croire immuables, ce récit mythique propose sous forme narrative des réponses aux grandes questions de la vie sans en bloquer le sens. C'est à chacun de faire et refaire régulièrement le travail d'interprétation en laissant résonner le texte avec sa propre expérience (Wénin, 2007, pp. 14–15).

Une telle méthode de lecture lui permet de reconnaître la toute-puissance de Dieu dans « la douceur de celui qui reste maître de sa puissance elle-même. Non pas la douceur d'un faible qui n'aurait pas d'autre choix, mais la douceur qui est force plus forte que la force » (Wénin, 2007, pp. 36–37), selon les mots de Paul Beauchamp. L'être humain, quant à lui créé « à l'image de Dieu », se découvre comme le seul élément non achevé de la création, un être inaccompli qui va devoir travailler à son propre achèvement en coopérant à l'agir créateur de Dieu (Wénin, 2007, pp. 39–40). La mission de « maîtrise » sur les autres créatures qui lui est confiée par Dieu est à entendre comme un service à rendre par amour, parce qu'il a été créé « à l'image de Dieu ». Il doit l'exercer avec force et maîtrise, c'est-à-dire en limitant lui-même son pouvoir pour que les autres puissent vivre (Wénin, 2007, pp. 41–42).

D'autres théologiens plaident aussi pour revisiter la manière dont nous comprenons le statut de l'homme dans la Création et cette invitation à « maîtriser » ou « dominer », selon les traductions employées. Ainsi, Philippe Lefebvre explique que « dominer, dans la Bible, c'est faire vivre et c'est parler » (Lefebvre, 2020, pp. 89–90) dans le sens d'une promotion de la vie et non d'une emprise qui écrase. Jürgen Moltmann présente l'homme comme la plus fragile des créatures, qui ne peut vivre sans toutes les autres et invite à comprendre la création du monde selon Genèse 1 en sept jours et non en six (2018, pp. 402–403). Christophe Theobald lui emboîte le pas : « Sans doute la mission de remplir la terre et de la dominer, donnée au sixième jour, doit-elle aujourd'hui être intégrée dans la perspective plus large de l'heptaméron – "l'œuvre" en sept jours – , laissant le repos sabbatique assainir notre manière d'être et d'habiter le monde » (Theobald, 2005, pp. 55 et 60). Pour notre part, avec Fabien Revol, nous défendons l'idée de comprendre la mission de maîtrise reçue par l'homme à l'image de la façon dont Jésus lui-même exerce sa Seigneurie, c'est-à-dire en lavant les pieds de ses disciples (Morel, 2020, pp. 42–43).

Penser l'humain en relation

Plutôt que d'affirmer la création comme « confiée à l'homme » (au singulier), il est possible de présenter la création comme « confiée à l'humanité » (l'ensemble des humains), dans une forme de responsabilité collective appelant des réponses et des actions communautaires. Ceci serait nouveau en catéchèse. André Wénin nous encourage en ce sens en traduisant aux versets 26 et 27 du 1er chapitre de la Genèse le mot *ha'adam* par « humain » (mot générique) et non par « l'homme » (mot singulier personnalisé qui donnera Adam) (2007, pp. 19, 37 et 47). Le récit de la Genèse raconte alors le projet de Dieu pour l'humanité, toujours en devenir car inachevée, mais créée à l'image de Dieu, donc appelée à exercer collectivement sa maîtrise en vue de créer un monde harmonieux et en sachant se limiter à l'échelle individuelle et collective. Il s'agit ici de penser l'humain selon le principe de l'interdépendance, comme un être créé pour et par l'autre au cœur d'un environnement donné et confié. La question écologique renvoie ainsi à la question fondamentale de l'anthropologie de la relation et du don et non seulement de l'affirmation de soi. La qualité des relations à établir avec ses semblables et avec l'environnement présiderait alors à la mise en place des processus d'évangélisation et d'initiation chrétienne en catéchèse.

Cette révolution de la manière de penser la place de l'homme (non pas seul, mais avec les autres) n'est pas simple dans un monde individualiste comme le nôtre. Elle suppose que l'on apprenne à promouvoir la « dimension collective de l'action créatrice » (Euvé, 2015, p. 75) qui met l'accent sur la coopération. Il est tout à fait possible en catéchèse de faire découvrir et expérimenter la portée et l'enjeu d'actions communautaires chrétiennement réfléchies. Cela permettrait de tenir ensemble complexité et aspect systémique de la réalité, en référence à la fameuse expression du Pape François dans *Laudato Si'* (§ 70) : « Tout est lié » ! La réflexion autour de la synodalité, actuellement très en vogue, pourrait là aussi être une voie féconde.

Mais pour que tout cela soit possible, il faut apprendre à se défaire des représentations mentales encore fortement ancrées dans notre mémoire individuelle et collective, liées à des siècles d'histoires saintes et d'illustrations catéchétiques simplifiées à l'excès. C'est là une des premières responsabilités de la catéchèse.

Références bibliographiques

Allez dire à vos amis. Catéchèse 11–13 ans (1996). (Livre de l'enfant). Éd. de l'atelier.

Association Pour la Catéchèse en Rural (2009). *En chemin avec Jésus-Christ. PCS*. Le Sénevé.

Audollent, Mgr. & Charrat, A. (1944). *Manuel d'instruction religieuse*. Les éditions de l'école.

Brossier, F. (1985, juillet–octobre). Le fonctionnement de la Bible en catéchèse. *Catéchèse*, (100–101), pp. 77–92.

Catéchisme à l'usage des diocèses de France (1947). Tardy.

Catéchisme à l'usage du diocèse de Besançon (1933). Jacques & Demontrond.

Catéchisme en images (1932). Maison de la Bonne Presse.

Coopérative Régionale de l'Enseignement Religieux (2006). *Fais jaillir la vie. En catéchèse avec les 8–11 ans*. Année bleue, Eaux vives 8–11 ans.

Coopérative Régionale de l'Enseignement Religieux (2009). *Merci pour la vie*. Sel de vie.

Coopérative Régionale de l'Enseignement Religieux (2012). *Heureux d'agir*. Sel de vie.

Cuchet, G. (2018). *Comment notre monde a cessé d'être chrétien. Anatomie d'un effondrement*. coll. « La couleur des idées », Seuil.

Derkenne, F. (1961). *La vie et la joie au catéchisme. 1ère année*. (2ème éd.). Éd. du Gigord.

Diocèse de Tarbes-Lourdes (2017). *Dieu nous parle. Année 1. Je veux te connaître*. Mame.

Direction parisienne de l'enseignement religieux (1960). *Pour une initiation chrétienne pour le 8–9 ans*. Éd. Le Sénevé.

Directoire pour la catéchèse (2020). Bayard-Cerf-Mame.

Euvé, F. (2015). Faire réussir la création. *Études, 4218* (7), pp. 67–78.

Pape François (2015). *Lettre encyclique Laudato si' sur la sauvegarde de la maison commune*.

Guardini, R. (1952). *La fin des temps modernes*. Seuil.

Jonas, H., Greisch, J. (trad.) (2013). *Le Principe Responsabilité : une éthique pour la civilisation technologique*. coll. « Champs Essais », Flammarion.

La Diffusion catéchistique-Lyon (1995a). *Des interrogations venues des âges*. Trésors de la foi, 3ème année. Tardy.

La Diffusion catéchistique-Lyon. (1995b). Des interrogations venues des âges 3.2. Dans *Trésors de la foi. Guide animateur* (pp. 255–265). Tardy.

La Diffusion catéchistique-Lyon (1998). *Il s'appelle Jésus. Guide animateur du parcours pour les jeunes de 6e*. Tardy.

Lefebvre, P. (2020, juillet–août). Réflexions bibliques sur l'emprise et la fructification. *Études, 4273*, pp. 87–98.

Le livre unique du jeune chrétien (1900). (Nouvelle édition). Maison du Bon Livre.

Le Roy, A. (1900). *Catéchisme de la Foi Catholique*. Procure générale.

Les évêques de France (1981). *Pierres vivantes. Recueil de documents catholiques privilégiés de la foi*. Catéchèse 80.

Manuel des Catéchismes aux enfants (1936). (Nouvelle édition augmentée). Lethielleux.

Molinario, J. (2011). *Parole de Dieu et écriture en catéchèse. La résonance de la Parole*. Coll. « Le point catéchèse » 2, Le Sénevé/ISPC.

Moltmann, J. (2018). L'écologie ou la capacité d'aimer. *Laudato Si'. Responsabilité catéchétique et responsabilité écologique. Lumen Vitae, LXXIII* (4), 399–409

Morel, I. (2020). *Transmettre la foi en temps de crise*. Cerf.

Quinet, & Boyer (1937). *Petit catéchisme à l'usage des diocèses de France*. Mame.

Quinet, & Boyer (1939). *Catéchisme à l'usage des diocèses de France* (3). Mame.

Quenard, J.-B. (1930). *Sur le chemin d'Emmaüs. Au catéchisme par l'Évangile*. Klotz.

Theobald, C. (2005). L'avenir de la Création. *Études, 403* (7), pp. 53–67.

Wénin, A. (2007). *D'Adam à Abraham ou les errances de l'humain. Lecture de Genèse 1,1–12,4*. coll. « Lire la Bible », Cerf.

Youcat fondation (2019). *Youcat pour les enfants. Catéchisme de l'Église catholique pour les enfants et les parents*. Mame.

Présentation des auteurs

Arènes Jacques, Professeur, Ecole de Psychologues Praticiens, Institut Catholique de Paris, UR 'Religion, culture et société', EA 7403.

Aubourg Valérie, Professeur d'anthropologie-ethnologie, Université Catholique de Lyon, UR 'Confluence, Sciences et Humanités', EA 1598.

Bergier Bertrand, Professeur, Faculté d'éducation, Université Catholique de l'Ouest, LIRFE.

Blocquaux Stéphane, Maître de conférences en information et communication, Facultés des Humanités, Université Catholique de l'Ouest, Arts et métiers Paris Tech, CHUS, LIRFE.

Boivineau Pauline, Maître de conférences en arts du spectacle, Faculté des humanités, Université Catholique de l'Ouest, Associée TEMOS UMR 9016.

Cholvy Brigitte, Professeur, *Theologicum*, Faculté de théologie, Institut Catholique de Paris, UR 'Religion, culture et société', EA 7403.

Doat David, Maître de conférences en philosophie, Université Catholique de Lille, Laboratoire ETHICS EA 7446.

Dubernet Cécile, Professeur en sciences politiques, Faculté des Sciences sociales et économiques, Institut Catholique de Paris, UR 'Religion, culture et société', EA 7403.

Dupré Marc, Maître de conférences en droit privé, Faculté de Droit Economie Gestion, Université Catholique de l'Ouest, Chercheur associé Centre Jean BODIN EA 4337.

Fino Catherine, Professeur, *Theologicum,* Faculté de théologie, Institut Catholique de Paris, UR 'Religion culture et société', EA 7403.

Heslon Christian, Maître de conférences HDR en Psychologie des âges de la vie, Faculté de Sciences humaines et sociales, Université Catholique de l'Ouest, CRTD, Équipe INETOP-Psychologie de l'orientation.

Hétier Renaud, Professeur, Faculté d'éducation, Université Catholique de l'Ouest, CREN, EA 2661, LISEC, UR 2310, LIRFE.

Mallard Simon, Maître de conférences, Faculté d'éducation, Université Catholique de l'Ouest, EA CREAD 3875, LIRFE.

Marin Pascal, Professeur, Faculté de Philosophie, Université Catholique de Lyon, UR 'Confluence, Sciences & Humanités', EA 1598.

Molinario Joël, Professeur, *Theologicum,* Faculté de théologie, Institut Catholique de Paris, UR 'Religion culture et société', EA 7403.

Morel Isabelle, Maître de conférences, *Theologicum,* Faculté de théologie, Institut Catholique de Paris, UR 'Religion, Culture et Société', EA 7403.

Moschetta Jean-Marc, Professeur d'aérodynamique, ISAE-SUPAERO, UR CERES, Institut Catholique de Toulouse.

Mutabazi Eric, Maître de conférences, Faculté d'éducation, Université Catholique de l'Ouest, LISEC EA 2310.

Poirier Jean-Michel, Maître de Conférences, IERP, Institut Catholique de Toulouse, UR CERES.

Pollet Maxime, Docteur en psychologie, Université Catholique de l'Ouest, LPPL.

Pouliquen Tanguy-Marie, Professeur d'éthique, Institut Catholique de Toulouse, UR CERES.

Praud Olivier, Chargé d'enseignement, *Theologicum*, Faculté de théologie, Institut Catholique de Paris, UR 'Religion culture et société', EA 7403.

Reto Gwenola, Maître de conférences, Faculté d'éducation, Université Catholique de l'Ouest, LIRFE.

Wallenhorst Nathanaël, Maître de conférences HDR, Faculté d'éducation, Université Catholique de l'Ouest, CREN, EA 2661, LISEC, UR 2310, LIRFE.

Collection « Anthropocene, Anthropozän, Anthropocène »

Dirigée par Nathanaël Wallenhorst

Nouvelle époque géologique suite à l'impact des activités humaines sur le système Terre, l'Anthropocène est tout à la fois un concept issu des Sciences du système Terre et de la Géologie, mais aussi un concept politique portant sur les orientations possibles de l'aventure humaine, pour générer des changements au sein des sociétés contemporaines.

Cette collection accueille des ouvrages (monographies ou collectifs) des Sciences du système Terre comme des Humanités environnementales.

Les ouvrages de cette collection permettent de mettre au travail la question de l'avenir et de sa préparation dans une période marquée par l'incertitude. Les thématiques abordées peuvent être particulièrement variées, comme, à titre d'exemple : la stratigraphie de l'Anthropocène, les limites planétaires, les plastiques, les flux bio-géo-chimiques… mais aussi l'éducation, la santé, la gouvernance et la démocratie, l'organisation des sociétés contemporaines et les mutations écologiques, l'agriculture, l'urbanisme, les récits de l'Anthropocène en construction, la science-fiction, ou encore les modèles économiques.

Comité scientifique

Pr Catherine Larrère, Université Panthéon-Sorbonne
Pr Christian Arnsperger, Université de Lausanne, Suisse
Pr Renaud Hétier, Université Catholique de l'Ouest
Pr Christoph Wulf, Freie Universität Berlin, Allemagne
Pr Jean-Philippe Pierron, Université Lyon 3
Pr Marie-Hélène Parizeau, Université de Laval, Québec
Dr Alexander Federau
Dr Alexandre Berthe, MCF, Université de Rennes 2
Dr Mariagrazia Portrera, MCF, Universita Degli Studi Firenze, Italie
Michel Magny, directeur de recherche émérite au CNRS

FSC
www.fsc.org
MIX
Papier | Fördert
gute Waldnutzung
FSC® C083411

Kolibri 360 GmbH
Ferdinand-Jühlke-Straße 7
99095 Erfurt, Deutschland
produktsicherheit@kolibri360.de